Chanoine TROUILLET
du Chapitre Métropolitain d'Avignon,
Membre de l'Académie du Vaucluse.

Frédéric Monier

PRÊTRE DE SAINT-SULPICE

Ancien Supérieur du Séminaire de l'Institut Catholique de Paris

(1831-1912)

PARIS
LIBRAIRIE BLOUD & GAY
3, rue Garancière
1925

FRÉDÉRIC MONIER

PRÊTRE DE SAINT-SULPICE

DU MÊME AUTEUR :

Une cloche historique à Buisson. Épisode des guerres religieuses du Comtat. Avignon, Seguin, 1894. Plaquette in-12.

La Parabolo dóu Bon Pastour. Prône provençal couronné au concours du journal *Lou Gau*. Avignon, Aubanel, 1898, in-12, 16 p.

Cérémonial du Chapitre Métropolitain d'Avignon, au xviii\e **siècle.** Extrait des Mémoires de l'Académie de Vaucluse, 1912, Avignon, in-8º, 27 p.

Une Ame de prêtre : L'abbé Albert DEVILLE. Deuxième édition, Avignon, Aubanel, 1912. Un vol. in-12. Se vend au profit de l'OEuvre des Vocations. **2 fr.,** au Grand Séminaire d'Avignon, ou chez l'Auteur, à la Métropole d'Avignon.

Antiquitatum Urbis Pertusii... Fasti. Poème latin de Jean MONIER, réimprimé avec une introduction, une traduction en vers français et des notes explicatives. Extrait des Mémoires de l'Académie de Vaucluse, 1916, in-8º, 30 p.

Panégyrique de St Agricol, Evêque et Patron d'Avignon, Avignon, Aubanel, 1919, in-12, 23 p.

Le Vénérable François de Chansiergues, fondateur des Petits Séminaires, 1634-1691. Plaquette in-8º. Vaison, imprimerie Macabet, 1924.

Messire Jean Monier, prêtre, docteur en théologie, historien de Pertuis. Brochure in-8º. Aix-en-Provence, Dragon, éditeur, 1924. Extrait de la *Semaine religieuse* d'Avignon.

L'Abbé Frédéric MONIER

Chanoine TROUILLET,

du Chapitre Métropolitain d'Avignon,
Membre de l'Académie de Vaucluse.

FRÉDÉRIC MONIER

PRÊTRE DE SAINT-SULPICE

Ancien Supérieur du Séminaire de l'Institut Catholique de Paris

(1831-1912)

> « J'ai toujours eu de la jeunesse au-
> près de moi, que j'ai tâché d'instruire
> à la gloire de Dieu, sans pouvoir me
> dispenser de cette occupation. »
> (M. Olier, dans ses *Mémoires*).

PARIS

LIBRAIRIE BLOUD & GAY

3, rue Garancière

1925

PRÉFACE

Monsieur le Chanoine,

Vous me faites l'honneur de me demander quelques mots de préface pour présenter au public la biographie, tout ensemble exacte et charmante, que vous venez d'écrire de M. l'Abbé Monier.

A vrai dire, elle se suffit à elle-même, cette biographie. Vous avez parlé con amore *de votre compatriote du Comtat Venaissin, et vous avez si bien fait revivre sa physionomie que tous ceux qui ont connu « le bon M. Monier » croiront le voir encore et l'entendre.*

De ceux-là je suis.

Il y a quarante-deux ans qu'à son appel je franchis de nouveau le seuil de cette Maison des Carmes, où s'était écoulée une part si grande de mon enfance et de mon adolescence.

Je me présentai dans ce cabinet austère et glacial, à l'angle nord-ouest du vieux couvent où, à l'âge de neuf ans, j'avais été reçu petit élève de septième préparatoire, par l'Abbé Thenon qui cumulait les fonctions de directeur de l'Ecole Bossuet et de Supérieur de l'Ecole des Carmes. Je revis ce guéridon sur lequel on m'avait placé debout, pour réciter mon premier compliment de fête à ce supérieur vénéré, en l'an de grâce 1869. Quatorze ans s'étaient écoulés depuis ce jour, pour moi mémora-

ble, et cette fois je prenais gravement place sur un fauteuil, pour m'entendre proposer d'un ton déférent, encore que paternel, une chaire de maitre de conférences à l'Ecole des Lettres de l'Institut Catholique de Paris. On me demandait d'enseigner l'histoire du Moyen Age, l'Histoire Moderne et la Géographie, soit environ trois leçons par semaine, aux honoraires royaux de quatorze cents francs par an.

Il s'y ajoutait l'honneur! Et quel honneur! Devenir le professeur de ces abbés des Carmes dont, à travers les barreaux d'une clôture de bois, j'avais jadis contemplé les péripatéticiennes évolutions, dans le tragique et pourtant si agréable jardin, témoin des massacres de 1792.

J'étais un peu ému, car, après tout, je n'avais que vingt-quatre ans et, parmi mes élèves, j'allais trouver, comme vous l'avez, Monsieur le Chanoine, si bien marqué dans votre description de l'école des Carmes à cette date, jusqu'à des supérieurs de collèges en quête de grades universitaires qui, disait-on, allaient bientôt être exigés par la loi. On le dit encore aujourd'hui.

Pourquoi la proposition m'était-elle venue par le Supérieur du Séminaire et non par le Recteur lui-même de l'Institut Catholique, au nom de qui d'ailleurs agissait M. Monier? Parce que la tourmente de 1880, première atteinte grave à la liberté naissante de l'Enseignement supérieur, avait emporté, au bout de cinq années d'existence, la Faculté Libre des Lettres.

Quelques chaires seulement avaient été conservées, en très petit nombre. Bientôt pourtant on s'était aperçu que, pour préparer des étudiants à la licence et pour corriger leurs devoirs, il fallait au moins quelques maîtres de conférences, modes-

tement, mais consciencieusement attachés à leur
besogne. M. Monier avait été autorisé à les recruter pour les abbés du séminaire ; à ceux-ci se joignaient les quelques étudiants laïques qui demeu-
raient fidèles à l'Université, devenue l'Institut
Catholique. Sous ce couvert, la défunte Faculté
renaissait peu à peu. Devenu Recteur, j'ai eu le
bonheur de la rappeler tout à fait à la vie, en 1909.

On ne dira jamais assez, en tout cas, on ne dira
pas mieux que vous ne l'avez fait, Monsieur le
Chanoine, ce que, dans la période si difficile de 1880
à 1897, l'Ecole des Lettres dut à M. Monier. Non
seulement il a su attirer dans la vieille maison des
Carmes des maîtres éminents et dévoués, mais il les
a soutenus de sa compétence et de sa personnelle
activité. N'était-il pas l'humanisme fait homme?

Très jeune, il avait été « bombardé » professeur
de rhétorique au Petit Séminaire d'Avignon ; je dis
bombardé car, sur un ordre de l'archevêque, il
avait dû accepter cette classe supérieure, alors
qu'il avait été appelé comme professeur de cinquième, ou de Mathématiques, au choix. Heureux
temps où la simple volonté d'un supérieur, accom-
pagnée d'un bon conseil. In nomine tuo laxabo rete,
suffisait à conférer la grâce professionnelle!

En fait, l'archevêque avait vu juste : nul professeur n'était, je ne dirai pas seulement plus lettré,
mais plus épris des exercices littéraires que M. Monier.

Supérieur des Carmes, il se faisait un devoir de
compléter les professeurs et un plaisir de les suppléer. Vous avez rappelé l'historique vide-poche
qu'il avait suspendu au coin de sa porte et où chaque élève était tenu de déposer sa copie, thème grec,
version latine, dissertation, afin que le supérieur
en prît connaissance.

Quand lui-même faisait le cours, c'était un régal de l'entendre développer les plus subtiles beautés philologiques ou littéraires d'un mot, ou d'un passage à commenter. Même en ses entretiens spirituels, il ne se défendait pas de ce genre de considérations.

Sa sollicitude à l'égard de ses étudiants se montrait plus que paternelle, maternelle. A leur succès, je crois qu'il tenait plus qu'eux-mêmes. Oui, je l'ai vu, tel que vous l'avez dépeint, longeant de son grand pas les grilles du Luxembourg, l'air soucieux, le regard de côté, car de face il ne voyait pas, tout entier à la préoccupation de la liste qu'il allait lire à la Sorbonne, ou des malheureux qu'il espérait tirer d'affaire par une recommandation bien placée.

« Le bon Monsieur Monier », cette expression revient souvent sous votre plume, et non sans motif. Les témoignages que vous avez reçus sont unanimes. Ecoutez l'illustre secrétaire d'Etat de Benoît XV et de Pie XI, ou le plus humble des professeurs de nos collèges; quiconque a passé par la Maison des Carmes en ce temps-là, donne la même note; nul ne se souvient, nul ne parle sans attendrissement de M. Monier,... jusqu'à ceux qui abusèrent quelque peu de cette bonté et lui jouèrent d'innocents tours pour s'évader de la règle sans qu'il s'en aperçut.

Pourtant, il n'était pas faible. Quand les Sulpiciens avaient reçu de la main des évêques protecteurs la direction du Séminaire de l'Institut Catholique, ils avaient compris que ce séminaire ne pouvait plus être presque uniquement une Maison d'Etudes. La vieille école des Carmes était faite pour une trentaine d'élèves, la plupart déjà prêtres, quelques-uns, au contraire, envoyés là pour s'assurer d'une vocation incertaine, à moins que ce ne fût pour l'abandonner décemment et sans fracas. Désormais il n'en pouvait plus être ainsi. Place plus importante devait être faite à la discipline et à la piété.

Bien que l'Ecole des Carmes eût tendance à se survivre ou à revivre, il s'agissait de constituer un vrai Séminaire; ce n'était pas chose facile en raison des éléments plus nombreux qu'autrefois, mais presque aussi hétéroclites, qui se trouvaient rassemblés sous le même toit. Il a fallu longtemps pour y parvenir; grâce à Dieu le but est maintenant atteint.

M. Monier se montrait exigeant pour l'oraison matinale, estimant à juste titre que, sans cette oraison, la journée manquerait de son orientation surnaturelle. Quand les vides lui apparaissaient trop nombreux, il donnait libre cours à son chagrin, mêlé d'indignation : « Sonnez, sonnez, cloches de Saint-Sulpice! Les fidèles vont courir à la messe, quelque temps qu'il fasse; mais vos prêtres, Seigneur, les prêtres de cette maison resteront dans leur lit ! » C'était impressionnant.

Il dirigeait les âmes avec autant de soin qu'il cultivait les esprits. Volontiers on s'ouvrait à lui. Sa propre vocation avait été lente à s'épanouir; de longues années durant il n'avait pu se décider à recevoir les Saints Ordres. Directeur au Grand Séminaire de Metz, il possédait une expérience consommée. Enfin il s'était pénétré de la doctrine spirituelle de l'Oratoire et de Saint-Sulpice, des Bérulle, des Condren, des Olier. Tous les états d'âme, tous les degrés de vocation lui étaient familiers.

Heure singulièrement délicate dans l'histoire de l'Eglise, que celle où M. Monier avait été mis à la tête d'un Séminaire universitaire, en ce centre volcanique de notre Paris, où toutes les idées bouillonnent ! Heure d'enthousiasme ! Heure de péril ! Dans la Vie de Mgr d'Hulst, j'ai décrit la fièvre de renouveau intellectuel qui, à la suite de la fondation de nos Universités libres, saisit les plus intelligents et les plus laborieux des ecclésiastiques, beaucoup de laïques aussi, parmi les catholiques. On voulut utiliser, au profit de la véritable doctrine, la méthode critique et les conquêtes de la science ; on prétendit, comme on disait alors, réconcilier celle-ci avec la Foi. L'espérance seule était à l'ordre du jour : on s'avançait sans crainte. Et pourtant il y avait lieu de craindre : l'ardeur impétueuse des savants ne les emporterait-elle pas trop loin? Le primordial souci de défendre l'orthodoxie et la tradition n'entraînerait-il pas certains théologiens jusqu'à d'excessives défiances à l'égard des idées et des personnes? Danger plus grand encore : tels maîtres et tels disciples ne se laisseraient-ils pas inconsciemment séduire par les théories adverses ? L'intégrité de la doctrine catholique ne se trouverait-elle pas compromise? Rôle difficile, entre tant d'écueils, que celui d'un Supérieur !

M. Monier, je l'ai dit, était d'abord un humaniste ; gardons-nous de penser qu'il ne fut que cela. Au grand séminaire de Metz, il avait successivement enseigné la philosophie, l'Ecriture sainte et la théologie dogmatique. Sans être un théologien personnel et profond, il était donc très suffisamment averti en matière de doctrine, capable de juger et de diriger. Supérieur des Carmes de 1878 à 1897, il incarna, avec Mgr d'Hulst, la période de confiance et d'espoir que je viens de décrire ; il soutint généreusement les efforts de beaucoup de maîtres ; il crut aux bonnes intentions de tous ; mais il se montra prudent. Quand il vit poindre le danger réel, il s'efforça de le conjurer; Dieu fut témoin des efforts qu'il fit pour arrêter ceux qui inclinaient vers l'erreur et pour protéger les autres de la contagion.

Vous avez, Monsieur le Chanoine, retracé avec justesse son attitude à l'égard de l'abbé Loisy. M. Monier ne connut aux Carmes que les débuts de la crise moderniste. A son successeur, M. Guibert, et au successeur de Mgr d'Hulst, Mgr Péchenard, étaient réservées les heures d'incertitude et d'angoisse auxquelles mirent fin, par une décision dogmatique libératrice, le décret Lamentabili et l'Encyclique Pascendi. J'étais Recteur depuis quelques mois.

M. Monier coulait alors des jours plus doux et plus faciles dans la délicieuse maison de Saint-Jean, qui semblait reproduire, à Paris, le charme pieux et studieux de la Procure de Saint-Sulpice, à Rome. Il y était entouré de la vénération de tous, consulté par un grand nombre d'ecclésiastiques et même de distingués laïques.

Bien que fort âgé, M. Monier devait rendre un dernier service à l'Institut Catholique et au clergé de France.

Préoccupé du désarroi où les odieux décrets de M. Combes, contre les congréganistes enseignants, avaient jeté nos séminaires diocésains, j'avais, dès les premiers mois de mon rectorat, rédigé et fait adopter par nos évêques protecteurs, dans leur assemblée du 28 mai 1907, un projet de Séminaire normal, destiné à la formation spéciale des futurs professeurs de Grands Séminaires. Sur la proposition de Mgr Amette, coadjuteur de Paris, ce Séminaire avait été confié aux prêtres de Saint-Sulpice. L'un d'eux, M. Valat, l'avait conçu et réalisé suivant un plan vraiment original et approprié à *sa fin particulière. Mais, au bout de deux ans, M. Valat nous avait été ravi au profit du Grand Séminaire de Rodez. Le Supérieur général de Saint-Sulpice ramena la petite communauté au sein de la grande, tout en lui laissant une certaine autonomie : M. Monier fut son supérieur.*

C'est ainsi que ce prêtre vénérable acheva ses jours si bien remplis, au milieu de ses confrères de Paris, travaillant jusqu'au bout à cette belle vie de M. Olier, à laquelle il consacrait ses studieux loisirs et qui demeurera la principale de ses œuvres écrites.

L'Institut Catholique ne perdra jamais le souvenir de celui qui fut le fidèle collaborateur et l'ami de son grand recteur, Mgr d'Hulst. Dans la direction de ce vaste ensemble, chacun eut son rôle ; à l'un, le foyer intime du Séminaire, foyer de lumière et de chaleur, de travail et de prière ; à l'autre, l'organisation générale, l'impulsion décisive, le rayonnement au dehors. Les deux noms de Mgr d'Hulst et de M. Monier résument tout un âge de notre vie universitaire.

Je vous remercie, Monsieur le Chanoine, d'avoir remis en lumière une belle figure qui déjà s'estompait pour les jeunes générations, et que, grâce à vous, elles connaîtront désormais telle qu'elle fut.

Alfred **BAUDRILLART**,
Evêque d'Himéria,
Recteur de l'Institut Catholique de Paris.

INTRODUCTION

Il nous parait que cette « Vie de M. Frédéric Monier » se recommande d'elle-même au public par le nom et la personnalité de celui qui en est l'objet.

En effet, nous croyons pouvoir affirmer, sans crainte de démenti, que M. Monier, par ses éminentes qualités d'esprit et de cœur, comme par les diverses situations auxquelles l'appela la Providence, s'est acquis une sympathie, aujourd'hui encore, malgré les années écoulées depuis sa mort, bien vivante. Dans la société ecclésiastique, aussi bien que dans la société laïque, dans tous les milieux intellectuels, non seulement en France, mais encore, à l'étranger, combien sont nombreux ceux qui l'ayant connu, ayant vécu sous sa sage et paternelle direction, ont gardé de ce prêtre un souvenir ému, lui ont voué une affection profonde, ont reçu de lui une impression telle qu'elle ne pourra disparaître qu'avec la vie.

Aussi, croyons-nous avoir accompli une œuvre utile, agréable à tous ceux qui ont au cœur le culte du souvenir, en publiant cette biographie de l'ancien Supérieur de l'Ecole des Carmes, où nous nous sommes efforcé de faire revivre cette physionomie si attachante, à le suivre dans les diverses phases de sa longue existence, à en fixer les traits capables d'exciter notre admiration, et, mieux encore, d'aider à notre édification.

Pour donner à ce travail toute l'exactitude nécessaire dans une étude de ce genre, nous n'avons négligé, on le croira sans peine, aucune des sources d'information à notre portée. Nous avons dû consulter les diverses publications qui pouvaient nous éclairer, telles que la Vie de Monseigneur Dupont des Loges, *par M. l'abbé Klein, et la* Vie de Monseigneur d'Hulst *par Monseigneur Baudrillart ; les divers articles parus dans le* Bulletin trimestriel des Anciens Elèves de Saint Sulpice ; *la* Lettre circulaire *de M. le Supérieur de Saint-Sulpice, à l'occasion de la mort de M. Monier ; et d'autres sources encore, que nous signalons au courant du récit.*

Lorsque nous nous sommes trouvé en présence de questions particulièrement délicates, touchant à la doctrine même de l'Eglise, aux controverses qui ont marqué les dernières années du siècle écoulé, et auxquelles M. Monier se trouva indirectement mêlé, nous avons cru devoir recourir aux lumières d'hommes d'une compétence universellement reconnue en ces matières, et qui ont bien voulu répon-

dre à notre appel : tel le P. Léonce de Grandmaison, directeur de la *Revue des Etudes,* auquel nous adressons ici nos sincères remerciements.

Nous avons fait appel à nos souvenirs personnels, ayant eu l'avantage, dans les premières années de notre ministère, d'approcher, une fois ou l'autre, M. Monier, et ayant gardé de ces rapports lointains, un souvenir ineffaçable.

Mais toutes ces sources, nous devons le reconnaître, auraient été insuffisantes pour accomplir convenablement notre œuvre, si nous n'avions été grandement aidé par le propre neveu de M. Monier, M. l'abbé Osmond Reynaud, dont le nom apparaît çà et là dans cette histoire. Paternellement affectionné par son oncle, M. l'abbé Reynaud avait pour lui un culte d'amour vraiment filial. C'est grâce à son initiative que cette biographie a été écrite, et c'est grâce aux documents, aux notes qu'il nous a fournis, que nous avons pu réaliser utilement ce travail. Confident des pensées les plus intimes de son oncle, il nous a permis, par ses souvenirs personnels, de pénétrer dans le fond même de l'âme de M. Monier, de présenter au public cette noble existence de prêtre, vue non point seulement du dehors, dans la série des événements qui l'ont remplie, mais animée par les sentiments intérieurs, dirigée par les vertus qui en furent comme le support et lui donnent sa véritable beauté.

Que M. l'abbé Reynaud reçoive ici l'hommage de notre sincère reconnaissance. Nous exprimons de *même notre vive gratitude à tous ceux qui nous ont aidé à accomplir notre tâche, et particulièrement à M. l'abbé Mourret, professeur d'histoire au Séminaire de Saint-Sulpice, qui a bien voulu réviser notre travail et nous guider de son expérience.*

Avignon, 29 janvier 1925, en la fête de Saint François-de-Sales.

H. T.

FRÉDÉRIC MONIER

PRÊTRE DE SAINT-SULPICE

CHAPITRE PREMIER

ANNÉES D'ENFANCE ET DE JEUNESSE.
(1831-1847)

Le pays natal. — La famille. — Les études élémentaires au collège d'Orange. — Son entrée au petit séminaire d'Avignon. — Le Petit Palais. — L'académie florimontane. — Merveilleux succès.

Le voyageur qui, par la voie ferrée, descend de Lyon vers le Midi, ne manque point de remarquer et de saluer au passage, sur sa droite, une ville dont le nom bien connu évoque puissamment le souvenir de la civilisation romaine : c'est la ville d'Orange.

Noble cité, en effet. Assise au pied d'une colline que domine la statue de la Vierge Marie, elle montre avec fierté son théâtre antique, son arc de triomphe, témoins authentiques de son importance à l'époque de la domination romaine. Plus tard, nous la voyons illustrée par diverses familles princières, notamment celle des Baux, dont l'étoile à seize rais semblait justifier leur prétention de descendre des Rois Mages eux-mêmes. Jusque sous Louis XIV, Orange fut la capitale d'une principauté indépendante, pourvue d'une Université qui connut des jours de prospérité, et enfin, siège d'un évêché illustré par de saints évêques, qui remontait jusqu'aux premiers siècles du christianisme.

C'est dans cette charmante ville, dépouillée, hélas, de ses grandeurs d'antan, et devenue, depuis la Révolution, une simple sous-préfecture, que naquit, le 10 août 1831, Louis-Amédée-Frédéric Monier, celui dont nous entreprenons d'écrire la vie, appelé à devenir un jour ce prêtre éminent, qui, durant sa longue existence, ne cessa de mettre au service de l'Eglise les facultés remarquables de l'esprit et du cœur dont la Providence l'avait doté.

La famille Monier était originaire de Nice. Vers le commencement du siècle dernier, le père du jeune enfant était venu de cette ville se fixer à Orange : il n'était âgé que de vingt ans. Il y jouit, dès son arrivée, d'une véritable considération ; on lui confia presque aussitôt les fonctions de secrétaire de la Mairie, emploi qu'il remplit très honorablement pendant plus de vingt ans. Le sous-préfet de la ville, M. de Pontbriand, l'avait, paraît-il, en particulière estime, et le recommandait volontiers à ses clients : « Adressez-vous à M. Monier, » leur disait-il, se déchargeant ainsi sur cet employé, dont il savait l'intelligence et l'honnêteté.

Il y avait en M. Monier quelque chose de meilleur encore que les qualités de l'esprit, c'était une piété sincère et profonde. Un seul trait nous le prouvera : ce jeune homme récitait tous les jours le chapelet, les sept psaumes de la pénitence et les prières des agonisants.

Ce fut le sous-préfet lui-même qui eut à cœur de négocier le mariage du jeune secrétaire de la mairie, avec Mlle Louise Farjon, d'une famille originaire d'Uchaux, petit village situé à quelques kilomètres d'Orange. Cette jeune fille avait hérité des vertus chrétiennes en honneur dans sa famille, et était digne en tout point de devenir la compagne de M. Monier. Ici se vérifie le vieux proverbe : telle mère, telle fille. Nous trouvons le nom de Mme Farjon, la pieuse mère de Mlle Louise Farjon, inscrit parmi les membres de l'Association des Dames de la Miséricorde, avec ceux de Mme la comtesse de Sparre, de Mesdames de Védrilhe, Monier-Vinard, etc [1].

Dieu daigna bénir cette union si heureusement assortie : six enfants en naquirent, formant une de ces familles nombreuses, comme on en voyait beaucoup autrefois, comme on en voit peu, hélas, dans nos temps d'égoïsme et d'affaiblissement religieux. Deux de ces enfants furent enlevés en bas âge à l'affection de leurs parents ; les autres, ayant reçu une éducation vraiment chrétienne, continuèrent dignement les traditions familiales, tant par leurs sentiments profondément religieux, que par leur intelligence et leur aptitude aux affaires.

Le jeune Frédéric était le troisième des enfants de cette famille patriarcale. Il fut baptisé dans l'église paroissiale de Notre-Dame, anciennement église cathédrale ; et c'est dans cette même église qu'il fit, vers sa douzième année, sa première communion. Cette paroisse était alors dirigée par un prêtre de grand mérite, M. l'archiprêtre Polette, appelé dans la suite à la basilique métropolitaine, comme chanoine titulaire. [2]

---

1. M. l'abbé Monier montra toute sa vie une très vive reconnaissance envers cette vertueuse aïeule. « Si nous sommes prêtres, disait-il un jour à son neveu, M. l'abbé O. Reynaud, c'est à notre grand'mère que nous le devons. »

2. Paroisse N.-D. de Nazareth, Orange.

« L'an mil huit cent trente un, et le 13 août a été baptisé Louis-Amand-Frédéric Monier, né le 10 du mois courant, fils de Antoine-Dominique Monier et de Louise Farjon.

Dès qu'il fut en âge de fréquenter les écoles, il fut confié aux soins des chers Frères des Écoles chrétiennes, établis à Orange depuis dix ans. Là, se continua, aux mains de ces éducateurs émérites que sont les fils de saint Jean-Baptiste de La Salle, la formation chrétienne commencée au sein de la famille. L'enfant s'y montra élève intelligent, laborieux, mettant à profit les leçons de ses maîtres, en même temps qu'il faisait preuve, auprès de ses jeunes camarades, d'un caractère enjoué, plein de cœur, et d'une parfaite modestie. Ce fut là, d'ailleurs, la note caractéristique de toute sa vie.

De l'école des chers Frères, le jeune Frédéric passa de très bonne heure au collège communal de Saint-Louis, dirigé alors par un prêtre de haute valeur, M. l'abbé Gilles. Il n'était pas rare, en la première moitié du siècle dernier, et même un peu plus tard encore, de voir des ecclésiastiques occuper des postes importants dans l'Université, et communiquer ainsi, à l'enseignement officiel, au moins dans certains établissements, un esprit religieux que des lois néfastes ont fait disparaître depuis.

M. l'abbé Gilles, en digne prêtre, s'intéressait particulièrement à ceux de ses élèves qui manifestaient quelques signes précoces de vocation sacerdotale, et plusieurs membres du clergé, lui doivent d'avoir pu, par ses soins diligents, suivre l'appel divin ; tels, M. l'abbé Henri Bonamour, natif d'Orange, comme le jeune Frédéric Monier, comme lui devenu prêtre de Saint-Sulpice, professeur au Grand Séminaire de Lyon, et mort au Grand Séminaire d'Aix-en-Provence ; M. l'abbé Lequertier,

Le parrain a été M. Pascal-Frédéric Richard, pharmacien, et la marraine Madame Marie-Louise Votan son épouse.
Signé ; Brémond, vic., Richard, Monier, R. Richard.

décédé vicaire à Cavaillon ; M. l'abbé Armand, qui mourut curé de Caumont.

L'un des premiers condisciples du jeune Frédéric, au collège d'Orange, rendait de lui, au lendemain de sa mort, le témoignage, suivant que nous aimons à citer :

« Comme moi, Frédéric Monier a été pendant plusieurs années élève au collège d'Orange, et quelque temps dans la même classe que moi, et, à cette époque, quoique plus jeune, il me disputait les prix, non sans succès.

« C'était un excellent élève, d'une conduite irréprochable, intelligent, laborieux, bon camarade, très loyal, enjoué même, sympathique. Nous avions l'un pour l'autre une véritable affection. Dans la salle d'études, où, pensionnaires et externes préparaient leurs devoirs, nous étions placés l'un à côté de l'autre.

« Il était très patriote, et je me rappelle avec quel enthousiasme il me déclama un jour *le Rhin allemand*, réponse vigoureuse d'Alfred de Musset au *Rhin allemand* de Becker.

« Entre camarades, connaissant son caractère, ses habitudes laborieuses et ses sentiments religieux, il nous paraissait destiné à entrer dans les Ordres : c'est ce qui arriva. »

Mieux que personne, M. le Principal, avec sa perspicacité, découvrit dans le jeune Frédéric un futur Eliacin. Il s'en ouvrit à M. l'Archiprêtre de Notre-Dame, et tous deux n'eurent pas de peine à persuader M. Monier de placer son jeune fils au Petit Séminaire d'Avignon. C'était aux environs de l'année 1845.

Avant d'aller plus loin, nous croyons devoir raconter ici une anecdote qui à elle seule, témoignera du sérieux qu'apportait M. Monier dans l'éducation

de ses enfants, et de la docilité exemplaire du jeune
héros de cette histoire. Nous tenons ce récit de la
sœur même du jeune Frédéric, Amélie Monier, devenue plus tard Mme Reynaud.

C'était pendant la dernière année du séjour du
jeune élève, au collège d'Orange. Frédéric, paraît-il,
s'y était rendu coupable d'une étourderie, bien
excusable pour un enfant de son âge.

M. Monier père, après avoir fortement réprimandé
le coupable, voulut compléter la leçon en lui infli-
geant une punition exemplaire. « Ecoute, Frédéric,
lui dit-il, tu n'as pas été sage. Eh bien ! Tu n'iras
pas au collège ; laisse-là tes livres ; tu tiendras lieu
de manœuvre aux maçons qui réparent actuellement
la maison. »

Tout penaud, Frédéric balbutie quelques mots,
puis, sans résister le moins du monde, se met à
l'œuvre. Le voilà qui charge sur ses faibles épaules
les pierres, le mortier et tout ce dont les maçons
avaient besoin. Malgré les éclats de rire de sa sœur,
il continua sans maugréer son pénible labeur, sachant qu'avec le père, bon, mais ferme, il ne fallait
pas plaisanter. Après deux ou trois jours, grâce à
l'intervention de la maman, et touché aussi sans
doute de la docilité de son fils, M. Monier fit grâce,
et Frédéric reprit, joyeux, ses études si malencon-
treusement interrompues.

Ajoutons qu'une éducation si ferme, et que l'on
pratique si rarement de nos jours, donnait d'excel-
lents résultats. A la fin de cette même année, le
jeune Frédéric Monier enlevait presque tous les prix
de sa classe. Il nous paraît qu'il méritait, par-dessus
tout, par sa docilité exemplaire, le prix de sagesse.

Ainsi se préparait dans ce foyer chrétien, véritable sanctuaire où Dieu régnait en maître, cette âme
d'élite, pénétrée de l'influence de la grâce divine, et

toute prête à répondre à l'appel du divin Maître. Le jeune Frédéric veut être prêtre. Respectant cette vocation naissante, mieux encore, heureux de l'honneur que leur fait la Providence en appelant au sacerdoce un de leurs enfants bien aimés, le père et la mère de Frédéric n'hésitent pas : ils vont frapper à la porte du Petit Séminaire Saint-Pierre de Luxembourg, et demandent pour leur enfant une place dans cet asile du travail et de la prière.

Ce fut au mois d'avril 1845, après les vacances de Pâques, que le jeune Frédéric Monier vint prendre place sur les bancs du Petit Séminaire, à Avignon. Il n'était âgé que de 14 ans moins quatre mois, et faisait sa troisième.

Il ne sera pas sans intérêt, croyons-nous, pour nos lecteurs, de jeter un regard sur le passé glorieux de cette maison d'éducation cléricale, d'autant plus chère au cœur de ceux qu'elle abrita jadis, au cours de leur jeunesse studieuse, qu'elle a été l'objet, par le fait de la loi de Séparation, d'une de ces spoliations iniques, qui sont la honte de législateurs, persuadés qu'il suffit d'une loi pour légitimer le vol.

Au début du siècle dernier, au lendemain de la Révolution, l'effort de l'administration diocésaine se porta naturellement vers le recrutement sacerdotal. C'était la question importante, vitale, alors, comme elle l'est devenue, pour d'autres causes, aujourd'hui.

M. l'abbé Sollier, vicaire général, de vénérée mémoire, s'y employa de toutes ses forces, et dirigea d'abord, dans un même local, les élèves du Petit et du Grand Séminaire. Sous son inspiration. M. de Prilly, originaire de Roquemaure, ex-capitaine de dragons, devenu plus tard évêque de Châlons, accueillit, en 1811, dans sa propre maison de la rue Bouquerie, le Petit Séminaire, placé sous le vocable d'un jeune saint Avignonais, le B. Pierre de Luxembourg. Il en fut le premier Supérieur. Puis, vinrent M. Justamond, d'abord, qui laissa après lui une grande réputation de savant, et, un peu plus tard, son collaborateur dévoué, successivement professeur de troisième, de seconde et enfin de rhétorique, M. Sermand, natif d'Orange. Il y avait tout à faire à cette époque, et le personnel enseignant était si restreint que l'on travaillait douze à quatorze heures par jour, à la fois professeur, surveillant et répétiteur.

Entre temps, M. de Prilly, promu évêque de Châlons, cédait sa maison à l'Œuvre de la Grande-Providence, pour devenir un orphelinat, et remettait le prix de la vente à Mgr de Mons, qui put ainsi acquérir, avec les offrandes du clergé et des pieux fidèles, le *Petit Palais*, situé à l'extrémité nord de la cité avignonaise, sur le versant occidental du Rocher des Doms. On y transféra le Petit Séminaire en 1826.

Le Petit Palais, ainsi appelé pour le distinguer du Palais des Papes, fut construit par le cardinal Arnaud de Via, neveu du pape Jean XXII, qui ne l'occupa que quelques années seulement, étant décédé peu de temps après l'avoir achevé.

1. Voici quelques indications concernant le Petit Palais. Construit par le cardinal Arnaud de Via, en 1317 — achevé en 1332 — acheté par le pape Benoît XII pour en faire le palais épiscopal. L'archevêque Alain de Coétivy (1431-1474), fait reconstruire la grande salle du nord, pour les séances de l'Université, devenue plus tard le réfectoire du Séminaire. Julien de la Rovère, archevêque d'Avignon, ensuite pape sous le nom de Jules II, refait certaines parties du Palais. Sous l'archevêque Dulci (1609-1624) le palais reçoit la visite de saint François de Sales. Sous l'épiscopat de Mgr Marini, le cardinal Mazarin, venu à Avignon, accompagnant Louis XIV, y est hébergé. François de Manzi (1774-1790) est le dernier archevêque qui ait habité le Petit Palais. Déclaré bien national en 1791, il devient une fabrique de taffetas, et même un cabaret ! Racheté en 1826 par Mgr de Mons, il est affecté au Petit Séminaire jusqu'en l'année 1905, où l'Etat s'en empare.

L'histoire attachante de ce monument remarquable a été publiée en 1895, par M. l'abbé Roux, alors professeur de rhétorique dans cette maison. On peut lire, dans cet ouvrage, tout ce qui concerne sa construction, dans la première moitié du XIVe siècle : ses embellissements successifs, par les évêques et archevêques d'Avignon qui y fixèrent leur séjour ; sa profanation, quand vint la période révolutionnaire ; enfin, sa résurrection, lorsque, en 1826, il donna asile aux élèves du Petit Séminaire. [1] Pourquoi faut-il ajouter à cette histoire une période nouvelle, profondément triste, qui nous montre le Petit Palais transformé en une École primaire supérieure, qui s'y est installée comme chez elle ? Du moins, nous est-il permis de garder l'espérance qu'un jour verra finir cette flagrante injustice.

Après cinq ans de ministère à Orange, M. Sermand fut nommé supérieur du Petit Séminaire en 1841. Cette nouvelle fut accueillie avec une joie toute particulière par les professeurs aussi bien que par les élèves. On le connaissait déjà. « Sous un extérieur un peu froid, dit l'auteur des *Paillettes d'or*, il était profondément bon ; il avait à un haut degré le sentiment, le dévouement et la constance dans l'amitié. Les conseils qu'il donnait étaient pleins de sagesse, et l'on ne s'est jamais repenti de les avoir suivis. »

Tel fut le digne et sage Mentor que la Providence ménagea au jeune Frédéric. Ce fut une rencontre particulièrement agréable au maître et à l'élève. Le maître témoigna une bienveillance toute paternelle à son jeune compatriote, et celui-ci procura au maître vénéré une constante satisfaction. Il s'appliqua à marcher de plus en plus chaque jour sur les

---

1. Voir A.-J. Roux : *Le Petit Palais* (1317-1901). Aubanel frères, 1904, in-8°, 90 p.

traces du B. Pierre de Luxembourg, protecteur du Petit Séminaire, idéal de perfection pour les jeunes élèves. Comme lui, il portait sur son visage un reflet d'innocence et de modestie ; comme lui, il se pénétrait de l'esprit de prière et de piété ; comme lui il dépassait visiblement ses condisciples par la vivacité singulière de son intelligence et son ardeur au travail. Admis dans la classe de troisième, aux vacances de Pâques, il remporta, à la fin de l'année scolaire, quatre ou cinq prix et plusieurs accessits. On pouvait vraiment lui appliquer, comme au jeune saint, cette flatteuse devise : *Puer annis, animo vir ;* enfant par les années, il est homme par la valeur.

L'année suivante, consacrée aux humanités, ne fit qu'affirmer ces succès. Frédéric y conquit rapidement le premier rang, et quand vint le jour de la distribution des prix, il fit une ample moisson de couronnes : il eut le prix d'excellence et six ou sept autres prix.

Ce fut au cours de cette année de seconde, que le jeune élève fut admis à faire partie de l'Académie, institution au sujet de laquelle nous croyons intéresser le lecteur en donnant ici quelques renseignements.

Qu'était au juste, cette académie, établie au Petit Séminaire d'Avignon, sous le vocable de l'aimable Saint-François de Sales ? La même, à peu près, que cette *Académie Florimontane*, créée à Annecy par cet illustre et délicat littérateur, avec, pour emblème, un oranger en fleurs, et cette devise : *flores fructusque perennes :* fleurs et fruits immortels. D'où l'on peut inférer que de tout temps les académiciens en général, même les plus humbles, ont visé à l'immortalité.

Cette institution avait pour but, on l'imagine facilement, de créer entre les élèves de seconde et de rhétorique, une louable émulation, qui, quoi qu'on dise, sera toujours un des plus puissants leviers pour le travail ; elle permettait en même temps d'établir une sélection entre les meilleurs sujets, et de développer davantage en eux leurs facultés maîtresses. Deux conditions étaient requises de la part des candidats : la piété et le talent. Pour la piété, on exigeait que le postulant fût reçu membre de la Congrégation de la Sainte Vierge, érigée dans le Séminaire. Pour le talent, il fallait présenter un travail littéraire : analyse littéraire, composition latine, poésie latine ou française, au choix du sujet. Le Conseil réuni en séance, sous la haute présidence du professeur de rhétorique, discutait sur la valeur du travail présenté, et se prononçait en toute connaissance et indépendance.

Le jeune Monier réunissait éminemment ces conditions : il avait été admis sans aucune hésitation dans la Congrégation de la Sainte Vierge dont il était un des membres les plus zélés, et sa composition littéraire reçut les plus chaleureux applaudissements du Président de l'Académie, M. Méritan, le futur curé de Saint-Sulpice, et de tous les membres du jeune aréopage. Notre nouvel académicien reçut donc le diplôme artistement lithographié, portant l'image de Saint François de Sales, avec une vue de la fontaine de Vaucluse chantée par Pétrarque.

Ce titre académique, M. Monier ne l'oublia point. Un jour, tandis qu'il était Supérieur de la maison des Carmes, il eut l'occasion de le rappeler agréablement. Comme il présidait une séance littéraire au Petit Séminaire de Notre-Dame-des-Champs, improvisa un discours à la fin de la réunion, et s'exprima à peu près en ces termes :

« Mes chers amis, permettez-moi de vous dire que moi aussi j'ai été élu académicien, étant jeune élève comme vous. Je me rappelle avec un sensible plaisir les travaux littéraires que nous donnait notre dévoué directeur, travaux contrôlés comme de juste par le Président que vous connaissez très probablement. Vous dirai-je son nom? Et pourquoi pas? Il n'est autre que le vénérable curé de Saint-Sulpice, M. l'abbé Méritan. Ah! nous n'avons pas mal bataillé ensemble, quand nous étions tous les deux au Petit Séminaire, lui en rhétorique, et moi en humanités. » Les applaudissements redoublèrent et l'on ne s'étonnera pas que les deux anciens académiciens soient revenus eux-mêmes plus d'une fois sur ces délicieux souvenirs d'antan.

En rhétorique, ses succès s'accrurent encore,

M. l'abbé Clément, qui devint plus tard vicaire général, un littérateur classique, s'il en fut, professait cette classe. Il ne craignait pas de dire à ses intimes, en parlant de Frédéric : « L'élève Monier serait capable de faire la rhétorique aussi bien que moi ».

Il donnait parfois à ses élèves pour thèmes de composition des sujets oratoires d'assez longue haleine, qui exigeaient plusieurs jours de réflexion. Or, voici ce que rapportait à ce sujet un des meilleurs condisciples de Frédéric, M. le chanoine Montagne, décédé il y a quelques années, doyen du Chapitre métropolitain.

« On se mettait à l'œuvre aussitôt, dit-il, et l'on s'interrogeait mutuellement dès les récréations qui suivaient. Et toi, Monier, lui disait-on, où en es-tu de ton travail? Et Monier répondait invariablement, le premier, le deuxième, et même le troisième jour; « Moi? j'y pense ». Et le dernier jour, prenant la plume, d'un seul trait il commençait et achevait son discours. Et le dimanche suivant, à la proclamation du résultat, c'était toujours: Premier, M. Monier. C'était désespérant. »

Ainsi, M. Montagne fut un concurrent de plus en plus malheureux. Il avait pu garder, les années précédentes, le prix d'excellence ; en rhétorique, il perdit tout, excepté un prix, un seul prix. Mais M. Monier était modeste dans le succès, et son concurrent sut se montrer admirable de résignation et de loyauté envers le triomphateur ; ils furent toujours liés l'un à l'autre d'une amitié fraternelle jusqu'à la fin de leur vie.

On rapporte encore qu'à la distribution des prix, le brillant lauréat qui, malgré sa taille élancée ressemblait extérieurement à un enfant, et n'avait pas encore dépassé sa seizième année, fut l'objet de l'admiration générale. On cherchait des yeux le père, qui se dérobait derrière un des piliers de la cour d'honneur. « Que vous êtes heureux, lui disait-on, d'avoir un tel fils ! » — « C'est vrai, répondait M. Monier, avec une humble franchise, mais ne faut-il pas que mes enfants me procurent quelque satisfaction ? Je travaille tant pour eux. »

En effet, en vue de donner à ses enfants une éducation soignée, M. Monier n'avait pas hésité à joindre à ses fonctions déjà absorbantes de secrétaire de la mairie celles de greffier de la justice de paix, et cela durant quarante ans, et de plus, celles d'agent d'une compagnie d'assurances, et d'autres encore.

On ajoute ce détail typique. Le jour de la distribution des prix, M. Monier, afin de pouvoir emporter convenablement les nombreux volumes remis à Frédéric en récompense, dut se rendre en ville pour y acheter une caisse d'emballage. C'est là un fait qui a dû se produire rarement.

Voici notre petit séminariste en vacances. On sera édifié en apprenant de quelle manière elles se passaient en famille. On faisait d'abord la part des délassements nécessaires, suivant l'adage bien connu :

otiare quo melius labores. Sans oublier les exercices de la piété chrétienne, c'était, d'ordinaire, un intéressant voyage. On se remettait ensuite au travail de la maison. On eût dit alors une ruche d'abeilles. Chacun était désigné pour quelque occupation. Amélie, la sœur aînée de Frédéric, aidait sa mère dans les soins du ménage. Emilien, le frère plus jeune, se tenait derrière le comptoir d'un bureau de tabac, que gérait aussi la maman, et employait le reste de son temps à des lectures utiles. Osmond, l'aîné de la famille, occupait dès lors un emploi dans les postes, et Frédéric se tenait à la mairie, pour seconder son père dans les travaux du secrétariat.

Ainsi la piété, le repos et le travail se partageaient le temps de ses vacances. Faut-il dire que pendant ces jours de calme et de repos, le jeune séminariste dut étudier sérieusement la voie qu'il devait suivre, s'interroger lui-même, et comme saint Paul, interroger le Seigneur : *Quid me vis facere ?* Seigneur, que voulez-vous de moi? — Nous ne saurions avoir là-dessus le moindre doute. Il est tout aussi certain que le jeune homme entendit la voix du Maître lui dire : *Veni, sequere me*, viens, et suis-moi. Aussi, à la rentrée d'octobre, Frédéric quittait sa famille et venait frapper à la porte du Grand Séminaire Saint-Charles, pour être admis parmi les aspirants au sacerdoce. C'était le 1er octobre 1847.

CHAPITRE II

DU SÉMINAIRE A LA CHAIRE DE RHÉTORIQUE
(1847-1855)

Le grand séminaire S. Charles. — Sa fondation. — Entrée de M. Monier. — Son noviciat chez les Jésuites. — Le premier sermon. — Il est nommé infirmier. — Guérison d'un malade imaginaire. — Il est nommé professeur au petit séminaire de S. Pierre de Luxembourg. — Il enseigne d'abord la classe de cinquième, puis celle de rhétorique. — Sa méthode d'enseignement. — Le mois de mai. — Première séance académique. — L'orphéon noir.

Le Grand Séminaire Saint-Charles, où venait d'être admis le jeune Frédéric Monier, est une demeure vénérable devant laquelle il nous plaît de nous arrêter quelques instants pour en rappeler l'origine, considérer les gloires de son passé, et nous apitoyer, hélas, sur les tristesses de l'heure actuelle.

Ce fut un pieux chanoine, M. François de Varie, originaire de Beaucaire, qui eut la pensée, en l'année 1684, de réunir les jeunes clercs de la ville d'Avignon, pour s'appliquer avec eux, pendant un temps convenu, à l'étude de l'Ecriture sainte. Cette pensée de se dévouer ainsi à la formation des jeunes clercs lui était venue à la suite d'une retraite qu'il avait faite à Viviers, sous la direction de M. Couderc, prêtre de Saint-Sulpice et Supérieur du Grand Séminaire. Ce saint prêtre fut l'instrument dont se servit la Providence pour créer en Avignon une œuvre aussi nécessaire au bien de l'Eglise, comme l'avaient été à Paris M. A. Bourdoise, en 1612, saint Vincent de Paul, en 1628, et le vénérable M. Olier, en 1642.

A la suite d'une retraite prêchée par un prédicateur célèbre, M. l'abbé de la Pérouse, l'institution fut organisée d'une façon plus précise, et des cours, ou *Académies*, comme on les appelait alors, de philosophie, de théologie, de plain-chant, furent constitués, auxquels on ajouta des exercices de cérémonies.

La Congrégation de ces prêtres enseignants fut érigée canoniquement en l'année 1704, sous le titre de *Saint-Charles*, et l'œuvre fut appelée la Maison de *Saint-Charles de la Croix*.

Enfin, le 10 mars 1705, dans une maison voisine de Saint Agricol, rue Petite Fusterie, fut signé entre les Messieurs de Saint-Charles de la Croix et un délégué du Supérieur général de Saint-Sulpice, M. Léchassier, un contrat par lequel était fondée une maison ecclésiastique « pour les mêmes fins et les mêmes fonctions que celles de la maison de Saint Charles de la Croix. » En même temps, M. le Supérieur général s'engageait à pourvoir cette maison « en tout temps et à perpétuité, de supérieur, directeurs et officiers » nécessaires à cette fin. Toutefois, les fonctions de Supérieur et de directeurs furent conservées à M. de Varie et à ses collaborateurs. M. de Varie, après avoir exercé ses fonctions pendant trente ans, mourut le 6 janvier 1720, âgé de 72 ans, faisant le séminaire héritier de toute sa fortune [1].

---

1. Pour plus de détails sur ce sujet, voir : H. Raymond, *Les origines du Grand Séminaire Saint-Charles-de-la-Croix, d'Avignon*. Avignon, Aubanel, frères, 1902, in-8º.

Son successeur, M. de Guilhem, jeta, cette même année 1720, les fondations des magnifiques bâtiments qui existent encore. M. Franque en fut l'architecte, et M. Lambertin fit exécuter les travaux. Ce Séminaire fut, sans contredit, un des plus beaux de France. Les grandes cours, les immenses jardins qui l'entourent, sa belle chapelle, si remarquable par l'assemblage et la taille si artistique des pierres qui en forment la voûte, ses cellules au nombre de plus de trois cents, tout cet ensemble contribue à lui donner une importance de premier ordre. Il est juste d'ajouter que plus encore par les souvenirs pieux qu'il évoque, par les générations nombreuses de prêtres qui s'y sont formées, il mérite l'attachement du clergé avignonais, pour qui ses pierres sont comme des reliques. Pourquoi faut-il que, par cette même loi inique et sacrilège dont nous parlions plus haut, ce Séminaire si cher nous ait été ravi ? Et à l'heure même où nous traçons ces lignes, ne parle-t-on pas de certains projets de destruction à peu près complète de ce monument, sacré à tant de titres ?

Mais il est temps de reprendre notre récit, interrompu un instant par cette digression. Lorsque, en octobre 1847. M. Monier se présenta au Grand Séminaire de la rue Saint-Charles, M. Caval, un orateur et un saint, remplissait les fonctions de Supérieur : il devait devenir plus tard Supérieur général de la Compagnie de Saint-Sulpice. Un casuiste consommé, et aussi figure d'une rare originalité, M. Buer, enseignait la morale ; et M. Varenne, à l'âme toute enflammée d'une ardeur rare, professait la théologie dogmatique. Sous la conduite de ces directeurs prudents, expérimentés dans la conduite des âmes, le jeune homme entreprend généreusement l'œuvre de son perfectionnement intérieur. Peu de temps après la rentrée, il revêtait l'habit ecclésiastique, premier acte dans la voie du renoncement au monde et d'oblation à Dieu. Parmi ses condisciples, nous pouvons citer : M. Redon, plus tard Supérieur du Petit Séminaire de Saint-Pierre de Luxembourg, puis vicaire général ; M. le chanoine Faury, qui devait se retrouver quelques années après professeur d'humanités au Petit Séminaire, alors que M. Monier occupait la chaire de rhétorique, et est décédé, vénérable octogénaire, curé archiprêtre de Saint-Agricol ; M. Corriol, traducteur estimé de la philosophie de Sanseverino ; M. Sylvain, l'aimable et célèbre auteur des *Paillettes d'or*.

L'année suivante, vinrent se joindre à leurs aînés M. Eugène Charrasse, décédé il y a déjà assez longtemps vicaire général d'Avignon, et M. Gonnet, décédé lui aussi, professeur de grec aux Facultés catholiques de Lyon.

Le jeune séminariste rivalisait là, comme par le passé, avec tous ceux de son entourage. Il rivalisait, disons-nous, non pas certes par un vain sentiment d'amour-propre, qui fut toujours si éloigné de son esprit, mais parce que le devoir était là.

Il s'appliqua surtout à la piété, et rêva dès lors d'une perfection plus haute. Il paraît bien, pendant les deux premières années de son Séminaire, avoir cherché sa voie. D'après des notes trouvées après sa mort, on voit qu'il pensa d'abord à se retirer à la Trappe ; puis, il songea à entrer dans la Congrégation des Missionnaires de Sainte-Garde, que venait de rétablir le P. Bonnet. Enfin, sur l'avis sans doute de son directeur, M. Caval, il se décida pour la Compagnie de Jésus. A la fin de sa première année de théologie, M. Monier partit donc pour Toulouse. Il entra au noviciat de la Compagnie, qu'il suivit pendant une année seulement. Que se passa-t-il pendant cette année ? Il est à présumer que sa délicatesse exagérée de conscience et la crainte qu'il éprouvait déjà des responsabilités du sacerdoce engagèrent ses supérieurs à interrompre son noviciat, quitte à revenir plus tard, si la volonté de Dieu se manifestait plus clairement.

Il est à remarquer que M. Monier garda sa vie durant d'excellentes relations avec ces *bons Pères*, comme il les appelait. Dès sa sortie du Grand Séminaire, il prit pour confesseur un d'entre eux, le P. Bouffier, et chaque année, vers la fin des vacances, il allait faire une retraite de huit jours, tantôt à la Résidence des Pères, tantôt à Saint-Chaman, leur maison de campagne, près d'Avignon.

Dieu, dont les vues sont impénétrables, devait diriger un jour le jeune abbé non point vers les fils de saint Ignace, mais vers ceux de M. Olier.

Ce que nous venons de dire des aspirations de M. Monier, preuve assez évidente de sa haute piété, ne nuisait aucunement à son ardeur au travail.

Rentré au Grand Séminaire, il s'adonna comme auparavant aux études, à toutes les branches de la science ecclésiastique et s'y fit remarquer par ses succès. Il obtint généralement aux examens la note 10, qui est la plus élevée et rarement accordée.

Son esprit, naturellement curieux, cherche à approfondir les questions les plus ardues, et le porte à soulever parfois des objections dont la solution, *ex abrupto*, n'est point toujours facile.

Cette inquiétude intellectuelle du jeune théologien fit même naître, dans l'esprit de ses maîtres, quelque soupçon, et l'un d'eux dut se plaindre auprès de M. Caval que son élève cherchait, par mauvais esprit, à le mettre dans l'embarras. Rien n'était plus loin de l'intention du jeune séminariste, ainsi qu'on va le voir.

Dans un de ces entretiens à cœur ouvert, comme doit en avoir tout bon séminariste avec son directeur, M. l'abbé Monier exposa à M. Caval ses dispositions intérieures, et allait se retirer, lorsque : « Est-ce tout ? » lui fit M. le Supérieur.

Le séminariste réfléchit un instant, puis avoua qu'il avait pénétré dans les allées du jardin pour y cueillir quelques fleurs de camomille, destinées à un de ses condisciples malades. On lui avait confié, en effet, la charge d'infirmier, ainsi que cela se pratique dans un grand nombre de Séminaires.

— Est-ce tout ? reprit le Supérieur.

— Ces jours derniers, répondit sans se troubler le jeune abbé, en soignant ce malade, deux confrères et moi, en vue de le distraire, nous avons fredonné tout bas quelques couplets d'un cantique. Nous chantions en parties, il est vrai, et l'on a pu nous entendre.

— C'est bien. Est-ce tout ?

— Je le crois, Monsieur le Supérieur.

— C'est bien. Je sais maintenant à quoi m'en tenir. » En effet, M. Caval en savait assez pour comprendre que M. Monier était incapable d'avoir eu les pensées dont on avait pu le soupçonner, mais il conseilla avec une grande bonté au jeune argumentateur de ne plus poser ses objections en classe, mais de venir plus tôt lui exposer à lui-même les difficultés qu'il pourrait rencontrer dans ses études.

On sait qu'il est d'usage, au moins dans les Séminaires dirigés par les prêtres de Saint-Sulpice, que les jeunes théologiens, au retour des vacances, donnent, chacun à son tour, un sermon, au réfectoire, pendant le repas de midi, en vue de se préparer à leur futur ministère. On peut lire dans les sermons du P. Lacordaire le canevas des premières conférences qu'il a données dans ces conditions.

Or, le jeune Monier prêcha son premier sermon sur la dévotion envers la Sainte Vierge, et s'y prépara en étudiant la Somme théologique de saint Thomas, le docteur incomparable, dont l'hérétique Bucer a fait l'éloge avec dépit, quand il a dit : *Tolle Thomam, et disceptabo Ecclesiam Dei : Que Saint Thomas disparaisse, et je détruirai l'Eglise de Dieu.*

Le soir, toujours selon l'usage, M. Caval devait faire la critique du sermon. Sa parole, d'ordinaire, était typique et incisive. On pourrait citer plusieurs de ses mots, parfois mordants. Au sujet d'un jeune orateur qui avait copié un peu trop servilement un sermon du P. Cheminais, jésuite du xviie siècle, il se contenta de dire : « Le prédicateur que nous avons entendu ce matin promet beaucoup pour l'avenir, car il a un talent tout particulier pour ramoner les *cheminées.* »

L'appréciation du sermon de M. l'abbé Monier était attendue avec une certaine curiosité. M. Caval se contenta de dire simplement : « M. le prédicateur nous a parlé, ce matin, en jeune homme, et raisonné en vieillard. » Ce fut tout ; l'éloge, pour être court, n'était pas à dédaigner ; il ne fut pas oublié.

A propos de prédications, nous ne saurions omettre de dire que M. Monier, pendant son séjour au Séminaire, proposa à ses condisciples des exercices d'improvisation, qui devaient se faire chaque semaine, le soir, au retour de la promenade. Les orateurs furent d'abord en petit nombre, trois ou quatre. Mais peu à peu les séminaristes prirent goût à ces exercices, et ces essais, pratiqués avec le sérieux voulu, leur furent d'une grande utilité.

Nous avons fait allusion, plus haut, à la charge d'infirmier confiée à M. Monier et à un ou deux autres de ses condisciples. Ces fonctions demandent un grand fond de charité en même temps qu'un certain sérieux dans la conduite. M. Monier réunissait ces qualités, et à la satisfaction générale s'acquittait de sa charge délicate. Il poussait même, paraît-il, le zèle jusqu'à demander à ses parents, quand il recevait leur visite, quelques douceurs pour ses chers clients.

Au sujet de ce ministère, on raconte plusieurs traits plaisants dont M. Monier fut le héros, et qu'on ne lira pas sans intérêt.

M. Monier était fortement myope. Or, un jour, il portait le dîner, à un de ses malades, et cette infirmité fut cause d'une catastrophe. Notre abbé avait eu l'idée de placer sur sa tête tout le menu disposé sur un plateau : potage au gras, portion de viande, purée de pommes de terre, confiture, et enfin une tasse de café. Comme la laitière du bon La Fontaine, notre infirmier se forgeait une félicité, celle de réjouir son pauvre malade. Tout à coup, son pied heurte une marche d'escalier, et voilà la charge ainsi répandue ; de la tête aux pieds, le malheureux porteur fut inondé de cette horrible marmelade. Quand la maman reçut à Orange la soutane ainsi souillée, elle faillit reculer d'horreur, et il lui fallut tout son courage pour en entreprendre le nettoyage.

Bien que myope, M. Monier était tout de même assez clairvoyant vis-à-vis de ses clients, et savait, à l'occasion, appliquer le traitement approprié.

Un jour, il eut, dit-on, à soigner un malade quelque peu imaginaire ; peut-être la perspective d'un examen prochain qu'il redoutait, non sans raison, était-elle pour une part dans son indisposition. M. Monier entreprit de le guérir.

Il écoute d'abord avec un air attendri les plaintes de son malade :

— Ce que vous me dites-là ne manque pas de

gravité, répond l'infirmier : il vous faudra rester couché et garder le lit.

Le lendemain, M. Monier revient visiter le malade :

— Comment avez-vous passé la nuit ? Avez-vous dormi ?

— Pas trop, fait le malade, d'une voix évidemment contrefaite.

— Tant pis ! C'est que, voyez-vous, votre lit a besoin d'être mieux fait ; je vais appeler un aide, et nous vous préparerons votre lit.

— Volontiers, répond le malade, en étouffant un soupir ; j'ai grand besoin de repos. Quelques instants après, M. Monier revenait avec son aide.

— Mon cher, lui dit-il, c'est le moment de vous lever, mais comme vous pourriez prendre froid, pour tout simplifier nous avons apporté là un sac de toile.

Aussitôt fait que dit : les deux infirmiers soulèvent le malade, et vous l'enferment dans le sac, bras et jambes ; en un clin d'œil, il est ficelé solidement, puis le portent au milieu du corridor, et l'étendent à terre tout doucement.

Sur ces entrefaites, passe un bon vieux directeur en retraite, l'aimable et sympathique M. Frizet. Celui-ci s'approche, curieux, et voit le soi-disant malade sortant la tête de son sac, s'agitant sur le carreau dans tous les sens, en des sauts de plus en plus comiques.

— Eh ! mon ami ! que vous arrive-t-il ? fait le vieillard.

— Ce sont les infirmiers qui m'ont laissé ici.

Le charitable Samaritain s'efforce de garder son sérieux ; mais riant au-dedans de lui-même, il délivre le pauvre captif, qui fut, paraît-il, guéri radicalement. Il dut, tant bien que mal, plutôt mal que bien, subir l'examen redouté, et l'histoire ajoute que n'ayant guère plus de goût pour la piété que... pour le travail, il ne tarda pas à quitter le séminaire, et rentra dans le monde..

Tout ce que nous venons de dire du séjour de M. l'abbé Monier au Grand Séminaire d'Avignon nous permet, semble-t-il, de nous faire une idée assez juste de la physionomie morale de ce pieux séminariste, de ce saint prêtre, tel que l'ont connu ceux qui ont eu le bonheur de l'approcher.

Piété sincère, nous dirions volontiers angélique, et qui semblait transparaître sur son visage si sympathique, toujours calme et volontiers souriant ; travail constant, facilité par sa remarquable intelligence, qui lui permit d'acquérir dans les diverses branches des sciences ecclésiastiques : philosophie, théologie, ascétisme, linguistique, principalement dans la langue latine, des connaissances d'une étendue exceptionnelle : et avec cela, une nature plutôt gaie, mais sans excès, une conversation spirituelle, amenant facilement sur ses lèvres un rire franc, bon enfant, éloignant toute idée de morgue ou de pédantisme. Enfin, physiquement, une taille au-dessus de la moyenne, des yeux de myope, très bons, un peu clignotants, toujours abrités derrière des lunettes : un teint frais et coloré, sans embonpoint excessif, tel que nous le représente la photographie très ressemblante placée en tête de ce volume. Voilà, dépeint aussi fidèlement qu'on le peut par la plume, ce que fut M. l'abbé Monier, pendant ses deux années de Grand Séminaire, et pendant les années de sa longue existence. Par ses vertus, sa science, sa bonté, il fut une personnification remarquable du bon prêtre, du saint, capable par cet ensemble d'éminentes qualités, de remplir fructueusement auprès des âmes sa mission bienfaisante.

L'abbé Monier était arrivé à la fin de sa troisième

année de théologie, et il paraissait devoir suivre le cours normal de ses études, lorsqu'un événement inattendu se produisit qui vint troubler toutes ses prévisions.

M. l'abbé Sermand, supérieur du Petit Séminaire, avait été appelé à remplir les fonctions de vicaire général auprès de Mgr Debelay, de douce et sainte mémoire [1]. M. Bonnet dut le remplacer. Homme d'un grand zèle apostolique, le P. Bonnet venait rétablir la Congrégation des Missionnaires de Notre-Dame de Sainte-Garde, fondée jadis, au xviiie siècle par l'abbé Martin, approuvée par le Pape Benoît XIV, et dissoute par la Révolution.

Or, le nouveau Supérieur, par suite de divers changements imprévus, eut besoin d'un professeur pour la classe de cinquième, et vint naturellement frapper à la porte du Grand Séminaire. Il s'adresse à M. Caval et lui demande M. l'abbé Monier, trop jeune encore pour recevoir les saints Ordres. Rien ne l'empêcherait, d'ailleurs, de s'y préparer au Petit Séminaire.

— Je le veux bien, répondit M. Caval, mais encore faut-il le consulter lui-même. — On devine la réponse du jeune abbé : « Vous le voulez, M. le Supérieur ? Dieu le veut, j'accepte. » Et sur-le-champ, notre séminariste est improvisé professeur de cinquième. « Toutefois, lui dit M. Bonnet, tout en faisant votre classe, préparez les mathématiques, car il est probable que je vous confierai, l'an prochain, celles des hautes classes, de la quatrième à la Rhétorique. »

Toujours docile aux ordres de ses supérieurs, le jeune professeur, tout en expliquant Virgile et Cicé-

---

1. Mgr Jean-Marie-Mathias Debelay, né à Viriat, diocèse de Belley, en 1800, successivement professeur au Petit Séminaire de Meximieux, vicaire de Nantua, évêque de Troyes (1844) et archevêque d'Avignon (1849) mort en 1863.

ron, se *bourre la tête de sciences*, ainsi qu'il le disait plus tard, en plaisantant. — Il était prêt pour ses nouvelles fonctions, et partit en vacances.

Or, vers le milieu de septembre, une lettre de son supérieur lui arrive, l'appelant auprès de lui pour une affaire urgente. L'abbé Monier accourt : « Ce ne sont pas les sciences que vous ferez, lui dit M. Bonnet, mais la rhétorique. Préparez-vous ; vous avez encore quinze jours devant vous. »

M. Monier se récuse, alléguant son incapacité. Le P. Bonnet insiste, revient à la charge inutilement, et, après un moment de réflexion, lui dit :

— Mon cher ami, vous vous proposez sans doute, de rentrer chez vous. Eh bien, faites-moi le plaisir de rester jusqu'à demain soir ». — L'abbé Monier y consent aussitôt.

Le lendemain, dans la matinée, un pli arrive de l'archevêché invitant l'abbé à s'y rendre le plus tôt possible.

Tout ému, car c'est la première fois qu'il paraît devant Sa Grandeur, l'abbé Monier se présente. Monseigneur, en l'apercevant, l'interpella à peu près en ces termes :

— Est-ce vrai, comme on me l'a dit, que vous refusez de professer la rhétorique ? Eh bien, vous la ferez, c'est moi, votre archevêque, qui vous l'ordonne ».

Devant un ordre aussi formel, que pouvait faire le jeune abbé, sinon s'incliner ? Pâle d'émotion, il exprime son humble soumission, baise l'anneau pastoral quand Monseigneur lui tend la main, va faire ses adieux au P. Supérieur, et retourne dans sa famille annoncer aux siens sa nouvelle situation.

Naturellement, les parents furent flattés du choix que l'on avait fait de leur fils pour des fonctions si élevées, et l'encouragèrent de leur mieux. La suite montra qu'ils avaient raison. Et c'est ainsi que M. Monier devint, à l'âge de 23 ou 24 ans, professeur de rhétorique.

La parole des Saintes Ecritures se vérifia une fois de plus : *Vir obediens loquetur victorias* : celui qui obéit remporte des victoires. En effet, nous n'avons, comme par le passé, qu'à enregistrer des succès.

Le corps professoral, lorque M. Monier prit la chaire de rhétorique, comptait des hommes de haute valeur. La classe d'humanités était professée par le saint M. Sylvain, l'aimable et généreux auteur des *Paillettes d'Or* ; celle de troisième, par M. Chabran, devenu plus tard curé de Lapalud ; celle de quatrième, par M. Chabert, devenu ensuite vicaire général, puis préfet des études au collège de Castelnaudary, fondé par Mgr Le Camus. M. l'abbé Faury faisait la cinquième, et devait succéder, deux ou trois ans plus tard, à M. Sylvain, comme professeur de seconde ; M. Gonnet, le futur professeur des Facultés catholiques de Lyon, faisait la sixième, et M. Corriol, la septième. Aussi, le Petit Séminaire d'Avignon connut-il, à cette époque, une ère de prospérité inouïe. Le nombre des élèves allait toujours croissant, et atteignit une année le nombre de 220. — Toutes les places, au réfectoire, étaient occupées, ce qui faisait dire, paraît-il, aux paresseux et aux dissipés, avec une satisfaction non déguisée : Il n'y aura bientôt plus de place pour nous mettre au pain sec. En effet, même cette fameuse table, vrai pilori pour certains élèves condamnés au pain et à l'eau, menaçait d'être occupée par le flot toujours montant des nouveaux.

Le jeune professeur de rhétorique se mit de tout cœur à sa tâche difficile. Il convient qu'un professeur d'éloquence, qui, dans un séminaire, s'applique à former des disciples, réunisse lui-même les deux conditions de l'orateur exigées par les anciens : *Vir bonus dicendi peritus.* L'orateur doit être homme de bien et habile dans l'art de la parole. M. Monier possédait ces deux qualités.

Il inaugura dans sa classe une méthode nouvelle. Au lieu de mettre entre les mains des élèves un traité d'éloquence — ce que l'on fait généralement — et certes les livres de ce genre ne manquent pas, il se fait lui-même le véritable initiateur, exposant de vive voix les préceptes de cet art, qu'on a appelé divin; ses disciples, de plus en plus avides de cet enseignement vivant, captivés par la parole du maître, prennent des notes et rédigent, chacun suivant ses facultés, un traité de rhétorique tout personnel. Voici ce que nous écrit à ce sujet un des élèves de M. Monier :

« Après plus de cinquante ans écoulés, il me semble le voir et l'entendre encore, cet illustre et vénéré Maître. Il ouvre son manuscrit d'un air grave et digne, et développe, comme l'aurait fait un docteur de Sorbonne, la savante page que nous devions reproduire à l'étude suivante. Subjugués par sa parole éloquente et persuasive, nous étions tout entiers à recueillir des notes, et à l'étude qui suivait, nous rédigions le plus exactement possible la conférence que nous avions entendue.

« Il n'y avait pas alors, comme aujourd'hui, de baccalauréat à préparer, ce qui permettait au professeur de se lancer en quelque sorte, et de nous emporter nous-mêmes avec lui, dans les vastes champs de la littérature ancienne et moderne. Il s'efforçait, non sans succès, de nous faire apprécier les beautés incomparables de Sophocle et d'Euripide, ainsi que les accents mâles et nerveux d'un Démosthène, ou les plaidoyers étincelants d'éloquence d'un Cicéron...

« Et quant aux leçons de mémoire, si nous récitions une scène de Corneille ou de Racine, tout à coup il nous arrêtait : « Ah ! messieurs, s'écriait-il, il y a plus de dix

ans que je connais ces vers, et ils me paraissent nouveaux plus que jamais ! »

Ainsi, le cours oratoire de M. Monier intéressait
ses élèves au plus haut degré et entretenait dans
les cœurs la flamme de l'enthousiasme. Ses succes-
seurs n'eurent garde de modifier une méthode qui
leur avait paru excellente, et l'un de ses confrères
a pu dire en toute vérité : Après cinquante ans, le
Séminaire se ressent encore de l'impulsion heureuse
que M. Monier a donnée aux études littéraires.

Le don de la parole. a-t-il été dit, ne suffit pas à
l'orateur chrétien ; il faut encore qu'il soit homme
de bien ; *vir bonus* ; et quand il enseigne dans un
Petit Séminaire, il doit être quelque chose de plus
encore : homme de Dieu. Ainsi l'avait compris
M. Monier.

N'étant pas encore dans les Ordres, et, par suite
de ses refus réitérés, pas même tonsuré, il s'approchait néanmoins tous les jours de la Table Sainte.
De même s'appliquait-il à inspirer — *verbo et
exemplo* — une profonde dévotion envers la Très
Sainte Vierge. Chaque jour et à chaque classe, à un
moment fixé, au signal donné par un élève désigné *ad hoc*, on interrompait un instant les explications et l'on récitait un *Ave Maria*.

Et quand arrivait le mois de Mai, c'était bien
autre chose. A la dernière moitié de la classe, un
exercice particulier, on pourrait presque dire une
fête édifiante était célébrée. Voici la description que
nous en a faite un témoin :

« Dès le commencement du mois, on dressait en
l'honneur de la Très Sainte Vierge un pieux oratoire
que l'on parait de cierges et de fleurs. Au moment
convenu, on fermait les fenêtres et l'on allumait les

cierges, ce qui donnait à la classe un aspect mystérieux et recueilli. Chacun de nous, à tour de rôle, lisait alors une composition littéraire, préparée les jours précédents, pendant les moments libres. Quels étaient ces travaux ? Ils étaient très variés : un éloge touchant en l'honneur de la Sainte Vierge, l'analyse littéraire d'une belle antienne ou d'une hymne liturgique ; une ode latine ; même quelquefois la muse française ajoutait ses inspirations. On tressait ainsi comme une couronne de fleurs nouvelles. La lecture achevée, M. Monier prenait la parole, analysait avec esprit les divers travaux et terminait par une exhortation chaleureuse qui émouvait les plus indifférents. *Omne tulit punctum,* a dit le poète, *qui miscuit utile dulci.*

Mais voici qui est plus solennel encore. C'était en 1855. L'anniversaire de la proclamation du dogme de l'Immaculée Conception était proche. On témoigne à M. Monier le désir de célébrer cette fête par une séance académique. Il aurait pu alléguer le manque de temps ; il n'y a plus d'ici là que quelques semaines. N'importe ! Il se met immédiatement à l'œuvre et y consacre une partie de ses nuits.

Le 8 décembre, MM. les académiciens, parés de leur insigne officiel, paraissent sur l'estrade dressée, selon l'usage, dans la grande salle de récréation. Mgr Debelay a tenu à être présent à cette séance, lui, qui, l'année précédente avait eu la grande joie d'être le témoin ému de la proclamation du dogme par l'immortel Pie IX, dans la basilique de Saint-Pierre.

Le Président de l'Académie rappelle cette heureuse circonstance dans le discours d'ouverture et termine par les paroles suivantes qui indiquent le programme de la séance :

« A l'occasion du nouveau triomphe que l'Eglise vient

de décerner à la Très Sainte Vierge, nous avons ajouté
à notre règlement une clause nouvelle. A tous les candidats auxquels l'Académie ouvre ses portes, elle impose désormais l'obligation d'offrir à Marie les prémices
de leurs travaux académiques, et c'est en exécution du
nouvel article que Camille Bourgues et Auguste Laurans
auront l'honneur de soumettre à Votre Grandeur deux
travaux sur l'Immaculée Conception.

« Le premier, une narration française ayant pour titre :
Le décret éternel de l'Immaculée Conception de Marie,
dont le sujet a été inspiré à l'auteur par le magnifique
début de la Bulle de Pie IX ; le second sera une ode
française ayant pour titre : Chant de triomphe des Anges,
après le décret.

« A cette pieuse couronne que nous tressons pour
Marie, M. Paul Sériot ajoute une fleur, une idylle, intitulée : *Rosa mystica.*

« Enfin, nous ne pouvions laisser passer cette solennité sans donner une place dans nos chants au glorieux
Pontife dont la parole vient d'ouvrir pour le monde une
nouvelle ère et au Pasteur bien aimé qui nous représen-
tait et qui avait porté nos cœurs au pied du trône apostolique... Nous avons déposé dans une ode à Pie IX
l'expression des sentiments de joie que nous a inspirés
le grand acte du 8 décembre et les espérances qu'il nous
a fait concevoir pour l'avenir.

« Quant à M. Charles Leclercq, dans une pièce intitulée : *Ad navem quâ R. R. Archiepiscopus Romam veheba-
tur,* il a essayé d'exprimer les émotions que nous a fait
éprouver le départ de notre Père bien aimé, et le récit
des dangers que l'élément perfide lui avait fait courir.
Le grand lyrique de Rome nous avait devancés dans un
sujet analogue... »

Ainsi, dans la partie latine, les académiciens imi-
taient une célèbre poésie d'Horace, s'avouant vain-
cus d'avance pour la perfection du style, mais ne
craignant pas de se déclarer supérieurs pour l'élévation et la sincérité des sentiments qui les animaient.

L'ode française, d'un haut vol, en de multiples strophes, n'occupe pas moins de huit pages in-8°, et se termine par cette belle apostrophe au Sauveur Jésus :

Non, ta parole, ô Christ, transmise d'âge en âge,
    Ta parole ne peut faillir ;
Non, ce n'est pas en vain qu'à ton dernier soupir.
    Tu nous léguas pour héritage
    Les promesses de l'avenir.
    Assis sur ta chaire immortelle,
Aujourd'hui, comme hier, et comme aux premiers jours,
    Fort d'une jeunesse éternelle,
    O Pierre, tu règnes toujours.
Et tandis qu'à tes pieds le flot des âges coule,
Tandis qu'autour de toi le temps renverse tout,
    Au milieu du monde qui croule,
    Tu demeures toujours debout.

Les applaudissements éclatèrent maintes fois au cours de cette séance, et Mgr l'Archevêque se fit l'écho de l'enthousiasme général; il félicita chaleureusement la jeune Académie dont il se promettait de présider fidèlement les magnifiques efforts. Sa Grandeur, en effet, venait quelques semaines après, en janvier 1856, assister à la première pastorale de M. Monier, intitulée : Les Bergers. Nous nous réservons d'en parler tout spécialement.

Telle fut cette première séance académique où nous voyons le jeune professeur de rhétorique débuter avec succès dans ces sortes d'exercices littéraires où il devait acquérir de plus en plus une maîtrise incontestée. Sous la sage direction de leur maître, les élèves accomplissaient de louables efforts et obtenaient des résultats qui n'étaient point sans mérite, mais on nous croira aisément quand nous dirons que dans tous ces travaux, prose ou poésie, la main du maître avait la meilleure part.

Quelques années plus tard, en 1859, lorsque fut dressée au sommet du clocher de la Métropole, la belle statue dorée qui bénit la ville d'Avignon étendue à ses pieds, ce fut le professeur de rhétorique du Petit Séminaire qui fut invité à composer le cantique populaire destiné à être exécuté au cours de cette grandiose cérémonie. L'on peut affirmer que le poète a été admirablement inspiré dans l'expression de la piété avignonaise envers la Vierge Immaculée. On sent, en effet, dans chacune des huit strophes de ce chant de triomphe, un souffle puissant de foi, de confiance et d'amour, que le génie musical du grand compositeur Imbert a su exprimer à merveille dans une mélodie entraînante, devenue bientôt populaire; et lorsque, chaque année, revient la fête du 8 décembre, en la clôture de cette grande retraite qui amène dans l'antique basilique métropolitaine une foule de pieux fidèles, attachés à leurs vieilles traditions, c'est avec un saint enthousiasme qu'éclate sous les voûtes du vénéré sanctuaire des Doms, ce pieux refrain :

> Peuples, quelle est-elle ?
> Peuples, répondez,
> L'Etoile immortelle
> Que vous regardez ?
> C'est Toi, Vierge Immaculée !
> Reine du ciel, gloire à Toi !
> Et qu'au cri de notre foi,
> La terre soit ébranlée !

Et nous pouvons croire qu'aussi longtemps que vivra la piété des habitants d'Avignon envers la Vierge Immaculée, aussi longtemps vivra le souvenir du poète et du compositeur auxquels nous devons l'admirable chant populaire à Notre-Dame des Doms.

Ajoutons encore quelques détails pour nous faire

pénétrer plus à fond dans l'existence de M. Monier, pendant les années qu'il a passées au Petit Séminaire d'Avignon.

Il eut à un haut degré l'esprit de zèle. Ainsi, durant plusieurs années, et suivant sa méthode d'enseignement, il adressa régulièrement aux élèves des hautes classes des conférences religieuses.

Une année même, en 1861, il prend sous sa direction les enfants de la première communion, leur explique tous les jours le catéchisme, et leur prêche la retraite préparatoire au grand jour, ainsi que le sermon de clôture.

Que dirons-nous encore? M. Monier était doué, au point de vue musical, d'une âme d'artiste. Dès ses premières années, il s'était adonné à l'étude du violon, qu'il possédait d'une façon remarquable. Aussi fut-il promu bientôt Maître de chapelle, et fit-il chanter dans la basilique métropolitaine de Notre-Dame des Doms plusieurs messes des grands maîtres, notamment de Palestrina.

Enfin, sous sa direction, il se forma, parmi ses confrères, un orphéon, qui reçut le nom caractéristique d'*Orphéon noir*. Composé seulement de sept ou huit membres, professeurs du Séminaire ou de la Maîtrise métropolitaine, tous musiciens, ils employaient une partie de leurs vacances à relever dans diverses paroisses les fêtes eucharistiques ou patronales, où ils exécutaient, avec un goût parfait, soit des messes, soit des motets latins dont se composait leur répertoire. Faisaient partie de cet Orphéon ambulant MM. Faury [1], Chabran [2], Chabert [3],

---

1. Faury Joseph, né en 1831, décédé en 1917, curé de S. Agricol.
2. Chabran Ferdinand, né en 1826, décédé en 1904, curé de Lapalud.
3. Chabert Jean Joseph, né en 1826, décédé en 1902, préfet des études au Collége de Castelnaudary.

Chambon [1], Menassieu [2], Gonnet [3]. On les vit une année, entre autres, dans la paroisse de Bollène, à l'occasion de la fête de Saint Louis de Gonzague.

Nous allons faire connaître plus explicitement dans les chapitres suivants les œuvres littéraires et les compositions poétiques de M. l'abbé Monier, pendant les années de son professorat.

1. Chambon Claude, né en 1837, décédé à Rome, procureur de l'Ordre de Citeaux, en 1867.

2. Menassieu Pierre, né en 1826, décédé à Paris, en 1915.

3. Gonnet Eugène, né en 1826, aumônier du Sacré-Cœur, décédé en 1904.

CHAPITRE III

LES PASTORALES.
(1855-1856)

Devenu professeur de rhétorique, l'abbé Monier, nous venons de le voir dans le chapitre précédent, déploya une activité remarquable à former ses élèves à l'art de bien dire, et montra, ainsi que nous allons nous en convaincre, une fécondité non moins rare à produire des œuvres littéraires d'une incontestable valeur.

Outre les séances académiques, dont nous avons donné une idée, véritables joûtes littéraires qui se renouvelaient deux ou trois fois pendant l'année scolaire, et dans lesquelles le professeur jouait un rôle prépondérant bien que caché, l'abbé Monier eut la pensée d'ouvrir un champ plus vaste encore à son ardeur. Il entreprit, dès sa première année de professorat, d'écrire et de faire représenter, par les élèves des premières classes, des *Pastorales*, genre de composition très en honneur en Provence, quand viennent les fêtes de Noël, et très goûtées du public.

Nous avons deux pastorales de M. Monier, comprises toutes deux sous le titre de Bethléem. La première met en scène les Bergers ; la seconde, les

Mages. Elles se complètent l'une l'autre, et représentent au vif le Mystère de la naissance de Jésus dans la petite ville de Juda.

Il est bien vrai que déjà, avant les travaux de M. Monier, on avait écrit des pastorales : telle, celle de M. l'abbé Moyne, publiée dans la première moitié du siècle dernier, et devenue très populaire [1]. Beaucoup d'autres l'ont suivie depuis, parmi lesquelles celles de M. le chanoine Bernard, du R. P. Xavier de Fourvière, et d'autres encore. Mais il y a cette différence entre les unes et les autres, que les pastorales de M. Monier sont écrites en vers français, tandis que les autres sont en provençal; de plus, les pastorales de M. Monier, par leur belle tenue littéraire, par l'exclusion des rôles comiques, par la beauté de leurs parties musicales, œuvres du compositeur Imbert, dont nous parlerons tout à l'heure, occupent une place à part, parmi les travaux dont nous parlons.

Nous ne saurions mieux présenter les Bergers et les Mages qu'en donnant un extrait de la charmante préface écrite par M. Monier lui-même pour l'édition de Bethléem, imprimée en décembre 1906, par

1. L'abbé Moyne Joseph-Ludovic-Théodore, né en 1819, à Sarrians, (Vaucluse) fut nommé professeur de rhétorique au Petit Séminaire à l'âge de 22 ans. Il est l'auteur d'une excellente *Monographie de l'abbaye de Sénanque*, qui lui valut une lettre très élogieuse de Montalembert, et d'un *Voyage en Italie* fort remarquable. Devenu vicaire de la paroisse Saint-Siffrein, à Carpentras, puis aumônier du Lycée d'Avignon, il entra, en 1856, à la Trappe de la Melleray, et fit profession sous le nom de P. Benoît. Il rédigea, pour sa communauté, un *Directoire spirituel*, publié en 1869. Envoyé en qualité de prieur à la Trappe de Gethsémani, au Kentucki, (Amérique) il y mourut en 1873, âgé seulement de 54 ans. La Pastorale de M. l'abbé Moyne, représentée au Petit Séminaire d'Avignon en 1842, ne fut imprimée qu'en 1854, chez Seguin. Elle est écrite en vers provençaux, et est intitulée : *La Nieu de Nouvé*; la Nuit de Noël; elle est en trois actes. Cette pastorale est restée populaire, et peut être considérée comme le modèle du genre.

les soins de M. l'abbé O. Reynaud, son neveu, alors curé de Joncquières, qui lui avait demandé de les publier, pour en consacrer le bénéfice aux réparations de l'église de sa paroisse.

« A mes anciens élèves. J'ai été effrayé, quand, après de longs calculs, je suis enfin parvenu à déterminer à peu près exactement la date de naissance de ces chères « Pastorales », comme nous les appelions.

« C'était donc aux environs de 1855 : il y a bien quarante-un ans, largement sonnés. Vous étiez jeunes, mes chers amis, et moi, presque autant que vous. Avec l'avidité de la jeunesse, nous nous jetions les uns et les autres, tête baissée, ou plutôt, la tête en l'air, dans ce champ nouveau pour nous de la littérature. Nous y apportions, il faut bien le confesser, l'inexpérience, et même un peu l'indiscipline de notre âge, ne nous interdisant pas toujours, quand l'occasion s'en présentait, les excursions subreptices en dehors des plates-bandes classiques. Tout cela avait tant de saveur pour nous, une saveur montante, qui nous donnait au cerveau. Virgile et Schiller, Sophocle et Shakespeare, Homère et la Bible, Rome et Bethléem, tous ces noms et ces souvenirs se mêlaient, se brouillaient même un peu dans notre tête, et sous notre plume aussi.

« C'est ce qui explique le style un peu composite des scènes que nous allons relire. Les romantiques d'alors trouvaient qu'il y avait trop de Virgile, et pas assez de couleur locale ; les classiques, au contraire, trouvaient qu'il n'y avait pas encore assez de l'un, et qu'il y avait un peu trop de l'autre. Ce qu'il y avait au fond, ce qu'il y avait surtout, dans ces simples scènes improvisées pour nos chères fêtes de l'enfance du Sauveur, c'était notre âme, que nous y jetions. Avec quelle ardeur, quel entrain, nous le faisions !... Vous le savez, vous mes chers amis. Je vous vois encore, attendant et réclamant impatiemment chaque scène, pendant qu'Imbert, ce cher et admirable Imbert, le seul auteur, à vrai dire, de ces Pastorales, harmonisait la précédente. Quels beaux jours! Nous nous en souvenons tous, car, si notre âge nous permet de dire avec Bathuel : *Ce temps est bien loin,* nul de nous n'ajouterait : *il est bien oublié.*

« Dans ce temps béni de l'Avent et de Noël, combien de fois ces doux refrains des Bergers et des Mages ne sont-ils-pas venus visiter notre mémoire ? Combien de fois ne nous est-il pas arrivé de nous les répéter les uns aux autres, en nous abordant, après de longues années ? »

On aura remarqué, sans doute, avec quelle délicatesse M. Monier parle de lui-même et de ses anciens élèves qu'il veut bien considérer comme ses collaborateurs, quand chacun sait que toute l'œuvre lui était personnelle. Ceci nous rappelle le noble vers d'un poète louant dans son confrère en poésie les qualités qui le distinguaient lui-même :

« L'accord d'un beau talent et d'un beau caractère. »

Ces lignes nous donnent également une idée de ce qu'étaient ces Pastorales si intéressantes. Elles l'étaient soit au point de vue religieux, soit au point de vue littéraire et musical, car la musique, grâce au compositeur, le maestro G.-F. Imbert, leur prêta son charme, et contribua grandement à leur succès. On peut dire que ces Pastorales ont fait date dans l'histoire du Petit Séminaire d'Avignon; elles ont laissé dans l'âme de ceux qui en furent les auditeurs — ils sont bien rares, aujourd'hui — des souvenirs que le temps n'a point affaiblis, et elles sont restées populaires, surtout dans les paroisses du Comtat, où, quand viennent les fêtes de Noël, on se plaît à leur emprunter quelques-uns de leurs plus beaux passages. Pour tous ces motifs, on nous permettra de nous y arrêter un peu longuement.

Voici donc, en raccourci, car nous ne pouvons

tout dire, la trame de la première pastorale : les
Bergers.

Au début, un jeune enfant, orphelin, Nephtali,
expose, en quelques vers d'une poésie simple et pénétrante, la mise en scène :

> Il est nuit ; dans le ciel serein
> L'astre du soir vient de paraître,
> Fidèle au rendez-vous champêtre
> J'appelle nos bergers en vain.

Quelques instants s'écoulent, et bientôt la troupe
attendue arrive et chante :

> Aux doux accents de la musette,
> Accourez, bergers des hameaux...

Mais avant de se rendre au berceau divin, on doit
désigner celui d'entre eux qui veillera sur les trou-
peaux. Les bergers présentent leurs pailles et l'on
tire au sort.

Il faut également choisir celui dont la voix harmo-
nieuse charmera l'Enfant nouveau-né : deux candidats se présentent, les jeunes bergers Abel et Nephtali : le vieillard Bathuel, arbitre de la lutte, ne sait
à qui donner le prix :

> Votre âge est différent, mais, égaux par la gloire,
> Jeunes pasteurs, égaux par la douceur des voix,
> > Vous méritez que la victoire
> > Ceigne vos deux fronts à la fois.

Tel est, en substance, le sujet du premier acte.
Au second acte, les bergers se préparent à partir,
et se demandent ce qu'ils pourront offrir à l'Emmanuel, quand tout à coup un chœur d'anges invisible

se fait entendre : Une voix céleste les presse de
partir :

> O Pasteurs, pourquoi tardez-vous
> D'accourir où Dieu vous appelle ?
> Un Sauveur, ô troupe fidèle,
> Est né pour le salut de tous.

L'ange apparaît ; les bergers, saisis d'une crainte
respectueuse, se regardent entre eux, étonnés, se
montrent dociles à l'invitation qui leur est adressée,
défilent en chantant, et se mettent en route :

> C'est le ciel qui l'ordonne,
> Bergers, obéissons,
> Et que de nos chansons
> La montagne résonne.

Ainsi finit le deuxième acte.

Nous voici bientôt à Bethléem. L'ange qui précède
les bergers, nous l'annonce et montre l'humble toit
où vient de naître un Dieu tout aimable. Les bergers
agenouillés adorent, et viennent déposer leurs offrandes : écoutons-les :

RUBEN, (*offrant une grappe de raisin*).

Je t'offre, ô mon Sauveur, cette grappe vermeille ;
Naguère, elle pendait encore à l'humble treille
    Qui serpente autour du verger.
    Du vendangeur la main cruelle
N'a point osé toucher sa tige encore frêle.

ELIACIN, (*offrant deux tourterelles*).

J'apprivoisais deux tourterelles ;
Elles venaient déjà becqueter dans ma main
    Les miettes de mon pain...

SAMUEL, (*tenant un rayon de miel*).

Hier, doux Sauveur, sur le soir,
Ma chevrette chérie
Vient d'enrichir ma bergerie
Du plus beau faon qu'on puisse voir...
Seigneur, fais-le vite grandir,
C'est à toi que je le destine
Moi-même je viendrai l'offrir.
En attendant, je veux déposer sur ta crèche
Un peu de miel ; dans le vallon
J'en ai découvert un rayon...

DAVID, (*présentant une houlette*).

Tu vois cette houlette ?
Au dernier jour de fête,
Ma mère, ô doux Sauveur, voulut me la donner.
Pour me la façonner
Mon père a, dans le bois, pris la plus belle branche
D'un beau myrthe qu'il a trouvé,
Et sur la banderolle blanche
Qui flotte au vent, le nom de ma mère est gravé.

Viennent enfin les deux bergers, Abel et Nephtali,
qui, au premier acte, avaient remporté le prix du
chant, et avec eux, le vieillard Bathuel, appuyé sur
l'épaule de Nephtali, qui conduit un agneau. Ils font
entendre un trio harmonieux et charmant, qui al-
terne avec le chœur des anges. Bientôt les bergers
et les anges unissent leurs voix dans un chœur final,
qui symbolise la paix descendue du ciel sur la terre :

Oui, des bergers suivons la trace ;
Pasteurs des peuples, vous viendrez
Sous cette main, pleine de grâce
Incliner vos fronts révérés...
Des plages que le soleil dore,
Bergers, voyez-les accourir.
Faisons place aux Rois de l'aurore,

Faisons place aux Rois à venir.
Un jour, à ce berceau sublime,
Les pasteurs des peuples viendront,
Sous ta main, Enfant magnanime,
Ils viendront abaisser leur front.

Ainsi s'achève la pastorale des Bergers, faisant entrevoir la Pastorale des Rois qui doit en être le complément naturel.

Celle-ci parut, en effet, l'année suivante, 1856, aux fêtes de Noël, et n'eut pas moins de succès que son aînée. Nous allons la faire connaître dans ses grandes lignes, avec le regret de ne pouvoir en donner que de trop courtes citations.

Au premier acte, la scène se passe à la deuxième veille de la nuit, dans le camp des Ismaélites, sur une colline située entre Jérusalem et Bethléem.

Tout d'abord, on entend dans les coulisses le chœur des soldats formant la garde et faisant la ronde autour du camp. Le jeune Ismaël, fils du roi Melchior, roi d'Idumée, et petit-fils du vieux roi Balthasar, sort de sa tente :

« Quel bruit s'élève, ô nuit, qui trouble ton mystère ?
J'écoute... ô douce brise, est-ce toi qui gémis ?
        Venez-vous murmurer, amis,
        M'annoncer le retour d'un père ?... »

Et aussitôt, le jeune enfant, entonne une douce cantilène :

        Sur la plage bien-aimée
                D'Idumée,
        Sous le ciel où germe l'or,
        Dans notre azur sans nuage,
                Doux présage,
        L'astre un jour prit son essor.

Voici venir, dans la nuit, le jeune Nephtali qui commence, avec Ismaël, un dialogue plein de charme. Celui-ci, dans une longue tirade de beaux vers, lui raconte comment il a vu, le premier, apparaître l'étoile miraculeuse :

Au fond de l'Idumée, enfant, bien loin, là-bas,
Au-delà de ces monts que voile l'ombre épaisse,
Un signe est apparu dans notre ciel... Etait-ce
Un de ces globes d'or que les cieux, en rêvant,
Laissent parfois glisser le long du firmament ?
. . . .
L'enfant-roi, le premier, de son regard songeur,
Découvrit dans l'azur l'astre aux lueurs changeantes,
Tantôt guidant la nuit nos marches diligentes,
Tantôt, dans l'oasis, alors que nous campions,
Sur nos tentes laissant s'endormir ses rayons.
Et dans ces feux bénis qui ravissaient mon âme,
Mon œil d'enfant voyait apparaître... une femme,
Une Vierge, une mère, et dans ses bras, ô Ciel !
Etait-ce un Dieu voilé sous les traits d'un mortel ?
Cet Enfant au front pur, et dont le doux sourire
Versait en moi les flots d'un merveilleux délire.
Docile à cet appel divin, vers l'Occident
Ismaël dirigea son voyage, pendant
Que suspendue au haut des airs, par sa lumière
La lampe d'or réglait l'étape journalière.
Mais, hélas, au milieu des brumes du couchant,
L'astre, hier, s'obscurcit, et nous voilà, cherchant
A retrouver en vain notre route indécise.

Survient alors Balthasar, le vieux roi, que le poète, par une licence, acceptable après tout, nous présente comme le père des rois Melchior et Gaspard. Ceux-ci sont restés à Jérusalem, pour consulter Hérode, sur la route à suivre. Et leur père ne peut se rassurer sur leur sort ; il tremble à la pensée qu'Hérode ne les retienne auprès de lui.

Précisément, Eliézer, le messager royal, arrive et raconte comment Hérode a exprimé le désir d'entendre, de la bouche même du jeune Ismaël, le récit de l'apparition de l'astre miraculeux.

Ce premier acte s'achève par un quatuor chanté par Balthasar, Ismaël, Nephtali et Eliézer :

> O Reine de l'azur,
> Dont la céleste image,
> Dans son exil obscur,
> Consolait le vieux Mage !

Au deuxième acte, Nephtali s'efforce d'apaiser les craintes de Balthasar. Il lui dit que le Roi qu'il venait de si loin adorer, est né en réalité, là, près, dans une pauvre étable. Et lui-même,

> . . . . A toute heure,
> L'enfant peut pénétrer dans la sainte demeure.
> C'est moi, Seigneur, avec un autre gai pasteur,
> Le rival de mes chants et l'ami de mon cœur,
> C'est moi qui veille auprès de la crèche divine.

Survient Abel, frère de Nephtali, qui fait part à son frère, ainsi qu'au roi, de l'apparition de l'ange à Joseph, lui ordonnant de fuir en Egypte. Le vieux Balthasar, saisi d'indignation, veut protéger l'Enfant :

> Oui, je te défendrai malgré le poids des ans ;
> Sous l'airain belliqueux pressant mes cheveux blancs ;
> Pour reprendre ce fer qui pèse à ma faiblesse,
> Je saurai retrouver un reste de jeunesse.

Tout d'un coup, éclatent les accents de la marche royale ; ce sont les fils de Balthasar, avec le jeune Ismaël qui arrivent. Avec eux, se précipitent sur la

scène une troupe d'enfants, aux cris répétés de :
Voici les Rois !

Pendant ce temps, l'aurore a paru :

Mais sur ces monts lointains où le jour va renaître,
    Quel jour plus beau vient d'apparaître ?
    Est-ce un rêve ?... ô Dieu, sois béni !
(*On voit l'étoile*).
Salut à toi, salut, étoile d'espérance,
    Ah ! tressaille, peuple banni,
    C'est l'aube de ta délivrance !

Et, pleins de joie, les pieux pélerins dirigent leurs
pas vers Bethléem.

Enfin, au troisième acte, nous voyons, dans l'étable de Bethléem, les Mages et les guerriers agenouillés aux pieds de l'Enfant-Dieu, et lui offrant leurs présents, l'encens, la myrrhe et la couronne d'or.

O prodige ! le Roi du Ciel
Descend de l'éternel royaume,
Pour sauver les fils d'Israël,
Il vient habiter sous le chaume,
Mais sous le chaume, à l'œil mortel,
Brille encor ta sainte lumière.
Le front courbé dans la poussière,
Nous t'adorons, Emmanuel !

A cette adoration vient se joindre un chœur gracieux de jeunes enfants, amenés par Ismaël ; ils apportent leur offrande :

Les fraîches gouttes de la myrrhe
Brillent au fond de l'urne d'or,
A l'Enfant qui va nous sourire,
Portons, portons les doux trésors.

Melchior, le premier, s'approche, offrant l'encens.

Dans cette crèche, sous ces langes,
Nous te confessons Dieu, Seigneur, en t'adorant !
Tout l'univers est plein de tes louanges,
Et dans le ciel d'innombrables phalanges
Te proclament seul bon, et seul saint, et seul grand !

GASPARD, (*offrant la myrrhe*).

Dans nos déserts, au fond des lointaines contrées,
Où l'étoile apparut à nos peuples errants,
La myrrhe, au pied de l'arbre aux ramures sacrées,
Epanche ses pleurs odorants.
Au Dieu qui se revêt de notre humanité,
Que ton parfum mystique, ô myrrhe, rende hommage,
Et qu'avec lui soit accepté
Le tribut qu'à ses pieds apporte le Roi mage !

Enfin, Balthasar s'incline à son tour, offrant une couronne d'or :

Nous te confessons Roi, divin Enfant, reçois
L'hommage de notre couronne ;
Que le bandeau des rois
A ton humble crèche rayonne !

Ismaël, et les autres enfants, détachant de leurs fronts une couronne de roses :

Ah ! détachons, amis, ces guirlandes de roses,
Qui parent nos timides fronts...
Sous la neige elles sont écloses,
Doux Enfant, nous te les offrons.

Voici qu'un Ange apparaît, annonçant les perfides desseins d'Hérode. Ismaël propose d'emmener dans son pays le divin Enfant. Non, répond l'Ange :

Sur ce rivage antique
Où Juda pleura son exil,
Quel est ce berceau prophétique
Que balancent les flots du Nil ?

> Dieu sauva jadis sur ton onde
> Un vengeur aux fils d'Israël,
> Fleuve sublime, garde au monde
> Le berceau de l'Emmanuel.

Et le chœur achève, par ce chant final :

> Oui, garde-nous, fleuve sublime,
> Garde-nous ce sacré berceau,
> C'est l'espérance de Solyme,
> C'est l'espoir du peuple nouveau.
> Qu'il en sorte un nouveau Moyse,
> Ange béni des nations,
> Et qu'il vienne à l'heure promise
> Briser le joug des Pharaons !

Grand fut le succès de ces deux pastorales qui tranchaient singulièrement sur toutes les autres compositions de ce genre, soit par la noblesse des sentiments, soit par l'expression poétique du langage, soit enfin par la beauté de la partie musicale qui en faisait ressortir admirablement la perfection. Cette partie musicale était l'œuvre de l'éminent compositeur, M. G.-F. Imbert, dont le nom est associé étroitement à celui de M. l'abbé Monier. Il en fut, peut-on dire, l'intelligent collaborateur dans toutes les séances artistiques et littéraires dont le Petit Séminaire d'Avignon fut le théâtre pendant les dix années de professorat de M. Monier. Il en fut de même pendant les années qui suivirent, avec les divers professeurs de rhétorique qui se succédèrent. Pendant plus de trente ans, M. Imbert, professeur de musique au Petit Séminaire, en même temps qu'il était organiste de la paroisse Saint-Pierre, consacra son admirable talent de compositeur à donner aux fêtes du Petit Séminaire ce caractère artistique qui en relevait le charme et l'intérêt. On a écrit, et c'est bien la vérité, qu'il n'avait manqué à M. Imbert pour obtenir la fortune et la célébrité, que de sortir de chez nous et de se produire au grand jour. Mais sa grande simplicité, sa modestie le retinrent dans ce milieu avignonais où il se plaisait. C'était un mélodiste raffiné ; sa manière tenait de Méhul et de Félicien David. La grâce, la fraîcheur, la délicatesse étaient ses qualités de prédilection, mais il ne s'en tenait pas là, et il savait décrire comme il savait charmer. Sa vive imagination, riche en procédés ingénieux, jetait sur ses partitions des merveilles de poésie et c'est de là que ses œuvres tirent leur plus grande originalité.

Son œuvre musicale fut considérable [1]. Messes, noëls, cantiques, oratorios, partout il sema à pleines mains ces mélodies charmantes, que l'on ne peut oublier quand une fois on les a entendues, et qui aujourd'hui encore contribuent, dans beaucoup de nos paroisses, à rehausser nos fêtes religieuses, en jetant dans les âmes une pieuse émotion qui les fait prier avec plus de ferveur.

M. l'abbé Monier exerça sur M. Imbert la plus heureuse influence, et l'on a pu dire que c'était lui qui avait formé, en grande partie, le compositeur avignonais. Voici, à l'appui, une de ces scènes comme il s'en produisait fréquemment entre le poète et le maestro.

M. Monier venait de composer une de ses belles cantates, les *Jeux troyens*, et il essayait de faire passer dans l'âme de M. Imbert quelques-uns des sentiments qui remplissaient la sienne. M. Imbert

---

1. Le Petit Séminaire Saint-Michel, qui a remplacé celui de Saint-Pierre-de-Luxembourg, possède dans sa bibliothèque toute la composition musicale de M. Imbert, pastorales, cantates pour fêtes ou distributions de prix. Collection précieuse, d'où il serait facile d'extraire des parties intéressantes.

était là, écoutant la parole émue du poète. Tout à coup, et comme transporté d'enthousiasme, il se lève : « Ah! s'écrie-t-il, j'y suis ! j'ai compris ! »

Et ce cri était poussé en cette langue provençale qu'il affectionnait. L'inspiration était venue, et quelques jours après, le génial compositeur apportait une de ses œuvres les plus remarquables.

C'est ainsi que le poète et le musicien se comprenaient, se complétaient, et se renvoyaient mutuellement le succès obtenu par leur œuvre commune, et le public ne fut pas peu édifié lorsqu'un jour, à la suite d'une de ces séances où leur succès s'était affirmé, on vit les deux auteurs, comme mus par un sentiment fraternel, s'embrasser avec effusion.

Ce sentiment persévéra malgré les années et l'éloignement. Quelque temps avant la mort de M. Imbert, M. Monier lui écrivait de Paris, pour le féliciter d'une cantate qu'il venait de composer : « J'ai là, lui disait-il, sous mes fenêtres, un rossignol qui, chaque année, à pareille époque, vient me distraire et égayer ma solitude. Assurément, ce n'est jamais le même, mais il n'en est pas de même de vous, cher ami : tel je vous ai connu il y a quarante ans, tel je vous vois et vous entends avec votre voix douce et fraîche, vive voix de rossignol... »

Le rossignol, un jour, cessa de chanter. Le 10 septembre 1886, le vieil organiste de Saint-Pierre, le digne émule de l'immortel Saboly, qui fut lui aussi compositeur et organiste de cette paroisse, rendait le dernier soupir. M. Monier, alors en vacances à Mornas, se hâta de venir assister à ses funérailles. M. Dumas, curé de Saint-Pierre, par une attention délicate, l'invita à donner l'absoute et à faire les dernières prières pour le repos de l'âme de son vieil ami.

Le succès des deux pastorales, les *Bergers* et les

Mages, ne fut pas éphémère ; il s'est renouvelé depuis à plusieurs reprises, non seulement dans la cité avignonaise, soit au Petit Séminaire, soit dans les patronages, mais encore à Marseille, à Brignolles, à Bordeaux, à Paris, au cercle catholique du Luxembourg : partout ces pastorales furent accueillies avec la même faveur, consacrant ainsi la valeur de l'œuvre et le talent incontestable des deux collaborateurs.

CHAPITRE IV

LES DISTRIBUTIONS DE PRIX.
(1856-1864)

Exercices littéraires : I. Rome au Iᵉʳ siècle. — Néron. —
Conjuration de Pison. — Le poète Lucain. — Le sénateur
Pudens. — Quo vadis. — II. Rome au ivᵉ siècle : Constantin-le-grand, le rhéteur Eumène, les jeux troyens, Lactance. — David, opéra biblique.

Avignon conserve encore précieusement le souvenir des solennités scolaires qui couronnaient le
cycle des études vers la fin du mois de juillet, et les
rares survivants de cette époque ne tarissent pas,
quand on les interroge à ce sujet, sur le talent de
M. l'abbé Monier, qui les préparait avec tant de
soin et, de l'aveu de tous, avec un merveilleux
succès. Il est juste aussi d'ajouter que M. Imbert,
par son talent de compositeur, reçoit une large part
de leur admiration.

Après les scènes de Bethléem que nous venons de
décrire, le jeune professeur de rhétorique eut l'heureuse pensée de demander ses inspirations à la Ville
éternelle, Rome, d'où arrivait à peine Mgr Debelay,
archevêque d'Avignon. Le sujet était fécond et, de
plus, opportun.

Voici comment s'exprimait le Président de la jeune
Académie du Petit Séminaire dans le prologue de la
première séance :

« La crèche et l'Elysée, Bethléem et Rome, deux noms qui font tressaillir, deux pélerinages qu'il faut entreprendre avant de mourir.

« Sous l'inspiration de notre foi, et sous les auspices de Votre Grandeur, nous avons tenté de faire le premier... Rome nous restait à visiter.

« C'est avec une religieuse émotion que, notre Tacite d'une main et les Actes des Martyrs de l'autre, nous avons visité par la pensée et par le cœur ce sol épique, asile des grands souvenirs. Le sujet est grand, tout est grand dans Rome... »

Vint tout d'abord une étude sur Néron, qui débutait ainsi : « O nation, née pour la servitude, avait dit Tibère, en sortant du Sénat qui le poursuivait de ses adulations... »

Y aurait-il contradiction avec le discours précédent? — Non ; écoutons l'orateur : « A la tyrannie d'un vieillard soupçonneux et corrompu, mélange affreux de boue et de sang, suivant le langage d'un contemporain, succède celle d'un enfant furieux ; de la tête du tyran enfant, la couronne tombe sur la tête d'un tyran imbécile, et enfin, pour comble d'humiliation, pour couronner cette effroyable gradation dans la tyrannie, Dieu réservait à la cité d'Horace et de Virgile, de Cicéron et de Tite-Live, un tyran demi-lettré, dont le nom insulte aux sentiments les plus sacrés de la nature... il a tenu à bien peu que ce monstre, dont le nom, comme dit le poète, devait être

de la race future.
Aux plus cruels tyrans une cruelle injure,

ne vécût et ne mourût tranquillement.

« Mais nous nous trompons. Dieu ne pouvait permettre un silence absolu de la vertu devant le crime ; deux protestations solennelles devanceront celles de l'histoire ; l'une, s'élevant au nom de l'ancienne liberté de Rome ; l'autre, au nom d'un principe nouveau, inconnu au monde... il est curieux et instructif de comparer ces deux protestations, si différentes par le but et par les moyens ».

Les voici formulées dans une scène émouvante
et représentées, la première, par le poète Lucain,
auteur de la Pharsale, et blessé dans sa vanité littéraire par Néron lui-même; l'autre par Pudens, sénateur chrétien, digne de ce nom, à l'attitude noble
et ferme, hardie, sans insolence.

LUCAIN

« Eh quoi ! quand vous voyez périr l'honneur de Rome,
Quand la patrie en proie aux caprices de l'homme,
Cette mère qui pleure et que vous oubliez,
Quand elle vient, Pudens, se jeter à vos pieds
Et vous dire : Mon fils, vois ces pleurs, cette chaîne,
Le long chemin d'opprobre où ma douleur se traîne,
Vois ce front que jadis la gloire a couronné,
Maintenant, sous la honte, à rougir condamné...
Eh bien ! Pudens, aux cris d'une mère qui pleure,
Vous montrerez-vous sourd ? Chaque jour, à toute heure,
Moi, je perçois ces cris, cette voix me poursuit
Dans le bruit du Forum, dans l'ombre de la nuit,
Au milieu des festins, partout, je n'entends qu'elle...
Ah ! c'en est fait, je cède à la voix maternelle,
Et dussé-je être seul, dans Rome, à me lever,
Je me lève, Pudens, et meurs pour la sauver ! »

Que répondra Pudens à ces accents du poète, qui
ne fut jamais aussi éloquent ?

PUDENS

« Non, Lucain, non, les pleurs d'une patrie aimée
N'ont point trouvé mon âme à la pitié fermée ;
Sans frémir, en effet, comment pourrais-je voir,
Moi, sénateur romain, un odieux pouvoir,
Profanant chaque jour l'honneur du laticlave,
Le jeter pour salaire au crime d'un esclave ?

. . . .

Que vous proposez-vous d'élever à la place ?...
L'ancienne République ?... Ah ! vaine illusion !

Un nouvel empereur ? Et qui donc ? Un Pison,
Un vieillard débauché, sans foi, sans caractère,
Qui rappellerait Claude, et peut-être Tibère !

Cependant la conspiration tramée dans l'ombre
est découverte : Néron va rendre grâces aux dieux
dans le temple de la Fortune, et leur consacre le
poignard qui devait servir au crime.

Ici, le talent du maestro Imbert, à son tour, se
donne libre carrière, soit dans la marche de la fan-
fare impériale, soit dans les soli des courtisans et
dans les ovations de la foule. O honte ! On entend
Lucain lui-même flatter l'empereur !

Une nouvelle étude historique intitulée : *Faiblesse
et courage*, vient ensuite à propos : c'est un tableau
de mœurs instructifs. « Les conspirateurs saisis
avaient été interrogés, et les prisonniers, oubliant
dans les tortures leurs serments à la divinité, désirant par la promptitude de leurs aveux mériter l'indulgence, fatiguent de leurs dénonciations l'avidité
du prince même. Lucain dénonce sa mère, et croit,
par cette impiété monstrueuse, toucher le cœur du
parricide. Mais Néron ne fut pas plus sensible à la
fraternité des crimes qu'il ne l'avait été à celle du
sang... La vénérable matrone fut immolée : elle était
peut-être innocente ».

« Tandis que les plus illustres Romains se montraient
si petits devant la mort, d'obscurs citoyens couraient à
elle avec une sorte d'ambition guerrière, inexplicable
pour les boureaux, et l'émulation que les conjurés mettaient dans la honte, les chrétiens la mettaient dans le
martyre. Une généreuse violence avait pourtant, dès les
premiers symptômes de la tempête, éloigné du danger
le chef de la naissante Eglise, et saint Pierre, vaincu
par la sollicitude de ses frères, avait été forcé de
s'exiler et de chercher une retraite au milieu des ro-
chers des Apennins...

« Cependant, depuis le départ de l'Apôtre, chaque maison chrétienne était transformée en sanctuaire, et dans l'attende du martyre, les nuits s'écoulaient... »

Après l'une de ces veillées d'armes, le vieux sénateur Pudens venait de congédier sa famille, et l'invitait à prendre un léger repos. Tout à coup, un esclave se présente et vient arracher le vieillard à ses saintes préoccupations.

Un étranger demande l'hospitalité au nom de Jésus-Christ. — Au nom de Jésus-Christ? qu'il soit le bienvenu ! — L'étranger est déjà au seuil de la porte. Le sénateur pousse un cri d'étonnement ; il croit à une apparition céleste : « Qui? vous, Pierre, en ces lieux? » — Le pasteur vient donner sa vie pour ses brebis. — Une scène sublime va se dérouler maintenant entre saint Pierre et Pudens ; saint Pierre qui veut mourir et Pudens qui veut le sauver!

SAINT PIERRE

« Non, Pudens, ce n'est point quand éclate l'orage,
Que le ciel s'obscurcit et que le vent fait rage,
Lorsque le frêle esquif sur l'immense océan
Vacille, secoué par le flot noir géant.
Non, ce n'est point alors que le nocher fidèle
Abandonne aux écueils sa fragile nacelle.

PUDENS

Mais à la frêle nef que l'océan ballotte,
Dieu n'a-t-il pas promis de servir de pilote ?

Saint Pierre raconte alors la scène du *Quo Vadis.* Il revoit le Seigneur :

« En passant,
Son œil jette sur moi ce regard du prétoire
Dont, après quarante ans, j'ai gardé la mémoire,
Et soudain, comme un trait, vint transpercer mon cœur.
Je lui tendis les bras, en lui disant : Seigneur,
Dans votre souvenir, quoi ! cet oubli d'une heure,
Restera-t-il toujours? Voyez, Seigneur, je pleure...
Voyez... Ces longs sillons par les pleurs sont creusés,

Et sous le poids des jours mes genoux sont brisés.
Pardon !... » Mais, sans répondre, il avançait vers Rome,
Et de nouveau : « Seigneur, dans cette autre Sodome,
Pourquoi porter vos pas ? Pourquoi ce bois fatal? »
Il s'arrête, et, du doigt montrant le Quirinal,
« Une seconde fois, sur ce nouveau Calvaire,
Je vais mourir, dit-il, victime volontaire...

 . . . .

Je restai, frémissant d'un délire inconnu.
Quand je me relevai, tout avait disparu.
Il me sembla, Pudens, que j'étais un autre homme.
Je revins sur mes pas, et je rentrai dans Rome. »

A la suite de cette scène émouvante, un touchant
incident est imaginé par le poète : on voit paraître
sur la scène Novat, le plus jeune fils du sénateur,
qui, venant au-devant de Saint-Pierre, le salue et
se dispose lui-même à la mort ; touchante leçon pour
la jeunesse :

« N'entendez-vous donc pas devant les saints autels,
Mon père, chaque jour le Pontife nous dire
Que le suprême don de Dieu, c'est le martyre ?... »

Pudens et saint Pierre approuvent et encouragent
le jeune Novat :

« Oui, mon fils, vous serez digne de votre race,
Digne de votre foi...

SAINT PIERRE

                Dieu de toute bonté,
Ah! vous veillez sur nous puisque vous suscitez,
Pour affermir notre âme, au milieu des orages,
Dans d'aussi jeunes cœurs d'aussi mâles courages. »

Ainsi finissait la première partie, ou, pour mieux
dire, le premier chant de ce merveilleux poëme de
Rome, que l'on ne pouvait entendre sans enthou-

siasme, et qui se prolongeait ensuite dans un sentiment unanime d'admiration chez les auditeurs, et plus encore peut-être, chez les élèves du Séminaire.

On nous dit que l'un d'entre eux, longtemps après, en période électorale, se trouvant en une réunion de citoyens d'opinions assez avancées, eut tout à coup la pensée d'évoquer les paroles patriotiques du poète Lucain. « Voulez-vous, dit notre ancien séminariste, que je vous récite un morceau de littérature que j'ai appris autrefois ? Je m'en souviens comme s'il datait d'hier. — Ecoutez ! — Et montant sur une chaise du café, (car c'est dans un café de l'endroit que la scène se passait), il débite avec sa verve de jadis le passage que nous venons de citer. Les auditeurs étaient là, saisis d'admiration. Quand il eut terminé, au milieu des applaudissements. — Eh bien ! ajouta-t-il, devinez quel est l'auteur de ces vers? Le diriez-vous? C'est un curé ! — Les applaudissements redoublèrent, inattendu mais légitime hommage rendu au talent poétique de M. Monier. [1]

L'année suivante, au mois de juillet, l'auditoire avait encore grandi. Mgr Debelay était là, toujours fidèle, heureux manifestement de présider ces assises littéraires et musicales, où l'on voyait prendre place dans la cour d'honneur, magnifiquement parée pour la circonstance, l'élite intellectuelle et religieuse de la ville, attirée par le charme de la poésie et par celui, non moins attrayant de cette musique dont le maestro Imbert avait le secret.

---

1. L'ancien séminariste dont il est ici question est le docteur L. Béraud, qui fut maire de Vaison et conseiller général. Il fut longtemps le porte-drapeau de l'anticléricalisme dans cette région. Dans sa dernière maladie, il eut le bonheur de revenir à Dieu, et mourut dans des sentiments édifiants de foi et de repentir, dans les bras du chanoine David, son beau-frère.

Le sujet traité cette année-là, était : Rome au
IVe siècle, sous Constantin-le-Grand.

Divers contrastes excitèrent au plus haut point
l'intérêt dans l'âme des auditeurs; nous essaierons
de les signaler.

Le premier se manifestait entre Constantin et les
empereurs qui l'avaient précédé sur le trône. Un des
académiciens le fit remarquer dans le prologue :

« Le pouvoir suprême, disait-il, devint comme un en-
jeu, autour duquel se livraient de sanglantes batailles,
et après un enfantement de trois siècles, l'empire n'avait
pu réussir à prendre la consistance d'une véritable institution monarchique.

« Un homme se rencontra, dont l'âme, pétrie de vices,
portait cependant l'énergie d'un homme d'Etat et d'un
souverain. Soldat de fortune, appelé par un caprice de
l'armée au pouvoir suprême, il en comprit sur le champ
la faiblesse. Il fut le premier empereur, dit Eutrope,
écrivain contemporain, qui remplaça autour du trône,
les symboles de la liberté romaine par les pompes de
l'étiquette royale : il se fit adorer tandis qu'on ne faisait
que saluer ses prédécesseurs...

« C'était un véritable monarque à la façon des rois
d'Orient, commandant à une partie du monde en vertu
d'un droit personnel d'hérédité ou d'adoption.

« Cependant la Providence réservait à Dioclétien un
successeur qui, sur une plus large place, et dans une
sphère plus haute, devait réaliser les desseins de son
aïeul adoptif. Arrivé au trône par un concours de circonstances surnaturelles, Constantin avait voué à la
religion du Christ un culte d'admiration qui dominait
toute sa politique et préparait au monde de nouvelles
destinées.

« Il aimait surtout dans l'Eglise la grandeur du pouvoir ecclésiastique.

« Peut-être, à la vue de ce spectacle, le génie de Constantin, devançant de quatre siècles celui de Charlema-

gne, conçut-il l'idée d'une vaste monarchie catholique, où le pouvoir, s'appuyant en haut sur Dieu, trouverait en bas, non plus la muette obéissance qui cède à la force, mais la soumission respectueuse qui obéit à l'amour... »

Il y avait donc une différence profonde entre la politique de Constantin et celle de ses prédécesseurs.

Second contraste, entre l'épouse et la mère de Constantin, contraste parfaitement dessiné par ces deux mots : une marâtre, une mère.

La marâtre était Fausta, impérieuse et jalouse, cruelle à l'égal de son ambition. Elle pleure de rage à la vue de Crispus, fils aîné de Constantin, né d'un premier mariage avec Minervine, qui rentrait triomphant dans Rome, au retour de son expédition contre les Marcomans, et venait prendre part aux fêtes qui s'y préparaient pour célébrer le 20e anniversaire du règne de l'empereur.

Fausta eut bientôt fait de persuader à Constantin qu'il avait, dans son fils aîné, un chef tout désigné pour se mettre à la tête d'une révolte populaire. On vit bientôt Crispus arrêté, sans forme de procès et envoyé en exil. Le bruit se répandit qu'il avait péri en prison.

La mère, l'aïeule si l'on veut, véritable mère, aimait Crispus. Douloureusement surprise en Orient par la nouvelle du meurtre du jeune homme, elle écrivit à Constantin cette missive :

« Auguste empereur et notre fils, salut dans le Christ. Tandis qu'au fond de notre retraite, nous levions les mains vers Dieu pour qu'il protégeât notre règne, une effroyable nouvelle est venue nous surprendre. En l'entendant pour la première fois, nous sommes tombée en défaillance, et revenant à nous-même, nous n'avons pu nous empêcher de déchirer nos vêtements et de pousser des cris de douleur... »

Aux accents de cette mère vénérée, le trouble, la honte, le remords entrèrent dans l'âme de Constantin. Au lieu de se borner à avouer un crime qu'il déplorait, il cherche, dans un accès de fureur sauvage, à se décharger du remords. Tous les supplices lui paraissent trop doux pour celle qui l'avait entraîné dans le crime par le mensonge et la calomnie. L'infortunée Fausta, plongée par son ordre dans un bain brûlant, y fut étouffée.

Nous assistons enfin à un troisième contraste entre les conseillers de Constantin ; d'un côté, le rhéteur Eumène, jadis son précepteur dévoué quoique païen, de l'autre, Lactance, l'éloquent défenseur de la religion nouvelle.

Une première scène avait montré Eumène suppliant l'empereur de relever les autels des divinités païennes :

« Mais voyez donc, Seigneur, voyez nos sept collines
Pleurer sur les débris de nos autels en deuil ;
De nos temples déserts l'herbe cache le seuil.
Ces rites vénérés qu'autrefois la patrie
Empruntait aux autels de l'antique Etrurie,
Aujourd'hui méprisés, honteusement bannis ;
Des rites étrangers s'étalant impunis,
Et conviant le peuple à de nouveaux scandales,
Voilà, Seigneur, voilà les ruines morales
Que nous devons penser à relever d'abord.

CONSTANTIN

« ... Ah ! cessez d'espérer, Jupiter est vaincu !
La Croix déjà triomphe et vos dieux ont vécu.
Les voyez-vous, au loin, s'enfuir, cachant leur honte !
Et cependant le Christ a grandi, le flot monte. »

Une seconde scène ramène successivement les deux conseillers auprès de Constantin. La parole d'Eumène

est impuissante à produire la paix dans le cœur
bourrelé de remords de l'empereur. Au contraire, la
doctrine consolante de Lactance décide sa conversion :

« Oui, Seigneur, et j'en garde un souvenir fidèle,
Vous avez fait beaucoup : l'ardeur de votre zèle,
Sous le sceptre divin, Seigneur, a tout soumis.
Vos aigles, vos soldats, votre Sénat, vos fils,
Tout a fléchi sous lui, tout, excepté vous-même...
Eh bien ! l'homme, Seigneur, recueille ce qu'il sème.
Comme un client obscur qu'on protège de loin,
Comme un solliciteur qu'on fuit, et qu'on a soin
D'écarter chaque jour du seuil de sa demeure,
Vous avez prétendu l'assigner à votre heure...
Aujourd'hui qu'a soufflé le vent de la tempête,
Vous l'appelez en vain, Seigneur, il est trop tard.
Mais, qu'ai-je dit, ô Christ, est-il vrai que César
Doive éternellement vous refuser l'Empire ?
... Lavez, Seigneur, lavez dans l'onde baptismale
La pourpre de Néron et d'Héliogabale.
CONSTANTIN.
Vous parlez de baptême. Ah ! Lactance, est-il vrai ?
Vers l'autel redoutable, eh quoi ! je me rendrai
Les mains teintes encor du sang de mes victimes ?
LACTANCE
La piscine a des eaux pour laver tous ces crimes.
Le pardon vous attend, prince, et pour l'obtenir
Il ne faut qu'une chose !
CONSTANTIN.
Et quoi ?
LACTANCE.
Vous repentir.

Cette scène sublime se termine par ces mots du
prince repentant :

« Allons prendre conseil, Lactance, aux pieds d'Hélène. »

Les conseils d'une sainte ne pouvaient être douteux.

Quand le pélerin visite aujourd'hui à Rome la sainte église de Latran, on lui montre, à côté de cette vénérable basilique, un monument octogone que les siècles ont épargné. C'est là que le fier empereur vint enfin courber le front sous la main du pontife. D'admirables colonnes de porphyre, une vaste urne de basalte vert, de belles pièces d'architecture antique, demeurent comme les présents expiatoires de l'illustre catéchumène.

Quand les fêtes du baptême furent terminées, Constantin quitta, pour n'y plus rentrer, cette ville qui lui rappelait de tristes souvenirs, et dès le premier novembre 329 posait les fondements d'une autre cité, destinée à devenir à son tour la capitale du monde.

Il nous faut mentionner, avant de finir, le chant des *Jeux troyens*, cantate exécutée avant les deux scènes que nous avons essayé de décrire. Le génie musical de M. Imbert s'y montra de nouveau, sous l'inspiration de M. Monier, et cette composition est une des plus remarquables parmi celles de notre cher maestro avignonais.

Après les aperçus insuffisants et trop pâles que nous avons essayé de tracer de ces mémorables séances, on comprendra qu'un esprit expérimenté et délicat, M. l'abbé Martin, alors vicaire général de Monseigneur Debelay, et ami de M. Monier, ait prononcé un jour ce jugement : « Chacune de ces séances de fin d'année est un évènement littéraire. »

Il y aurait charme et profit à la fois, croyons-nous, à analyser, ne serait-ce qu'à vol d'oiseau, les diverses œuvres sorties de la plume féconde du jeune professeur de rhétorique. Nous devons, à notre grand regret, nous contenter d'en donner une simple énumération, persuadé que nous dépasserions de beaucoup les limites restreintes d'une biographie. Ces séances avaient pour sujet : *Rome, au temps d'Attila ; Rome et Charlemagne ; Rome et la féodalité ; Rome, la poésie provençale et les croisades ; Rome et Avignon en 1226 ; Rome, Florence et Dante.*

L'ensemble de ces œuvres forme, on le voit, une étude très étendue de l'histoire de la Rome impériale et pontificale, dans ses rapports avec la France et l'Italie. On comprend la faveur avec laquelle ces travaux, relevés par la poésie et la musique, étaient accueillis du public, et combien ils devaient contribuer à élever les cœurs et les intelligences des élèves qui étaient appelés à en être les interprètes ou les spectateurs.

Dans le courant de l'année 1861, M. Monier produisit une œuvre nouvelle : *David, opéra biblique.* Voici en quels termes M. l'abbé Giraud, directeur de la Semaine religieuse d'Avignon, un maître distingué de la littérature, ancien professeur lui-même de rhétorique, et auteur de tragédies remarquables, en rendait compte dans l'organe officiel de l'archevêché[1] :

« On sait que depuis longtemps l'Académie du Petit Séminaire étudie les grandes époques, de Rome chrétienne, et c'est le résultat des travaux historiques qu'elle présente chaque année dans un cadre émouvant, à la dernière de ses solennités littéraires.

« Cette fois, après les grandes luttes et les grandes victoires, l'auguste règne d'Innocent III devait nous être montré, inaugurant toutes les splendeurs du xiiie siècle. C'était, sans contredit, un magnifique sujet d'études, et il aurait suffi pour expliquer le con-

1. Semaine religieuse d'Avignon, année 1861, p. 274 et suiv.

cours plus nombreux et plus animé qui se pressait aux abords de la salle.

« Mais un attrait nouveau s'était fait sentir. Nos académiciens étaient les seuls, peut-être, à ne pas y croire : ils demandaient grâce pour ce qu'ils appelaient une infraction à un usage académique : ils s'en prenaient au poétique caprice qui les avait entraînés. L'*ouvrier propose*, disaient-ils, presque avec une naïveté charmante, et la *muse dispose*. Qu'ils s'en consolent ! il est des souffles à l'impression desquels la muse ne donne elle-même que d'heureuses inspirations, et telle est bien — nous avons la prétention de vouloir les persuader — celle qui a conduit et soutenu jusqu'à la fin l'étude biblique de cette année.

« C'est la radieuse figure de David qui en a fait le sujet. Nos jeunes auteurs l'avaient d'abord entrevue dans toute l'harmonie de ses lignes, et ils avaient le projet de nous la faire resplendir sous l'onction du sacre, au milieu des épreuves de l'adoption, dans la gloire de l'avènement au trône d'Israël. Mais si l'œil a le pouvoir de mesurer en un moment d'immenses horizons, il n'a pas celui de les parcourir aussi vite : ces horizons le trompent en s'agrandissant.

Séduit sans doute par l'intérêt dramatique du sujet, l'auteur a franchi sans s'y arrêter les scènes plus tranquilles qui préparent le sacre, pour se jeter dans les émotions à travers lesquelles brillent heureusement une amitié suave et l'espérance d'une adoption.

*
* *

Les Philistins viennent d'être battus ; nous sommes au lendemain de la victoire, et c'est le chant populaire du Livre des Rois qui ouvre la scène :

5

1er Chœur :

Saül en a tué mille !

2e chœur :

David en a tué dix mille !

Tous :

Autour des portes de la ville,
Venez, venez chanter leurs noms,
Gais tympanons !

La vertu précoce de David, l'éclatante ruine de Goliath, les acclamations enthousiastes de l'armée, du peuple et des prophètes ont allumé au cœur de Saül une jalousie dont il ne guérira plus. En même temps, et par une de ces mystérieuses sympathies qui ont leurs racines dans les abîmes de l'âme, il s'est fait entre le fils du roi et l'humble pâtre de Bethléem un épanchement profond et réciproque, dont rien n'égale, dans l'Écriture, le charme et la pureté.

C'est le moment où David est repoussé et n'a plus qu'à fuir. Jonathas le retient ; il saura bien fléchir l'injuste courroux de son père. Mais la pythonisse consultée vient donner raison aux oracles de Samuel ; la haine de Saül éclate.

Jonathas a promis d'en avertir son ami. Il confie le douloureux message à son arc, et la flèche, lancée trois fois, dans une scène qui vaut, à elle seule, toute une œuvre, rappelle David pour la séparation et les adieux.

A travers l'ombre complice,
Glisse, glisse,
Blanche fille du carquois :
O discrète messagère,
Sois légère,
Et vole au son de ma voix.

Prends garde, sous la feuillée,
            Réveillée,
Prends garde à l'obscur lutin,
Qui dans les airs se balance,
            Et s'élance,
Pour te surprendre soudain.

Mais tu glisses, et ton aile,
            Blanche et frêle,
Se rit des lutins de l'air,
O flèche, et sans laisser trace
            Dans l'espace,
Disparaît comme un éclair.

Impossible, à ce dernier moment, et lorsque les amis se jurent, dans le Seigneur, une éternelle amitié, de garder son cœur contre les larmes qui l'oppressent.

*
* *

Le second tableau serait tout riant, si la destinée de David, semée d'épreuves et d'alarmes, ne répandait comme une teinte de mélancolie sur une fête champêtre, et sur les joies si douces de la famille. Nous ne sommes plus à Gabaa, sous la sombre demeure de Saül, mais à Bethléem, dans l'aire de Jessé. C'est l'époque de la moisson. Une troupe de jeunes enfants est occupée à lier les gerbes et à les entasser autour de l'aire. Le vieux Jessé et David, son fils, président aux travaux ; c'est ici la représentation vivante de cette royauté paternelle qu'aucune autre ne remplace sur la terre. Le saint vieillard dit au milieu des siens :

> L'œil en pleurs, hélas! nous allions,
> Jetant notre semence en terre;
> Vous avez béni nos sillons,
> Dieu de Jessé, bénissez l'aire!

Cependant, voici venir les moissonneurs avec leurs chansons et leurs danses; le pâtre aux cheveux blonds est proclamé roi de la fête; on le couronne; il prend place sur le trône rustique, à côté de son père. **Mais** cette couronne d'épis en rappelle une autre plus pesante à porter, et tandis que le spectateur s'abandonne à ses souvenirs, ou à ses présages, le chant de fête ne lui semble pas sans tristesse.

Tout à coup paraît Samuel. Il vient reprocher à David son inaction, loin des périls qui lui font redouter les desseins de Dieu; puis, l'ami de son cœur, Jonathas, vient à son tour le réclamer pour son malheureux père. Il partira donc, ce dernier fils **de** Jessé; il quittera de nouveau la maison paternelle, **les** champs qu'il aimait. La joie s'éteint, et la scène se termine dans les larmes.

> Il s'en va, loin de nos fontaines,
> Loin de nos ombrages sacrés;
> Ah! pleurez, collines et plaines,
> Verts palmiers d'Ephrata, pleurez!

Nous voici de retour à Gabaa. Depuis l'exil de l'humble vainqueur de Goliath, rien n'avait plus calmé la fureur du roi. Quand, succombant à la fatigue, épuisé de forces, il parvenait à trouver sur son trône quelques instants d'un sommeil encore agité, le pieux Jonathas ne manquait pas à ses devoirs de fils; il veillait avec une tendresse inaltérable sur le repos de son père. Revenu de ses montagnes, David, à son tour, ne s'éloignait plus ; mais un peu à l'écart, et les doigts sur la harpe, il épiait avec son ami le réveil de celui qui avait tant de fois juré sa perte, et dans les flots d'une harmonie divine, il berçait, au moment fatal, les esprits irrités du roi.

Un matin, tout fut impuissant : la voix si pure du fils de Jessé, les sons de sa harpe, l'hymne inspiré du ciel, l'amour filial de Jonathas : le délire du roi fut à son comble. Il avait aperçu David, il s'élançait vers lui pour le frapper, quand, retenu par une main invisible, et voyant à ses pieds, avec l'héritier de son nom, l'enfant prédestiné en pleurs, il s'arrête : le fer meurtrier lui tombe des mains, et l'adoption se fait au milieu des embrassements des deux jeunes amis, à qui les liens du sang permettront désormais de se donner le nom de frères.

Et comme dans les bois deux arbustes jumeaux,
Autour du tronc royal enlaçant vos rameaux,
Enfants, bravez ainsi le souffle des discordes...

*
* *

Tel est ce drame. Nous ne pouvions en donner une analyse plus détaillée ; le temps ne nous est pas laissé et pour apprécier dignement cette conception si émouvante de la vérité et la simplicité de ses moyens ; cette ordonnance si sage, si mesurée et si naturelle, qui accuse d'autant plus d'art qu'il en paraît moins ; cette exécution de l'ouvrage si heureusement inspiré par nos Saints Livres. Nous voudrions être plus sûr de nous-même, nous voudrions revoir ces belles scènes, ce spectacle si vrai, ces murs de Gabaa, ce rocher d'Ezel, ces collines de Bethléem, ces palmiers d'Ephrata, et par dessus tout, ces personnages sacrés, qui étaient bien vraiment ceux de la Bible, dans leur costume, dans leur langage, dans leur naïve et sublime nature ; c'est notre vœu, c'est le vœu de tous...

Mais il faut se hâter : je n'ai rien dit encore de l'interprétation musicale, et il s'agit pourtant d'un drame lyrique. Que l'éminent compositeur me le pardonne ; je ne puis plus qu'indiquer rapidement les impressions qui, en vous remuant, se dérobent vite à l'analyse.

Dans une courte mais intéressante ouverture, le musicien commence par donner non seulement les motifs principaux, mais en quelque sorte le plan de l'œuvre entière.

Au premier acte, le chœur des prêtres et des enfants d'Israël se déroule sur un rythme brillant et animé, au milieu duquel l'orchestre déploie de gracieux motifs habilement modulés et variés. **Puis,** quand la foule s'est éloignée, David, sortant de la retraite, s'avance timidement vers ces murs, dont il est proscrit, et son récitatif est entrecoupé de légers frémissements des instruments à archet, qui peignent très bien et les appréhensions de David et les agitations de Saül.

La romance par laquelle David dit adieu à Gabaa est pleine de suavité. A la pensée de son dévouement à son roi et de sa tendresse pour Jonathas, son action s'anime. Mais de nouveaux bruits venant du dehors annoncent la rentrée du peuple qui fait retentir les airs de son chant de victoire. Jonathas paraît, le silence se rétablit et la foule s'écoule paisiblement pour ne pas troubler le repos de son roi.

Toute cette scène longuement développée est pleine

d'intérêt et les récitatifs, les chœurs se succèdent, les émotions diverses qu'ils font naître ne troublent point l'unité d'ensemble.

La scène de la flèche est, ainsi que nous l'avons dit, ravissante de grâce et de fraîcheur. La romance qu'y chante Jonathas est un petit chef-d'œuvre : plus d'un maître célèbre l'envierait à M. Imbert. David se rend, les deux amis vont se séparer ; leur amitié s'épanche avec un redoublement d'ardeur, dans un duo plein de verve, dont l'animation croissante termine ce premier acte avec un rare bonheur.

*
* *

Le chœur des moissonneurs au début du deuxième acte est d'une facture harmonique bien soutenue. Mais, au milieu de cette fête champêtre, la marche reproduite du premier acte fait pressentir le retour du chœur des prophètes ; Samuel, à leur tête, vient rappeler David ; Jonathas accourt aussi dans le même but ; l'acte se termine par un chœur grave et mélancolique, au milieu duquel se fait la séparation du jeune pâtre d'avec sa famille et ses amis.

Au lever du rideau, Saül paraît sur son trône, sommeillant encore. Un chœur de jeunes Israélites murmure doucement, attendant le réveil du roi, et amène avec art le chant de David. Saül s'éveille ; David récite le psaume : *le Seigneur est ma lumière*, sur une mélodie pleine de charme et de simplicité, qui apaise par intervalles les fureurs du roi. Le contraste entre ce chant de David et l'agitation mal contenue à laquelle Saül est en proie, et que développe habilement le *tremolo* de l'orchestre, produit un effet saisissant et excite au plus haut degré l'intérêt de l'auditeur.

L'émotion va croissant, et quand une force mystérieuse vient arrêter Saül au paroxysme de sa fureur, le rideau tombe sur un hymne éclatant de reconnaissance et de louange envers Dieu.

L'allocution de Mgr Debelay couronna comme toujours cette solennité; voici ses dernières paroles, elles en ont semblé le parfum :

« Ces fêtes littéraires, rehaussées chaque année par l'assemblée d'élite qui y porte son intérêt et sa sympathie, laissent des traces dans le souvenir. Vous n'oublierez jamais les émotions de ce drame si brillamment déroulé sous vos yeux. Puissiez-vous aussi, chers enfants, n'oublier jamais les hautes leçons qui en ressortent encore pour le bonheur et la gloire de votre vie... »

On a remarqué sans doute l'insistance avec laquelle l'auteur des pages élégantes qu'on vient de lire relève le mérite de la scène de la flèche. On lui attribue une parole qui peint d'une façon plus expressive encore son admiration enthousiaste : « Je donnerais toutes mes œuvres, s'écria-t-il, pour cette seule scène, tant elle est merveilleuse! »

CHAPITRE V

SA VOCATION A SAINT-SULPICE.

M. Monier professeur. — Son ardeur au travail. — Sa profonde piété. — Il se rend a Ars : guérison extraordinaire du jeune élève P. de Terris. — Son admiration pour Louis Veuillot. — Il traduit les mélanges littéraires, extraits des pères latins, de l'abbé Gorini. — Il publie les morceaux choisis des Pères latins. — Arrivée de Mgr Dubreuil, a Avignon. — Cantate de Boniface VIII et Benoit IX. — Douloureux incident. — M. Monier part pour Saint-Sulpice.

Au milieu de ces absorbants travaux littéraires, on pourrait croire que M. Monier devait nécessairement apporter quelque négligence à surveiller les travaux de ses élèves, à les faire progresser dans leurs études. Qu'on se détrompe. Consciencieux jusqu'au scrupule, M. Monier apportait tous ses soins à remplir ses devoirs professionnels. Ses élèves ont pu lui rendre de cela le témoignage le plus formel. C'est ainsi qu'il s'astreignait à corriger tous les travaux, donnant les notes les plus justes, éloignant tout esprit de favoritisme, surtout quand il s'agissait des compositions qui devaient décider, en fin d'année, de l'attribution des prix.

Si parfois il arrivait que, dans la préparation des séances, le professeur se trouvât pris au dépourvu, le travail de la classe n'en souffrait nullement, mais il n'hésitait pas à prendre sur son sommeil pour satisfaire à la besogne.

Qu'on nous permette de citer à ce sujet un fait qui peint bien M. Monier, et nous rappelle un peu, — pourquoi ne pas le dire? — ses jeunes années, alors que, élève lui-même de rhétorique, il lui arrivait d'attendre la dernière heure pour entreprendre sa tâche. On a beau avancer dans la vie, la nature demeure toujours la même.

Or, la veille d'une distribution de prix, notre professeur avait encore tout un dialogue d'environ cent-cinquante vers à composer. Sans doute l'avait-il longuement mûri dans ses réflexions, mais encore fallait-il l'écrire et le mettre en vers.

Il était dix heures du soir. M. Monier congédie les deux élèves qui devaient, le lendemain, débiter le dialogue. « Allez au dortoir, leur dit-il; dormez tranquilles, j'irai vers trois ou quatre heures. vous éveiller. » Et il se met à l'œuvre, se promenant à grands pas dans sa chambre, tout entier à son œuvre.

A trois heures, le travail était achevé. Le professeur accourt au chevet de ses deux chers élèves, et les éveille : « Levez-vous, leur dit-il, venez vite. » — A huit heures le dialogue était appris, repassé à plusieurs reprises, et enfin débité par les jeunes acteurs devant un public qui ne se doutait guère de l'effort apporté à la composition et à l'exécution de l'œuvre, et qui ne lui ménagea point ses applaudissements.

Mgr Debelay, présent comme toujours à ces solennités littéraires, s'aperçut, à la distribution des prix, que l'un des deux acteurs si chaleureusement applaudis, avait obtenu le prix de débit oral, l'autre, seulement le premier accessit.

— « Oh ! s'écria Monseigneur, avec cette affabilité qui le caractérisait, pour moi, je proclame le prix ex-æquo !... Et Sa Grandeur voulut couronner lui-même les deux lauréats.

Lorsque, à la fin de la séance, Monseigneur chercha des yeux le jeune professeur, afin de le féliciter à son tour, celui-ci, toujours modeste, avait disparu et fut introuvable.

Nous_ avons dit plus haut, comment, dans son enseignement, il s'appliquait à former ses élèves à la piété, à les préparer, dans la plus large mesure possible, à devenir un jour de saints prêtres.

Et dans cet apostolat, M. Monier ne faisait que manifester extérieurement, simplement, sans ostentation, la profonde piété dont il était animé. Dès sa plus tendre enfance, et jusqu'à la fin de sa vie. M. Monier eut, ce que nous pourrions appeler une piété d'enfant. C'est le témoignage que se plaisent à lui rendre tous ceux qui l'ont approché.

C'est pendant les vacances de l'année 1857 que se place le fait assez extraordinaire que nous allons raconter.

Accompagné de sa sœur, madame Reynaud, M. Monier eut la pensée de faire le pélerinage d'Ars, où se portaient en foule, à cette époque surtout, des milliers de personnes désireuses de voir de près le saint Curé J.-B. Vianney, de s'éclairer de ses lumières, de s'édifier de ses exemples. Madame Reynaud, à peine sortie d'une maladie qui avait duré quatre ans, était venue à Lyon, pour consulter un médecin, et c'est là que la pensée lui vint d'aller, avec son frère, faire une visite à Ars.

Arrivés dans le petit village, leur premier soin fut de se rendre à l'église. Ils la trouvèrent remplie d'une foule qui attendait, non sans quelque impatience parfois, que le moment fût venu d'entrer au confessionnal et de s'entretenir avec le saint Curé.

M. Monier traverse la foule, et va exposer au vénéré Pasteur que sa sœur, malade et fatiguée du voyage, voudrait bien le voir au plus tôt. « Qu'à cela ne tienne, répond M. Vianney, faites-la venir de suite. » La malade, sur un signe du Curé, se rend à la sacristie. Que se passa-t-il pendant les quelques minutes que dura son entretien avec l'homme de Dieu? C'est le secret de Dieu, mais il est une parole que prononça le saint Curé et que n'ont point oubliée les enfants de madame Reynaud : « Courage, ma fille, lui dit M. Vianney, en supportant chrétiennement vos souffrances vous gagnerez le ciel et le ferez gagner à vos enfants. »

Quelques instants après, M. Monier entrait à son tour dans la modeste sacristie, et avait son audience. Après avoir entretenu M. Vianney de ce qui l'intéressait personnellement : « Et maintenant, mon Père, ajouta M. Monier, permettez-moi de recommander à vos prières un de nos chers élèves du Petit Séminaire d'Avignon, très malade en ce moment d'une fièvre typhoïde. C'est un jeune homme d'un grand talent, et d'une profonde piété ; il promet beaucoup pour l'Eglise... Hélas ! il est peut-être mort à cette heure. »

Le Curé d'Ars, à ces mots, se recueille l'espace d'une minute et semble absorbé dans une fervente prière. Puis, relevant la tête, il prend dans un tiroir une médaille de sainte Philomène : « Tenez, dit il, à l'abbé, voilà une médaille que vous donnerez à ce cher enfant. » Après quoi, bénissant une dernière fois son pieux visiteur, il lui serre affectueusement la main, et se rend de nouveau à son confessional, où il est impatiemment attendu.

Le soir même, M. Monier et sa sœur quittaient Ars, et après une halte d'un ou deux jours à Lyon, arrivaient à Avignon, le cœur pleinement réconforté par ce pieux pélerinage.

Mais voilà qu'à peine sorti de la gare, M. Monier rencontre l'oncle même du cher malade, qu'il avait,

deux ou trois jours avant. recommandé aux prières
de M. Vianney. C'était l'abbé de Terris, alors curé de
Saint Siffrein à Carpentras, et devenu, plus tard,
évêque de Fréjus. Sa première pensée fut de demander des nouvelles du jeune malade, Paul de Terris.
— « Paul? répond le curé tout ému, mais il est
guéri ! Et qui plus est, il a été guéri subitement et
sans convalescence aucune. »

L'abbé Monier, heureux et intrigué par cette révélation inattendue, demanda à M. de Terris, quel jour
et à quelle heure s'était produite cette guérison. —
« Avant-hier, répond le curé, vers 9 heures du matin. » Or, c'était le jour et l'heure où M. Monier,
agenouillé aux pieds du curé d'Ars, recommandait à
ses prières le cher malade.

Le jeune Paul de Terris put donc, à la rentrée des
classes, reprendre ses études. Quelques années plus
tard, devenu prêtre, il fut d'abord vicaire de son
oncle dans la paroisse de Saint-Siffrein, à Carpentras,
puis son vicaire général, lorsque celui-ci fut nommé
à l'évêché de Fréjus.

A la mort de son oncle, il rentra dans son diocèse
d'origine, et fut nommé d'abord curé de la paroisse
Saint-Symphorien, dans Avignon, puis, curé archiprêtre de Sainte-Anne d'Apt.

Or, quarante ans après l'évènement que nous venons de raconter, M. Monier, devenu prêtre de Saint-
Sulpice, avait été invité par Monseigneur Sueur, archevêque d'Avignon, à donner aux prêtres de son
diocèse les exercices de la retraite. Tandis qu'il
commentait les paroles de saint Paul, énumérant les
qualités du prêtre, selon le cœur de Dieu, arrivé à
celle-ci : *ornatum*, « Vous vous imaginez peut-être,
dit le prédicateur, que la distinction dans un prêtre,
ne s'allie pas avec la sainteté? Erreur ! » — Et il
ajouta : Il y a déjà bien des années, j'étais allé à Ars.

Or, ce qui, entre autres, me frappa singulièrement chez le saint Curé que j'allais visiter, c'est la distinction avec laquelle il vint au devant de moi et me reçut... Et à ce propos, je vous dirai, Messieurs, que ce jour-là, je lui ai fait opérer un miracle en faveur de l'un d'entre vous. »

M. Monier ne nomma pas l'heureux miraculé, mais on comprit, et son nom, dans l'espace de quelques minutes, fut sur toutes les bouches.

Or, voici qu'après la retraite, M. le curé de Sainte-Anne d'Apt, le miraculé d'Ars, fut chargé d'adresser à Monseigneur l'Archevêque, au nom de tous ses collègues, l'allocution d'usage. Il remercia d'abord Sa Grandeur du bienfait inestimable qu'elle venait de procurer à ses prêtres ici présents, celui de la retraite ; puis, il eut un mot aimable et plein de cœur pour le cher prédicateur, dont le souvenir, après tant d'années écoulées, demeurait toujours vivant dans notre cher diocèse... Mais, après ce tribut d'éloges et de remerciements, le spirituel curé s'arrêta, et jetant les yeux vers celui dont il ne pouvait, disait-il, se lasser de louer les mérites : « Pardonnez-moi, mon cher et vénéré Maître, lui dit-il, avec raison vous pouvez dire : Il ne valait vraiment pas la peine d'obtenir un miracle en faveur de quelqu'un qui, à l'heure présente me tient, comme saint Laurent, sur le gril. Je m'arrête donc, faisant, en quelque sorte, violence à mon cœur reconnaissant. » Monseigneur prit ensuite la parole et joignit ses remerciements, à ceux du curé archiprêtre de Sainte-Anne d'Apt.

Vers l'année 1860, Louis Veuillot, alors à l'apogée de sa réputation, se rendant à Rome, passa par Avignon, et s'arrêta auprès de M. l'abbé Moutonnet, curé de Saint-Didier, prêtre éminent avec qui il avait eu déjà des rapports de cordiale amitié. M. Moutonnet profita de l'occasion pour faire quelques invitations intimes, et **M.** Monier fut du nombre. On peut imaginer l'impression profonde que dut faire dans l'esprit du jeune professeur cette entrevue avec l'éminent publiciste ; aussi, le lendemain, faisant part de cette délicieuse soirée, **M.** Monier ne se lassait pas d'exprimer son enthousiasme, en présence de cet incomparable talent qui servait avec tant d'ardeur la cause de la Sainte Eglise.

Quelques années après, à l'époque du concile du Vatican, alors que Louis Veuillot écrivait dans l'*Univers* ses admirables articles que l'on sait, M. Monier ne pouvait contenir son admiration pour un si grand talent mis au service d'une si noble cause, et bien souvent on l'entendit s'écrier : « Ah ! que c'est beau ! quel homme ! »

Il nous reste enfin à faire connaître maintenant, parmi les travaux qu'entreprit l'abbé Monier pendant les années de son professorat, la publication d'un ouvrage dû à la plume de l'abbé Gorini, l'auteur bien connu de la *Défense de l'Eglise contre les erreurs historiques*. Cet ouvrage a pour titre *Mélanges littéraires, extraits des Pères latins*, et parut en trois volumes, dans les années 1864, 1865 et 1869.

L'abbé Gorini en avait préparé depuis longtemps les éléments, et il déclare lui-même, dans l'introduction de la Défense de l'Eglise, que ce fut grâce à l'étude approfondie qu'il avait faite de la littérature chrétienne, chez les Pères latins et grecs, qu'il fut à même de réfuter les erreurs d'historiens tels que Augustin et Amédée Thierry, Guizot, J.-J. Ampère, etc. On sait que l'abbé Gorini eut le don, non seulement de convaincre ses adversaires et de les amener à résipiscence, mais encore, chose rare, de s'en faire des amis.

Les Mélanges littéraires n'auraient jamais vu le jour si un ami, un compatriote de l'abbé Gorini n'avait pris l'initiative d'en faire la publication. Cet ami fut l'abbé J.-B. Martin. alors vicaire-général de Monseigneur Debelay, archevêque d'Avignon [1]. Esprit très cultivé, ancien professeur lui-même de rhétorique, après avoir rempli les fonctions de vicaire général de Troyes, il avait suivi Monseigneur Debelay lorsque celui-ci fut appelé à l'archevêché d'Avignon.

A la mort de l'abbé Gorini, en 1859, M. l'abbé Martin, héritier de ses manuscrits, eut à cœur de publier les Mélanges littéraires, et comme les occupations de sa charge ne lui laisaient pas les loisirs suffisants pour préparer cette publication, il jeta les yeux sur le professeur de réthorique du Petit Séminaire, qu'il avait en grande estime et affection. C'était une œuvre de longue haleine. Il s'agissait de traduire, d'annoter, un nombre considérable d'extraits des écrivains de l'Eglise latine, de l'origine jusque vers la fin du moyen-âge, de les présenter de façon à intéresser le public lettré, et lui donner, de cette littérature, un aperçu suffisant pour lui permettre de l'apprécier selon sa valeur.

Ce travail entrait trop dans les goûts de M. l'abbé Monier, ses aptitudes étaient trop marquées pour qu'il hésitât à accepter. Il se mit aussitôt à l'œuvre et la poursuivit jusqu'à complet achèvement, de 1861 jusqu'à 1869.

Cet ouvrage offre un puissant intérêt, tant au point de vue de l'histoire de l'Eglise que de la littérature. L'auteur a divisé les extraits selon les diverses époques de la littérature chrétienne latine. Ces époques

---

1. Jean-Baptiste Martin, né à Bagé-le-Châtel (Ain), le 8 mai 1805, professeur de rhétorique au Petit Séminaire de Meximieux, professeur d'éloquence et d'Ecriture sainte au grand Séminaire de Brou, vicaire général de Troyes (1844-1849), d'Avignon. (1849-1863), et retiré dans son pays natal, où il est décédé le 23 février 1904 âgé de 99 ans.

sont au nombre de sept. La première, celle de l'apparition de cette littérature, de Tertullien à saint Cyprien : la seconde époque, celle de l'âge d'or — de 325 à 440 — avec saint Hilaire de Poitiers, saint Ambroise, saint Augustin, saint Jérôme, etc ; la 3ᵉ, époque de décadence (440-580) avec saint Hilaire d'Arles, saint Léon le Grand, Sidoine Apollinaire, etc ; la 4ᵉ, époque de ténèbres, (580-768) avec saint Grégoire le Grand, saint Grégoire de Tours, saint Colomban, etc ; la 5ᵉ, époque de renaissance, (768-880) avec Alcuin, Théodulfe d'Orléans, Wilfrid Strabon ; la 6ᵉ époque de nouvelle décadence (680-1030) avec saint Grégoire VII, saint Anselme de Cantorbéry, etc ; enfin, la 7ᵉ époque de renaissance définitive, (1030-1270), avec saint Bernard, Pierre le Vénérable, etc.

On aura une idée de l'importance de ce travail quand on saura que les extraits des Pères sont à peu près d'un millier, empruntés à une centaine d'auteurs différents, et que l'ouvrage comprend un total de 1600 pages in-8° de texte compact. La traduction accompagne le texte au bas de la page. Cette traduction, est-il nécessaire de le dire, est tout à fait remarquable, soit par la parfaite intelligence du texte de l'auteur, soit par l'élégance et la facilité de son expression.

L'ouvrage parut avec l'approbation très élogieuse d'un grand nombre d'évêques.

En même temps que paraissait le dernier volume des *Mélanges littéraires*, M. l'abbé Monier, alors résidant à Paris et entré dans la Compagnie de Saint-Sulpice, mettait à profit ce travail pour en extraire une série de « Morceaux choisis des Pères de l'Eglise latine », destinés aux élèves des classes de cinquième, quatrième et troisième. Dans la préface de la première édition, (1869) l'auteur exposait ainsi le but qu'il s'était proposé dans cette publication :

« De la polémique encore récente, disait-il, et trop ardente peut-être, entre les partisans des classiques païens et ceux des classiques chrétiens, il est sorti comme un compromis qui réunit aujourd'hui les champions des deux camps.

« De part et d'autre, on est resté d'accord que, sans exclure les classiques païens, qui resteront toujours les modèles de la meilleure latinité, on devait admettre dans une légitime mesure les classiques chrétiens, qui égalent souvent les premiers par la beauté littéraire et les surpassent presque toujours par la noblesse des sentiments et l'élévation des pensées. »

Les Morceaux choisis des Pères latins eurent tout le succès qu'ils méritaient. Approuvés implicitement par une lettre du Souverain Pontife Pie IX, du 28 mars 1874, à Monseigneur Martin, promoteur de la publication des Mélanges littéraires, recommandés par les divers congrès de l'Alliance des Maisons d'éducation chrétienne, ils ont été accueillis avec faveur dans un grand nombre de séminaires et de collèges catholiques. Et l'on doit reconnaître que les courtes et intéressantes notices placées en tête des extraits de chacun des écrivains, mettant dans son cadre historique chacun des morceaux à traduire ; les notes abondantes d'ordre historique ou philologique qui accompagnent le texte, guidant l'élève et lui donnant la solution des difficultés, tout cet ensemble donne aux « Morceaux choisis des Pères latins » une valeur incontestable et nous révèle en M. l'abbé Monier, en même temps qu'un savant philologue, un maître dans l'art d'enseigner.

Après la mort de Monseigneur Debelay, Monseigneur Martin se retira dans son diocèse d'origine, à Bagé-le-Châtel, son pays natal ; l'amitié qui l'unissait avec l'abbé Monier n'en continua pas moins à subsister ; chaque année, en venant dans le Midi prendre ses vacances, M. Monier s'arrêtait deux ou trois jours auprès de l'ancien vicaire général d'Avignon. Il se proposait de s'y rendre pour prendre part aux fêtes que l'on devait célébrer à l'occasion de son entrée dans sa centième année : hélas, la mort l'enleva quelque mois seulement avant cette date.

Les études sur Rome se poursuivirent en 1862 et 1863 ; d'intéressants souvenirs de la Provence et d'Avignon s'y trouvèrent heureusement mêlés et ne firent qu'accroître leur succès auprès du public habitué à venir les applaudir.

Vers la fin de cette dernière année, en octobre, Monseigneur Debelay, de noble et sainte mémoire, qui avait pris M. Monier, ainsi que nous l'avons dit, en particulière affection, s'éteignit dans la paix du Seigneur, au milieu des regrets et des larmes du diocèse tout entier. Son successeur fut Monseigneur Louis-Anne Dubreil, natif de Toulouse, précédemment évêque de Vannes. Préconisé le 21 décembre 1863, il fit son entrée solennelle à Avignon le 17 mars 1864.

Peu de jours après, eut lieu la première visite de Sa Grandeur au Petit Séminaire. A cette occasion, la jeune Académie exécuta une cantate dans laquelle, avec un tact exquis, allusion était faite aux armoiries du nouvel archevêque, qui se composaient d'une croix d'or sur champ d'azur, et d'une branche d'olivier, avec la devise : *Pax in virtute*. La cantate se terminait ainsi :

> O rivages d'Armorique,
> Au sol natal vous deviez
> Cette tige pacifique,
> Fille de nos oliviers.
> Pour elle, brises d'automne

> Réservez tous vos parfums ;
> Ecartez de sa couronne
> Tous les vents inopportuns.

Poète lui-même, plusieurs fois couronné aux jeux floraux de Toulouse, son pays natal, et ancien professeur de rhétorique, Monseigneur goûta ces vœux de bienvenue, et témoigna le désir qu'on les renouvelât le 26 juillet, en la solennité de la distribution des prix ; ce qui eut lieu.

En effet, la cantate *Pax in virtute* couronna la séance académique et musicale, dont le sujet, emprunté au début du xive siècle, avait pour titre : *Boniface VIII et Benoit XI*. Comme les précédentes, cette séance était composée de tableaux historiques et de scènes poétiques, où, en vers éloquents, s'exprimaient les personnages : Dante, Giotto, et Jacopone di Todi. On eut aussi le plaisir d'entendre, traduit pour la première fois peut-être en rimes françaises, le premier chant de l'Enfer de Dante. Un jeune académicien ajouta ces mots, qui étaient de nature à ne pas déplaire au nouveau Pontife :

« Il y a quatre mois, nous mêlions votre nom à tous les souvenirs que ces murs nous rappellent. C'étaient alors les chants d'espérance ; ce seront aujourd'hui des chants d'actions de grâces, et nous les mêlerons avec ardeur aux vœux que nous avons déjà adressés pour vous à l'aïeule du Christ.

« Puisse notre bien-aimée patronne, avec les tendresses que les aïeules accordent à leurs petits enfants, écouter aujourd'hui nos prières et, propice à nos vœux, conserver longtemps sur cette tête chérie, nos gloires du passé, nos joies du présent et nos espérances de l'avenir. »

---

1. Voir en appendice le texte de cette cantate.

Assurément, on ne pouvait mieux dire. La cantate fut admirablement exécutée et souvent applaudie. La journée finit ainsi en un ciel d'azur. Hélas ! il fut nuageux quelques jours après. Que s'était-il donc passé ?

La seule franchise qui doit se trouver sous la plume d'un historien nous oblige à raconter les faits tels qu'ils sont, quelque regrettables qu'ils soient. Il n'est que trop vrai que quelques esprits malintentionés suggérèrent à Monseigneur Dubreil que M. Monier avait semé çà et là, dans cette séance, si remarquable en elle-même, des allusions désavantageuses pour lui. Inutile, croyons-nous, de mentionner ces allusions purement imaginaires, et que seuls des esprits jaloux avaient pu découvrir.

Monseigneur, au lieu de prêter l'oreille à ces insinuations, aurait dû, semble-t-il s'informer auprès de ses vicaires généraux, au sujet du jeune professeur qu'il avait applaudi lui-même si chaleureusement. Il n'en fit rien et garda par devers lui les soupçons injustes semés dans son esprit.

M. l'abbé Monier, selon son habitude, ne se doutant de rien, était parti, le soir même de la distribution des prix, pour Orange, avec l'intention d'y passer, auprès de sa famille, une semaine de repos bien nécessaire après tous ces travaux.

Huit jours écoulés, il revenait à Avignon lorsque, au sortir de la gare, il rencontre un de ses bons amis, M. l'abbé Moutonnet, curé de la paroisse Saint-Didier. Celui-ci l'aborde : « Mon cher abbé, lui dit-il. je prends une bien grande part à l'épreuve qui vous arrive : soyez assuré que, malgré tout et contre tous, nous sommes avec vous. »

L'abbé Monier ne comprenant rien à ce langage, lui répond : « Expliquez-vous, M. le Curé, de quoi donc s'agit-il ? »

— Ne savez-vous pas, répond M. Moutonnet, que Monseigneur est on ne peut plus indisposé à votre égard ? On est parvenu à lui persuader que votre dernière séance académique était remplie d'allusions plus ou moins déguisées et méchantes vis-à-vis de Sa Grandeur. Monseigneur l'a cru, et n'attend, dit-il, qu'une occasion pour vous en faire le reproche. »
— « Qu'à celà ne tienne, reprend M. Monier, j'ai d'abord Dieu pour moi, et aussi la voix de ma conscience. Je m'en vais de ce pas trouver Monseigneur.
— « Vous ferez bien, lui dit le Curé de Saint-Didier.

Peu d'instants après, M. Monier était introduit auprès de Sa Grandeur. L'entrevue fut, paraît-il, assez orageuse. — Vous ne savez donc pas, lui dit le prélat, que vous vous êtes mis dans le cas de descendre de votre chaire de rhétorique ? — L'abbé essaya, mais inutilement, de se justifier. Monseigneur ne voulait rien entendre et revenait sans cesse sur la peine dont il menaçait celui qui, en séance publique, s'était permis d'attaquer sa personne.

C'est alors que, d'un ton très digne, humble et ferme tout à la fois, M. Monier faisant allusion à sa tonsure — car il n'était encore que tonsuré — répondit : « Monseigneur, je porte sur la tête une couronne par laquelle j'ai pris en quelque sorte l'engagement de mépriser les honneurs de ce monde, ne cherchant avant tout que la gloire de Dieu. Votre Grandeur peut me frapper, me faire descendre de de ma chaire, m'interdire même à l'avenir l'entrée du Séminaire. Je me soumets d'avance à tout. J'aurai toujours pour moi ma conscience et la satisfaction du devoir accompli. »

Ce langage, empreint d'une dignité toute chrétienne, parut calmer le prélat : « Eh bien, dit-il, condescendant, ne pourrais-je pas avoir une copie de cette séance et constater une fois de plus, et par moi-même, ce qui en est? — Volontiers, dit M. Monier, j'ai encore sur ma table de travail, au Petit Séminaire, tous mes manuscrits : je les mets à la disposition de Votre Grandeur. — J'accepte, répondit l'Archevêque. — Seulement, reprit l'abbé, je désire que Votre Grandeur ait la patience de parcourir la séance en entier : je le veux absolument, et vous en ferez vous-même la lecture. »

Moins d'une heure après, l'abbé Monier revient. Il dispose tous ses manuscrits, qui étaient encore à l'état de feuilles volantes, et commence la lecture. Monseigneur écoute attentivement. Le premier dialogue achevé, on aborde le second. Celui-ci n'était pas lu à moitié, que l'archevêque interrompt tout à coup : « C'est assez, M. l'abbé, dit-il, je vois maintenant qu'il n'y a rien de répréhensible dans votre travail. »

— Pardon, Monseigneur, veuillez écouter jusqu'au bout.

Sa Grandeur y consent, l'abbé continue sa lecture jusqu'à la dernière page ; alors seulement il rassemble ses papiers en désordre et se dispose à sortir. Monseigneur l'arrête : « Eh bien, lui dit-il, que ce soit fini ! n'en parlons plus. » Et l'abbé sort, non sans quelque émotion, disait-il quelques jours plus tard à sa sœur, sa confidente intime.

Disons toutefois qu'avant de prendre congé du prélat, il lui dit : « Monseigneur, je ne veux pas savoir qui sont ceux qui m'ont dénigré auprès de Votre Grandeur : Dieu le sait, cela me suffit. Mais il est quelqu'un qui n'a pas rempli son devoir auprès de moi, c'est mon supérieur. Il pouvait sans se compromettre parer le coup qui m'a frappé. Il ne l'a pas fait : ce n'est pas bien. » L'Archevêque ne répondit pas.

Le lendemain, l'abbé Monier écrivait à Monseigneur que sa plume était brisée, ainsi que son cœur. En effet, une des épreuves les plus pénibles du bon prêtre est d'être un objet de suspicion de la part de son évêque. Cette peine, l'abbé Monier, plus que tout autre dut la ressentir, lui dont nous connaissons le caractère humble, doux, aimable, facile. On a dit d'un écrivain français, La Bruyère : Il eut tous les ennemis que donne la satire et ceux que donne le succès. M. Monier ne pouvait connaître les premiers, lui dont la plume ne fut jamais mordante pour personne ; mais il put en rencontrer parmi les autres.

Quoi qu'il en soit, à la rentrée suivante, l'abbé Monier remonta dans sa chaire de rhétorique. Il n'avait rien dit du pénible incident qui s'était passé entre lui et l'autorité diocésaine. Mais le secret ne tarda pas, malgré tout, à s'ébruiter, et l'on put prévoir que cette année serait la dernière que le professeur de rhétorique passerait au Petit Séminaire.

Lui, cependant, gardait le silence ; il fit, cette année-là, son cours de rhétorique avec la même ardeur qu'auparavant. Vers la fin novembre on lui manifesta le désir d'entendre pour la deuxième fois sa pastorale « les Mages. » Il s'y prêta de bonne grâce comme si de rien n'était. Déjà les principaux rôles étaient distribués, quand la mort d'un élève survenue soudain arrêta ce projet.

Vers la fin de l'année scolaire, on se demandait si l'on continuerait les études sur Rome. « Nous traduisions alors, dit un de ses élèves, une tragédie de Sophocle, *Electra*. » Ce fut le sujet de la séance académique. On débita une scène en grec. Il y eut même une étude très approfondie sur les chœurs dans la tragédie grecque.

La conclusion fut d'une parfaite délicatesse à l'égard de sa Grandeur, qui était présente à la cérémonie. C'était le 26 juillet, fête de sainte Anne. Un académicien s'exprima ainsi :

« Nous n'aurons garde de faire paraître aujourd'hui sur cette scène la femme qui joua dans cette œuvre antique un si triste rôle (Clytemnestre), en un jour où l'Eglise propose à notre vénération la mère de la Très Sainte Vierge, l'aïeule du Christ et la patronne de notre bien-aimé prélat... »

Le soir même, suivant son habitude, M. Monier quittait le Séminaire. Revenu quelques jours après, il fit part à Monseigneur de son projet d'aller se recueillir un an ou deux à Saint-Sulpice. L'archevêque y fit d'abord quelques difficultés, puis, devant les raisons alléguées par M. Monier, donna son consentement. « Au moins, lui dit alors sa Grandeur, je veux que vous me disiez que ce n'est point à cause de moi que vous vous retirez. » — M. Monier répondit : « Je vais simplement me recueillir et terminer mes études théologiques, avec l'agrément de Votre Grandeur. » — Alors, c'est bien, c'est très bien.

M. Monier s'exprima de la même façon en répondant à un prêtre éminent, M. le chanoine Joannis, curé archiprêtre de Saint-Agricol, qui lui exprimait ses regrets de son départ : « Après dix ans de professorat, ne trouvez-vous pas, M. l'Archiprêtre, qu'il est bon de se ressaisir et de penser un peu à soi ? »

L'âme de M. l'abbé Monier était trop grande, trop noble pour que le dissentiment dont nous venons de parler laissât la moindre trace. Lorsque, plus tard, entré dans la Compagnie de Saint-Sulpice, il revenait à Avignon, à l'époque des vacances, il ne manquait jamais d'aller présenter ses hommages à

Monseigneur Dubreil, et quand, nommé Supérieur à l'Ecole des Carmes, il apprit que l'Archevêque d'Avignon était présent à Paris, appelé à une séance du Conseil supérieur de l'Instruction publique, il l'invita et voulut lui faire les honneurs de sa maison; il le reçut royalement. Touché de cet accueil, l'archevêque lui dit textuellement : « En vous voyant si heureux à Saint Sulpice et dans cette maison des Carmes, je n'ai qu'un regret, c'est de ne m'être pas fait moi-même Sulpicien. »

Dans ces événements si pénibles que nous venons de raconter, le lecteur aura admiré la grandeur d'âme dont fit preuve l'abbé Monier. Celui-ci y vit avant tout le doigt de Dieu, dont la Providence dirige pour notre bien notre destinée : « Si Mgr Debelay avait vécu, disait plus tard l'abbé Monier à sa sœur, je n'aurais jamais été Sulpicien ; il ne m'aurait jamais permis de quitter le diocèse. »

Au mois d'octobre 1865, M. Monier quittait, en effet, le diocèse d'Avignon pour se rendre au Séminaire de Saint-Sulpice, à Paris. Il était remplacé, comme professeur de rhétorique, pendant quelques mois par M. l'abbé Giraud, puis, par un de ses plus brillants élèves, l'abbé Bonnel [1].

---

1. L'abbé Jules-Joseph Bonnel, né à Malaucène (Vaucluse), en 1841, décédé en 1918. — Il continua les traditions de son ancien maître, et étudia particulièrement le xviie siècle. Il choisit pour sujets de ses travaux Corneille, Racine, Molière, La Fontaine, Boileau. Il composa de charmantes poésies françaises et provençales, d'une exquise délicatesse qui dénotaient un fin lettré.

CHAPITRE VI

IL REÇOIT LES SAINTS ORDRES.

M. Monier au Séminaire de Saint-Sulpice. — Première année de solitude. — Longues hésitations a recevoir les Saints Ordres. — Une visite a Causans. — Visite pastorale de l'archevêque d'Avignon a Mornas. — Un discours fort remarqué. — Instances de l'archevêque. — M. Monier reçoit la tonsure et les Ordres mineurs. — A la fin de la seconde année de noviciat, a Paris, il est ordonné sous-diacre, diacre et prêtre. — Première messe a Issy. — Une messe a Orange. — Il est envoyé au grand séminaire de Metz pour y enseigner la philosophie.

On sait que la règle de Saint-Sulpice veut que tout aspirant fasse deux années de noviciat, l'une au Séminaire même de Saint-Sulpice, l'autre dans une maison annexe du Séminaire de philosophie, à Issy, qui porte le nom de Solitude. C'est là que nous verrons M. Monier se préparer d'abord à recevoir les Saints Ordres, puis à l'enseignement dans les Séminaires, qui est la vocation propre aux prêtres de la Compagnie de Saint-Sulpice.

En apprenant son projet de départ pour Paris, son vénéré père, sa tendre mère, sa sœur, confidente discrète de ses pensées, ne furent pas peu émus à la pensée de cet éloignement si inattendu. L'abbé Monier chercha à les réconforter : « Consolez-vous, leur écrivait-il, vous, mon père, et vous, surtout, chère mère ; mon départ vous est pénible, mais de grandes satisfactions en seront pour vous la récompense, si vous l'acceptez avec soumission à la volonté de Dieu », faisant allusion, sans doute, à sa réception prochaine des Saints Ordres.

Disant donc adieu à sa famille éplorée mais admirablement résignée, M. Monier partit pour Paris : c'était vers la fin septembre 1865.

Ce n'était point la capitale qui l'attirait. Il l'avait visitée quelques années auparavant, dans un voyage qu'il y fit durant les vacances : c'était assez pour lui : « Le croiriez-vous, disait-il un jour à un de ses confrères, peu de temps avant sa mort, le croiriez-vous? Il y a beaucoup de monuments dans Paris que je n'ai plus revus depuis que j'y suis venu pour la première fois, et cependant voilà plus de trente ans que je l'habite. »

Ce qui l'attirait, c'était le silence et le recueillement du Séminaire. Aussi, après quelques jours consacrés à son frère Osmond, qui habitait lui-même la capitale avec sa famille, s'empressa-t-il de faire son entrée au Séminaire. M. Caval, qui avait été autrefois Supérieur du grand Séminaire d'Avignon, était alors, en sa qualité de Supérieur général de la Compagnie de Saint-Sulpice, Supérieur du Séminaire. Il fut tout heureux d'accueillir celui que lui envoyait la Providence. Il en exprimait sa joie en écrivant le lendemain à M. Julhe, Supérieur du Séminaire d'Avignon : « Je vous félicite, cher confrère, lui disait-il, et vous remercie d'avoir bien voulu servir d'intermédiaire entre ce bon abbé Monier et nous. »

La joie du nouveau séminariste n'était pas moindre, si nous en jugeons d'après ces lignes qu'il envoyait, de son côté, au même Supérieur, M. Julhe :

« Je ne saurais vous exprimer toute ma joie, lui disait-il ; vraiment la divine Providence a bien conduit toutes choses : je ne saurais jamais assez lui exprimer ma reconnaissance. J'ai une cellule bien petite, il est vrai, mais je m'y trouve à merveille. Je prie, je travaille, et, au premier son de la cloche, je laisse un mot, une lettre inachevée pour aller, ou plutôt courir où elle m'appelle. »

Avec M. Caval, M. Monier trouva au Séminaire de Saint-Sulpice deux compatriotes : M. Icard, qui en était le directeur, et M. de Roussel, l'économe.

Dès la rentrée, il fut admis à suivre le Grand Cours de théologie, ainsi que celui de Droit canon. Le premier était fait par un théologien de valeur, le docte M. Grandvaux, dont la bonté n'avait d'égale que la science, si bien que les séminaristes ne l'appelaient entre eux que *maman Grandvaux;* l'autre par M. Lebas, un savant, lui aussi, et qui devait plus tard devenir Supérieur général, après avoir dirigé pendant de nombreuses années le séminaire de Saint-Irénée, à Lyon.

Tous deux ne tardèrent pas à apprécier le nouveau venu qui, par son âge, nous pourrions même ajouter sa haute taille, en imposait, sans doute à son insu, à ses condisciples de beaucoup plus jeunes que lui.

M. Lebas surtout admirait, paraît-il, la facilité et aussi l'élégance avec laquelle il parlait le latin scolastique : aussi se plaisait-il à l'interroger peut-être plus souvent qu'à son tour, attirant ainsi sur lui l'attention des autres étudiants, qui l'écoutaient avec autant de plaisir.

Entre temps, M. Monier, avec le consentement de M. Caval, achevait le travail commencé à Avignon, et dont il a été question au chapitre précédent, nous voulons dire la traduction des Pères latins, des Mélanges littéraires de l'abbé Gorini, « désirant, disait-il, mener à bonne fin ce travail avant d'entrer à la Solitude, aimant à se délecter, suivant son expression, dans les œuvres littéraires des auteurs chrétiens, comme l'abeille se plaît à se poser sur les fleurs embaumées de miel. »

M. Monier, pour suffire à cette tâche urgente, dut, aux environs de Pâques, renoncer à suivre le cours de droit canonique. M. Lebas ne l'entendit pas ainsi et fit entendre ses réclamations. Ce fut en vain, le Supérieur s'étant prononcé, la cause était jugée. M. Lebas dut se soumettre. Mais, plus de vingt ans après, devenu Supérieur de Saint-Irénée de Lyon, puis Supérieur général, il n'oubliait pas, à l'occasion, de taquiner aimablement son ancien élève, devenu lui-même Supérieur de l'Ecole des Carmes : « Vous n'avez donc plus voulu de mon cours ? Si vous l'avez oublié, cher ami, moi, je m'en souviens encore. » Une amicale poignée de main mettait fin à cette plaisante discussion.

Pour condescendre au désir des séminaristes chargés de l'œuvre des catéchismes dans la paroisse Saint-Sulpice, M. Monier se rendait de temps à autre, avec l'agrément de M. le Supérieur, aux réunions de l'œuvre pour y prendre la parole, et y présider les fêtes. Cet honneur était assez souvent déféré aux Curés des paroisses parisiennes, ou même à des évêques de passage. M. Monier se prêtait obligeamment aux invitations qui lui étaient faites et relevait la solennité par une de ces allocutions qui avaient le don d'instruire, d'édifier et de plaire.

Dans le clergé de la paroisse Saint-Sulpice il eut le plaisir de retrouver un de ses anciens amis du grand Séminaire d'Avignon, M. l'abbé Thomas, qui, après avoir rempli pendant quelques années les fonctions de vicaire dans l'importante paroisse de l'Isle-sur-Sorgues, était entré dans la Compagnie de Saint-Sulpice. Les deux amis furent heureux de se revoir. M. Thomas surtout, en éprouva une particulière satisfaction. Il était musicien et même compositeur distingué. « C'est bien, se dit-il, le bon abbé Monier va me composer des cantiques que je mettrai en musique. » Mais M. Icard ne l'entendit pas ainsi. « Laissez donc, dit-il, laissez de côté ces amusements de jeune. » Et du coup, M. Monier dut faire taire sa muse, ce dont, en fin de compte, il ne fut pas trop fâché.

En arrivant au Séminaire, M. Monier, comme tous les séminaristes, dut suivre les cours de chant, et, chose singulière, lui, autrefois maître de chapelle au Petit Séminaire d'Avignon, fut classé dans la catégorie des débutants, autrement dit des *incurables*, réfractaires à toute formation au chant. Il se soumit en toute humilité, sans faire entendre la moindre protestation. Il se rendit donc en classe. Racontant lui-même le fait, il disait : « Je ne pouvais m'empêcher de sourire, non pas, certes, d'un sourire moqueur, mais de je ne sais quel sourire, au souvenir du passé, lorsque j'entendais notre professeur nous dire d'un ton quelque peu solennel qui allait jusqu'au comique : « Un de ces jours, mes chers confrères, je vous apprendrai les tons des psaumes. »

L'épreuve ne fut pas de longue durée, et le professeur ne tarda pas à s'apercevoir qu'il y avait parmi ses auditeurs quelqu'un qui pouvait se passer de ses leçons rudimentaires. M. Monier passa d'emblée en première, et même, au bout de peu de temps, fut complètement dispensé de cette classe de chant qui n'avait pour lui aucune utilité.

Ainsi se passa pour M. Monier cette première année de noviciat, année de prière, de travail, de préparation à la réception des Saints Ordres, qu'il prévoyait devoir être prochaine.

Le mois de juillet arrivait. M. Monier écrivit à sa sœur : « Me voici à la veille de partir pour les vacances. J'y vais, te le dirai-je, avec le même entrain qu'un écolier de quinze ans. Quel bonheur pour moi de vous revoir ! » Inutile de dire avec quelle joie il fut reçu dans sa famille, à Orange. Il y fut le modèle des séminaristes en vacances, comme il l'avait été à Paris durant les mois écoulés. Un séminariste d'Orange, qui l'a connu à cette époque, a bien voulu recueillir ses souvenirs de ce temps déjà lointain, et lui rend le témoignage que voici :

« M. Monier passait environ deux mois et demi au milieu de nous, et vivait comme un séminariste, même le plus petit d'entre nous. Tous les jours, dès la première heure, on le voyait à l'église, dans une stalle du chœur, absorbé dans une fervente oraison.

« Il servait ensuite la sainte messe comme l'un d'entre nous. Ce n'est pas sans émotion, disait un jeune vicaire de la paroisse, M. l'abbé Vaysse, qui avait été l'élève de M. Monier, que je le vois me précéder à l'autel et me servir la Sainte Messe comme le font nos enfants de chœur. J'en suis très édifié.

« Il venait avec nous se distraire dans l'après-midi. Un jour, il nous dit : « Je vous demande quelques instants, mes amis ; je suis à vous dans quelques minutes ; j'ai à terminer mon examen particulier, que j'ai dû interrompre tout à l'heure. »

Son action de grâces après la communion se prolongeait jusqu'à attirer l'attention des jeunes séminaristes. L'un d'eux, devenu plus tard archiprêtre de Notre-Dame, à Orange et décédé il y a peu d'années, M. Chandron, disait naïvement : « Que doit donc dire au bon Dieu le bon M. Monier, après avoir communié ? Une demi heure ne lui suffit pas ! M'unissant à lui dans ma pauvre petitesse, je fais cette prière qui bien souvent me sert d'action de grâces : « Mon Dieu, je vous dis tout ce que le bon Père qui est là vous dit à l'heure présente. » Nous l'appelions familièrement *le bon Père*, et en le voyant ainsi recueilli dans la prière, tous disaient en eux-mêmes : c'est un saint. »

La même réflexion fut faite par le secrétaire général de l'archevêché, M. l'abbé Chabert, un de ses amis les plus dévoués : « Jusqu'à présent, j'avais en très haute estime M. Monier ; maintenant, après cette année passée à Saint-Sulpice, je le vénère comme un saint. »

Ajoutons enfin un dernier détail. Bien qu'il ne fût encore que minoré, il récitait tous les jours le grand office, comme s'il eût reçu les ordres sacrés, ce qui ne devait plus tarder beaucoup.

C'est ainsi que M. l'abbé Monier, redevenu séminariste, s'élevait de vertu en vertu. Aussi, l'année suivante, M. Caval, en visite à Avignon, à l'occasion de sa tournée officielle, fit à M. le chanoine Dumas, curé de Saint-Pierre d'Avignon, cet aveu bien significatif : « L'une des plus belles œuvres que j'aie faites comme Supérieur général, je puis bien le dire, c'est l'admission de M. Monier dans notre Compagnie. »

Après des vacances si pieusement employées, M. Monier repartit pour Paris en vue de faire sa seconde année de noviciat, dans la maison de retraite dite *la Solitude*.

Cette maison, adjacente au Séminaire de philosophie d'Issy, par sa situation et le calme qui y règne, présente l'aspect d'un couvent de Chartreux ou de Cisterciens. C'est là, dans cette solitude, presque monastique, que les aspirants à la Compagnie de Saint-Sulpice passent leur deuxième et dernière année de noviciat. Le règlement n'est autre que celui du Séminaire, avec cette différence toutefois que les heures de travail sont remplacées ici par l'étude des auteurs de la vie spirituelle.

La maison avait alors pour supérieur M. Ardennes et pour directeur M. Gamon. Ces messieurs, le dernier surtout, ne tardèrent pas à apprécier les éminentes qualités du nouveau « Solitaire ».

M. Gamon s'occupait alors de recueillir et de mettre en ordre les manuscrits et divers ouvrages de M. Olier. Il n'hésita par à s'adjoindre comme collaborateur M. Monier. C'est dans ce travail tout nouveau pour lui et qui l'intéressa vivement, qu'il apprit à connaître et à aimer cette doctrine du fondateur de Saint-Sulpice dont il fera plus tard si grand usage dans ses retraites écclésiastiques.

Est-il besoin de dire que, dans ce séjour, M. Monier, fut « très heureux », c'est l'expression dont il se sert dans une lettre qu'il écrivit à son neveu, M. l'abbé Osmond Reynaud, après quelques semaines écoulées. « *O beata solitudo!* lui disait-il ; tu ne saurais croire, mon cher ami, combien j'aime cette vie calme et retirée du monde ! Combien de fois je me surprends à répéter la parole de l'Imitation : *Solitudo mihi paradisus.* »

Il serait difficile, en effet, d'énumérer les joies qu'il y goûta et dont le souvenir lui revenait fréquemment le reste de ses jours.

Signalons d'abord les joies de la prière : il aimait tant à épancher son âme devant Dieu. Le vénéré supérieur, M. Caval, lui avait donné l'autorisation de se lever à 4 heures, chaque matin, afin de pouvoir lire et méditer dans le texte grec le traité de saint Jean Chrysostôme : *de Sacerdotio*, se préparant, ainsi que nous allons le dire bientôt, à la réception des Saints Ordres.

L'oraison suivait, puis les autres exercices qui se partageaient le reste de la journée, jusqu'au soir qu'il embaumait encore par la récitation du Rosaire, cette prière que M. Olier appelait l'oraison du soir. Ce rosaire était affectueusement médité, à tel point que bien des années après, lorsque, Supérieur de la maison des Carmes ou de Saint-Jean, il revenait à la Solitude, il se rappelait avec bonheur le temps passé : « Pour rien au monde, disait-il, je ne manquerais cette oraison du soir, qui, après tant d'années écoulées, me présente toujours un attrait nouveau .»

C'est dans cette atmosphère de paix et de douce piété que M. Monier se prépara enfin à être admis aux Saints Ordres. Ici, que le lecteur nous permette un retour de quelques années en arrière, et de retracer brièvement les hésitations de M. Monier devant les responsabilités du sacerdoce.

On se souvient que lorsque M. l'abbé Monier quitta le Grand Séminaire pour devenir professeur au Petit Séminaire, il n'avait pas même fait le premier pas dans la cléricature. A chaque ordination, le Directeur chargé de faire les appels — c'était M. Buer, de sainte et originale mémoire — se rendait au Petit Séminaire et adressait au jeune professeur les paroles d'usage : « M. Monier, vous êtes appelé à la tonsure et aux ordres mineurs. » Et chaque fois, M. Monier répondait par un aimable sourire et un humble refus, si bien, qu'après deux ou trois années écoulées, le bon M. Buer lui dit, de cet accent dont se souviennent tous ceux qui l'ont connu : « Ah ! çà, quand vous voudrez avancer vous viendrez me le dire ! Quant à moi, je ne viens plus ! »

Ces hésitations, prolongées au-delà de ce que l'on aurait pu prévoir, ne laissaient pas que de préoccuper les personnes qui s'intéressaient au jeune abbé. Ses condisciples, prêtres depuis plusieurs années, se demandaient, non sans anxiété, quelle pouvait bien être la cause de ce retard. Les uns l'attribuaient à une excessive délicatesse de conscience; d'autres pensaient que M. Monier, n'ayant pu être jésuite, voulait tout au moins suivre les règles de la Compagnie et ne serait prêtre qu'à trente-trois ans. Ses amis les plus intimes allaient jusqu'à l'entreprendre à ce sujet et lui adressaient des reproches, auxquels il ne répondait que par un sourire.

Sa famille n'était pas la dernière à s'inquiéter d'une situation qu'elle jugeait pénible, anormale. M. Monier père, se trouvant un jour seul à seul avec son fils, s'efforça de percer ce mystère... « Frédéric, lui dit-il d'un ton ému, je mourrai donc sans avoir la consolation et la joie de te voir prêtre? La plupart de tes confrères le sont déjà depuis longtemps; tous sont unanimes à dire que tu as tort d'hésiter ainsi devant une responsabilité qui, après tout, n'est pas au-dessus des forces humaines, surtout quand la grâce de Dieu vient en aide à celui qui l'accepte avec confiance. » L'abbé ne répondait pas. — Eh bien? insista le père, qu'en dis-tu ? — Et en parlant, M. Monier avait des larmes dans les yeux. — « Ah! répondit enfin l'abbé, ému lui aussi jusqu'au plus intime de son âme, ceux qui te parlent de la sorte ne seront pas là au jugement dernier pour me défendre !... »

Cette parole, vrai cri du cœur, nous prouve amplement que le motif des refus du pieux abbé d'avancer vers le sacerdoce était d'ordre tout spirituel. Il était de l'école d'un saint François d'Assise qui voulut rester toute sa vie sous-diacre; d'un saint Vincent de Paul qui disait: Si j'avais su ce que c'était que d'être prêtre, je n'aurais jamais consenti à recevoir l'imposition des mains. Et c'est uniquement parce que sa grande foi lui montrait la grandeur du sacerdoce, la sainteté qu'il demande à ceux qui en sont revêtus, que l'abbé Monier retardait indéfiniment le moment où il devrait franchir le seuil du sanctuaire et monter à l'autel.

Aux instances de ses amis, de ses proches, se joignaient celles même de Mgr l'archevêque d'Avignon, désireux de décider son « cher abbé », ainsi qu'il aimait à l'appeler, à entrer dans les Saints Ordres.

Dès qu'il lui avait été donné de le connaître, il avait conçu pour lui une profonde estime, mieux encore, une affection toute paternelle. On le voyait, dans les visites qu'il faisait au Petit Séminaire, prendre à part notre jeune professeur, et s'entretenir familièrement avec lui.

Deux ou trois ans après son entrée au Petit Séminaire, M. Monier contracta, par suite d'un accident, une sérieuse maladie des yeux qui l'obligea à s'enfermer en chambre noire pendant plusieurs semaines ; la convalescense fut longue, et notre professeur dut interrompre sa classe pendant près de trois mois. Or, on ne saurait croire avec quelle sollicitude l'archevêque s'intéressa de près ou de loin à la santé du cher malade. Il venait lui-même souvent le visiter dans son humble chambre du Séminaire ; il s'enquérait, auprès du docteur, du cours de la maladie, et enfin, lorsque, la guérison arrivée, l'abbé Monier se présenta chez ce dernier pour régler ses honoraires : « M. l'abbé, lui dit-il, vous ne me devez rien, tout a été réglé. — Et par qui donc ? — Ne me le demandez pas. — L'abbé Monier comprit, et il ne se trompait pas, que le bon archevêque lui avait donné cette nouvelle marque de son affection.

Nous en aurions une autre preuve, si besoin était, dans le fait suivant. Monseigneur Debelay devait se rendre au château de Causans, dans la paroisse de Joncquières, pour y faire un baptême. C'était pendant les vacances. Il écrivit à l'abbé Monier : « Mon cher abbé, venez donc me prendre à Avignon, tel jour : vous m'accompagnerez à Causans où je vais baptiser un des petits-fils du marquis. Et, à ce propos, je vous dirai qu'il vous faudra faire une petite pièce de vers : l'enfant doit recevoir le nom d'Emmanuel. »

L'abbé Monier aurait eu mauvaise grâce de décliner l'offre si obligeante et si honorable de son archevêque. Au jour dit, il était à Avignon.

Monseigneur et le jeune abbé passèrent deux ou trois jours à Causans ; la poésie de circonstance fut lue, à la grande satisfaction de Monseigneur et aussi de la famille.

Quelques jours après, l'abbé Monier, revenu chez lui, recevait de M. le Marquis de Causans un envoi recommandé. C'était une belle édition grand format de l'*Imitation de Jésus-Christ*, avec un riche chapelet en corail, bénit par N. S. P. le Pape Pie IX.

Une carte y était jointe, avec ces mots : En souvenir du baptême de notre jeune Emmanuel [1].

Par tout ce qui précède, on peut juger de la peine que devait éprouver l'archevêque d'Avignon en voyant son « cher abbé » s'obstiner dans son refus de s'engager dans les saints Ordres. Il poussa la sollicitude jusqu'à s'enquérir quel était le directeur de sa conscience, et quant il apprit que c'était un Père jésuite, le P. Bouffier, « Ah ! mon Dieu, s'écria-t il,

---

1. Près de cinquante ans, peut-être davantage, s'étaient écoulés depuis cette visite au château de Causans. Mgr Debelay avait depuis longtemps rendu son âme à Dieu ; quant à M. Monier, devenu prêtre, il était entré dans la Compagnie de Saint-Sulpice. Or, durant les vacances, dont il passait la plus grande partie auprès de son neveu, alors curé de Joncquières, celui-ci profita de l'occasion pour inviter le marquis de Causans ainsi que quelques amis. Voici qu'au dessert, M. le marquis, le père d'Emmanuel, se lève et lit à haute voix et d'un accent ému une poésie. Les convives se demandaient pourquoi cette lecture. Mais le Supérieur de l'Ecole des Carmes ne fut pas long à comprendre, et, après explications, tous applaudirent à la délicate attention du vieux marquis.

ces bons Pères sont dans le cas de me l'accaparer! »
Ce fut bien pire encore quand il sut que l'abbé Monier allait chaque année faire sa retraite sous leur direction, soit à la Résidence d'Avignon, soit à leur campagne de Saint-Chamand.

Il fit part un jour de ses inquiétudes à M. Caval, Supérieur du Grand Séminaire, et il fut convenu, pour faciliter au jeune professeur son accès à la prêtrise, qu'il serait dispensé des deux années de théologie qui lui restaient à faire : « Vous verrez vos traités en particulier, lui dit M. Caval; il suffira que vous passiez en temps voulu vos examens d'ordination. »

Monseigneur l'archevêque mettait en œuvre tous les moyens, on le voit, pour décider l'abbé à entrer dans ses vues, mais il se heurtait toujours à une volonté, non point rebelle, mais timidement vacillante, si l'on peut ainsi s'exprimer, un esprit timoré.

Ce fut peu après la visite au château de Causans que Mgr Debelay, accompagné de son vicaire général, Mgr Clément, vint faire sa visite pastorale à Mornas, paroisse de son diocèse dont M. Reynaud, beau-frère de M. Monier, était le Maire.

Celui-ci, quelques jours avant la visite pastorale, était venu trouver l'abbé Monier : « Vous allez me faire, lui dit-il, la petite allocution que je dois adresser à Monseigneur à son entrée dans le pays. » — L'abbé y consentit aussitôt. En moins de dix minutes, le petit discours était fait.

Le jour de la visite pastorale arrivé, le Maire de Mornas reçoit Sa Grandeur. L'allocution fut écoutée attentivement. Or tandis que le cortège se met en marche pour se rendre à l'église, le vicaire général dit à l'oreille de l'archevêque : « Avez-vous remarqué, monseigneur, l'adresse qui vient d'être lue ? C'est assurément ce que vous avez entendu de mieux dans votre tournée. — C'est vrai, répondit l'archevêque, elle m'a frappé.

La cérémonie de la confirmation terminée, Monseigneur, accompagné de M. le Curé, se rend au presbytère. « Qui est votre Maire, M. le Curé, demande en cours de route, Sa Grandeur. — C'est M. Reynaud, beau-frère de M. l'abbé Monier.

— Ah! bien, bien ! — Et se tournant vers Mgr Clément : « Cela vient d'Avignon ». Cependant, Monseigneur Debelay, heureux de rencontrer ainsi un proche parent de son « cher abbé », exprime à M. le curé le désir qu'il aurait de le voir en particulier. — « Rien de plus facile, Monseigneur, répond celui-ci, il sera à votre droite, à table. »

Durant le dîner, la conversation fut un peu générale. Mais de suite après, l'archevêque prend le maire à part. « M. le Maire, lui dit-il, je vous félicite d'avoir un tel beau-frère que le bon abbé Monier, que j'affectionne tant. Et à ce propos, pourriez-vous me dire pourquoi il n'avance pas dans les Ordres ? — M. Reynaud se contente de répondre d'une façon un peu évasive : « Monseigneur, dit-il, je sais que c'est le sujet d'une vive peine pour mes beaux-parents et pour nous tous. Mais vous dire le motif, le vrai motif de cette hésitation, je ne le puis, ne le sachant pas moi-même. Madame Reynaud pourrait peut-être mieux que moi renseigner Votre Grandeur ».

— Eh bien, je désirerais vivement avoir un entretien avec elle.

Quelques instants après, Madame Reynaud prévenue se rendait au presbytère et était reçue par Monseigneur. Celui-ci lui répète à peu près mot pour mot ce qu'il a dit à M. Reynaud : « D'où vient donc que votre cher et digne frère reste là, stationnaire, n'ayant pas même reçu la tonsure ? Je n'ai qu'un désir, Madame, c'est de l'attacher à ma personne, mais, que voulez-vous ? Il n'est pas même sous-diacre, pas même tonsuré. Voici ce qu'il faut faire. Vous avez vos enfants au Petit Séminaire. Allez un de ces jours à Avignon : vous verrez votre frère: sondez-le, dites-lui la peine que j'éprouve de ne pouvoir lui témoigner comme je le voudrais mon affection, et utiliser son talent pour le bien du diocèse. » — Mme Reynaud le promit à Monseigneur.

Trois ou quatre jours après, elle se rendit à Avignon et rendit compte à son frère de l'entretien qu'elle avait eu avec Sa Grandeur. La seule chose qu'elle put en obtenir fut celle-ci : « Monseigneur est vraiment trop bon! Mais... » Il n'acheva pas. Ce seul mot, prononcé d'un ton ému, révéla à Madame Reynaud le combat intérieur qui se livrait au plus profond de son âme. Elle n'insista pas. Le lendemain elle écrivit à Monseigneur le résultat de son entrevue, résultat dont il fut, paraît-il, peu satisfait.

Une consolation pourtant, mais qui ne fut, hélas, que passagère, était réservée à ce digne archevêque, ainsi qu'aux parents et amis de M. Monier. C'était vers l'année 1860. Une nouvelle se répand tout d'un coup dans le Petit Séminaire, et de là, s'ébruite, peut-on dire, dans le diocèse: l'abbé Monier se préparait à prendre part à l'ordination de la Trinité par la réception de la tonsure et des ordres mineurs. Il se rend, en effet, au Grand Séminaire, se joint aux futurs ordinands, la plupart ses anciens élèves, qu'il édifie par sa régularité aux exercices.

Le lendemain de l'ordination, il va faire une visite à Monseigneur qui le presse dans ses bras et lui exprime en termes émus la joie qu'il éprouve.

Déjà, dans l'entourage du cher abbé, on se réjouissait de l'événement ; on prévoyait qu'il pourrait prendre part aux ordinations suivantes et, dans quelques mois, être prêtre. Vains calculs : toujours sous l'empire d'une sainte appréhension, M. Monier s'en tint là. Quatre années environ se passèrent, sans qu'il se décidât à faire le pas décisif. Il ne fallut rien moins qu'un coup de la Providence, qui se sert de tout pour arriver à ses fins ; il ne fallut rien moins que le pénible incident que nous avons raconté plus haut, qui lui ferma le cœur de son évêque, et l'amena d'Avignon à Saint-Sulpice, dans cette solitude où, dans la prière et la réflexion, encouragé, conseillé par ses supérieurs, il comprit mieux cette parole de l'auteur de l'Imitation : que ce n'est point par ses propres mérites que l'homme est appelé à offrir le sacrement du Corps de Jésus-Christ [1], mais par la miséricorde infinie de Dieu et pour le bien de ses frères. Et ainsi, grâce à ces circonstances favorables, il osa lever les yeux vers le sanctuaire et se prépara à recevoir l'onction sainte.

Il reçut donc le sous-diaconat à l'ordination de Noël de cette année 1866 ; le diaconat, aux Quatre-Temps de la Passion de l'année suivante, et enfin, la prêtrise, aux Quatre-Temps de la Trinité. Ces trois ordinations eurent lieu dans l'église de la paroisse Saint-Sulpice, à Paris.

Le lendemain de son ordination sacerdotale, il célébrait sa première messe dans la chapelle du Séminaire d'Issy. Sa vénérée mère, venue à Paris pour la circonstance, eut le bonheur d'y assister, ainsi que plusieurs autres membres de la famille. Retenu par d'impérieux devoirs, son père fut privé de cette consolation. Quant à sa sœur, Mme Reynaud, qui fut toujours, comme on l'a vu, la confidente intime de ses pensées, retenue elle aussi au foyer, elle voulut y être présente en quelque ma-

---

1. Non enim hoc debetur meritis hominum quod homo consacret et tractet Christi sacramentum. (De Imit. Chr. lib. IV cap. III).

nière en offrant au nouveau prêtre le calice dont il devait se servir en ce jour mémorable. Touchant souvenir que l'abbé Monier n'oubliera jamais. Ce calice l'a, en effet, accompagné partout, et nul doute qu'en le tenant dans ses mains, il n'ait eu, chaque jour, un souvenir pour celle dont la vie s'était confondue, pour ainsi dire, avec la sienne.

Nous n'avons trouvé dans les papiers intimes de M. Monier, nulle trace des sentiments qui l'animèrent dans les ordinations successives du sous-diaconat, du diaconat, et de celle qui en fut le couronnement : la prêtrise. Sans doute ne voulut-il pas, par humilité, confier au papier les tendres effusions qui inondèrent son âme, dans ces heures si graves où il lui était donné enfin de réaliser l'offrande totale de lui-même à Dieu, offrande qui lui avait paru jusqu'alors si redoutable, et à laquelle, depuis plus de quinze ans il n'avait cessé de se préparer. Mais il nous est bien permis de supposer, après tout ce que nous avons dit jusqu'ici, que sa joie fut profonde, et que des larmes de bonheur durent couler abondantes de ses yeux, le jour surtout où, pour la première fois, il lui fut donner de monter à l'autel et de consacrer le Corps adorable de Notre-Seigneur Jésus-Christ qu'il avait reçu si souvent avec une ferveur tout angélique.

A son neveu, M. l'abbé O. Reynaud, alors au Grand Séminaire d'Avignon, et qui se préparait à recevoir ce même jour les Ordres mineurs, il écrivait : « Tu vas donc dans quelques jours être minoré, tandis que moi je serai prêtre. Durant les vacances, tu rempliras auprès de moi à l'autel les belles et saintes fonctions d'acolyte. En attendant, je te donne rendez-vous dans le Cœur Sacré de Jésus. C'est là que tu es sûr de me trouver. » Ce sont les mêmes paroles que saint Elzéar de Sabran adressait à sa pieuse épouse, sainte Delphine, belle expression, chez ces âmes d'élite de ce brûlant amour envers le Cœur infiniment aimable du Sauveur.

M. Monier passa encore un mois à la Solitude après son ordination. Ce n'est que vers le 15 juillet qu'il vint à Orange, dans sa famille.

La fête, pour être un peu tardive, n'en fut pas moins touchante. Le lendemain de son arrivée, à la première messe qu'il célébra dans l'église paroissiale de Notre-Dame, pleine pour lui de pieux souvenirs, car c'est dans cette église qu'il avait reçu la grâce du saint baptême et fait sa première communion, tous les membres de sa famille, son vénéré père et sa sainte mère en tête, y assistèrent et communièrent de sa main. Cette douce fête de famille fut le digne couronnement et l'heureuse compensation de tant d'années d'attente. On peut se représenter la joie de M. Monier, serrant dans ses bras, après la cérémonie, son fils enfin devenu prêtre ! Comme le vieillard du Temple, il pouvait chanter son *Nunc dimittis*, car ses désirs les plus chers étaient enfin comblés.

Le nouveau prêtre passa un mois environ dans sa famille, goûtant, avec les joies suaves de son sacerdoce, les consolations si douces du foyer familial. Une pensée préoccupait tous les esprits : quelle allait être la destinée du jeune prêtre ?

La question ne tarda pas à recevoir sa réponse. Un jour une lettre arriva de Paris. M. Caval, supérieur de la Compagnie de Saint-Sulpice, écrivait à M. l'abbé Monier ce billet laconique : « Mon cher ami, la Providence a décidé que vous iriez à Metz, pour y professer la philosophie. Vous y ferez du bien, je l'espère. C'est le bon M. Julhe qui a désiré vous avoir avec lui. »

Le sort en était jeté : M. Monier se disposa aussitôt à rejoindre le poste qui lui était assigné dans la capitale de la Lorraine.

CHAPITRE VII

M. MONIER AU GRAND SÉMINAIRE DE METZ.
(1867-1876)

Démarches de Mgr Dupont des Loges pour confier a la compagnie de Saint-Sulpice la direction de son séminaire. — Il réussit auprès de M. Caval, supérieur général ; il annonce a son clergé l'arrivée des nouveaux directeurs. — Importance de cette maison. — M. Monier y arrive pour y enseigner la philosophie. — Appréciations élogieuses de son enseignement. — Ses « homélies ». — Il enseigne l'Ecriture Sainte, puis la théologie dogmatique. — Ses succès dans la direction des ames. — Ses rapports avec l'autorité diocésaine. — Grandes fêtes a l'occasion des noces d'or de l'évêque de Metz.

Lorsque M. Monier fut envoyé par ses Supérieurs au Grand Séminaire de Metz, depuis un an seulement les Messieurs de Saint-Sulpice en avaient la direction. Ils y avaient été appelés par Mgr Dupont des Loges, de vénérée mémoire [1], et y remplaçaient le clergé diocésain, chargé jusqu'alors de la formation des clercs.

---

1. Mgr Paul Dupont des Loges, né à Rennes, en 1804, nommé à l'évêché de Metz en 1844, mort en 1886. Après la guerre de 1870, et l'annexion de l'Alsace à l'Allemagne, il resta de cœur attaché à la France, et fut l'âme de la résistance contre le gouvernement prussien. Il refusa la décoration de la Couronne de fer, que lui offrit Guillaume II, mais demanda par contre et reçut de Thiers la Légion d'honneur afin, disait-il, d'obliger les soldats allemands à saluer l'ordre national de la France. Voir : *Vie de Mgr Dupont des Loges*, par l'abbé Félix Klein, Paris, Poussielgue, 1899, un vol. in-8°

Depuis longtemps déjà l'évêque de Metz avait souhaité confier à la Compagnie de Saint-Sulpice la direction de son Grand Séminaire. Ancien élève lui-même du Séminaire de Saint-Sulpice de Paris, il avait pu apprécier, par son expérience personnelle, les rares mérites des fils de M. Olier et leurs aptitudes spéciales à développer dans l'âme des jeunes clercs, avec le zèle pour le salut des âmes, la culture des vertus sacerdotales et la haute idée des devoirs qu'impose l'éminente dignité du prêtre. A diverses reprises, il avait fait des démarches auprès de M. Carrière, Supérieur général, mais celui-ci avait dû répondre que le nombre de ses prêtres ne lui permettait pas de songer à faire de nouvelles fondations. L'évêque ne renonça point à ses projets, et, afin de les rendre plus facilement réalisables quand l'heure serait venue, il différa de donner un successeur au vénérable M. Masson, qui demandait avec instance d'être remplacé à la tête du grand Séminaire.

En 1864, M. Carrière mourut, et M. Caval fut appelé à lui succéder dans la charge de Supérieur général de la Compagnie. Monseigneur Dupont des Loges crut le moment favorable pour renouveler sa demande auprès de celui qui était son ami et ancien condisciple. Ses démarches, cette fois, furent couronnées de succès. L'affaire fut traitée dans le plus grand secret, et personne, en dehors des vicaires généraux, ne put se douter de l'événement qui se préparait. Dans son allocution qu'il prononça à l'occasion de la retraite pastorale, l'évêque fit connaître à son clergé le changement qui allait se produire dans la direction du séminaire, changement que les professeurs eux-mêmes ignoraient. Voici un extrait de l'allocution épiscopale. Après avoir dit avec quelles instances M. Masson, l'ancien supérieur, l'avait prié de le remplacer, il ajoutait :

« C'est dans ces circonstances, Messieurs, qu'un évêque sent tout le poids de l'épiscopat, tout le poids de cette charge qui serait redoutable pour les anges eux-mêmes. Il m'a semblé qu'il serait infiniment avantageux de confier la direction du séminaire à une Congrégation offrant toutes les garanties quant à son esprit, et ayant fait ses preuves dans ce genre d'emploi. Les particuliers, en se succédant, apportent chacun leurs vues propres et leurs méthodes ; de là de fréquents ébranlements et quelquefois des périls. Dans les Congrégations au contraire, les individus meurent, mais le même esprit se maintient, et les changements de gouvernement ne sont presque pas aperçus.

« Ce premier point arrêté, je n'avais pas à hésiter sur le choix, mais j'avais une sorte de miracle à demander et à obtenir de Dieu, pour triompher d'honorables et presque invincibles résistances. Parmi les Congrégations vouées à l'enseignement des séminaires, il en est une qui a été visiblement suscitée de Dieu et formée par l'Esprit-Saint pour fonder en France les premiers séminaires, et doter notre Eglise de ces admirables écoles de vertu et de science ecclésiastique que nous envient toutes les autres Eglises. C'est vers elle qu'un de ses élèves et de ses enfants, le pieux et immortel Fénelon, l'incomparable archevêque de Cambrai, tournait ses derniers regards. C'est d'elle qu'il écrivait sur son lit de mort : « Je viens de recevoir l'Extrême-Onction... C'est dans cet état où je me prépare à paraître devant Dieu... que je prends la liberté de demander au Roi deux grâces. La première, est qu'il ait la bonté de me donner un successeur pieux. L'autre grâce est qu'il ait la bonté d'achever avec mon successeur ce qui n'a pu être achevé avec moi pour Messieurs de Saint-Sulpice. On ne peut rien voir de plus apostolique et de plus vénérable. » Ce grand homme a tout dit dans ces deux mots : « *rien de plus apostolique et de plus vénérable...* »

L'annonce de ce changement tout à fait inattendu,

fut accueillie tout d'abord assez froidement par le clergé. Les prêtres qu'on allait remplacer jouissaient d'une considération universelle, qu'ils méritaient d'ailleurs à tous égards, et l'on s'explique assez que la mesure prise par l'évêque ait provoqué tout d'abord quelque mécontentement et de secrets murmures. Mais, devant le fait accompli, il n'y avait qu'à se soumettre et c'est ce que l'on fit.

Quelques semaines après, arrivèrent les nouveaux directeurs. M. Julhe, que nous avons vu déjà à la tête du Grand Séminaire d'Avignon, devait prendre la direction du Séminaire de théologie. Il avait toutes les qualités d'esprit et de cœur qui pouvaient le faire accepter sans peine du clergé messin. L'évêque le traita en ami, et lui confia, dans ses dernières années, la direction de son âme. Il ne survécut que d'un an à Mgr Dupont des Loges [1].

M. Julhe n'avait amené avec lui que M. Lecesne, chargé de l'économat et M. Vasset, professeur de dogme. L'année suivante, il s'adjoignit un autre Sulpicien, originaire du diocèse, M. Thiel, fils d'un ancien recteur de l'Académie de Bourges, à qui il confia la chaire de théologie morale. Deux autres anciens professeurs demeurèrent en fonctions : M. Fleck, frère du futur coadjuteur de l'évêque [2], continua à professer les sciences mathématiques ; M. Schmitt, n'ayant pas de fonctions bien définies, se bornait à diriger les élèves qui s'adressaient à lui.

Comme dans tous les Grands Séminaires importants, tels ceux de Paris, Lyon, Nantes, etc. il y avait à Metz deux communautés bien distinctes,

---

1. M. Julhe est décédé le 1er août 1887.

2. M. Fleck (Joseph Martin) professa au Séminaire jusqu'en 1883, où il devint chanoine titulaire de la cathédrale. Il mourut le 10 août 1896, doyen du chapitre.

juxtaposées, mais ayant chacune un Supérieur, un personnel spécial. A côté du Séminaire de théologie, existait un Séminaire de philosophie. Celui-ci fut également confié aux Sulpiciens. M. Vassoult, précédemment directeur au Séminaire de philosophie de Nantes, en devint le Supérieur [1], secondé dans son enseignement par M. l'abbé Roger, professeur de grande valeur, qui devint, l'anné suivante, Supérieur du Petit Séminaire de Metz.

On n'aura pas de peine à comprendre combien était délicate la situation du nouveau personnel enseignant. Aussi, malgré leur tact et leur bonne volonté, cette année de début fut, dit-on, assez pénible pour ces messieurs de Saint-Sulpice.

Ce fut sur ces entrefaites qu'arriva, au mois d'octobre 1867, M. l'abbé Monier, appelé à professer la philosophie, au lieu et place de M. l'abbé Roger. Nous ne saurions mieux faire connaître l'impression produite parmi les jeunes étudiants en philosophie par l'arrivée du nouveau professeur, qu'en transcrivant ici ce qu'en disait plus tard un des plus brillants élèves de M. Monier, devenu lui-même professeur à l'Institut catholique de Paris :

« M. Monier arriva chez nous dans les premiers jours d'octobre ; j'entrais en philosophie. Je ne crains pas de dire que la première impression produite par notre nouveau professeur fut des plus séduisantes. En quelques semaines, il nous eut *captivés*. En vrais enfants du Nord, (je n'ose pas dire en vrais Allemands) nous ne sommes pas très portés d'instinct vers la littérature, mais la bonne et fine littérature n'était pas faite pour nous déplaire : telle fut celle de M. Monier. Même dans ses leçons

1. M. Vassoult est mort en 1897, Supérieur du Grand Séminaire de Nimes.

de métaphysique, il nous intéressait par la pureté de sa diction.

« Dirai-je un mot, ajoute le même témoin, de ses sujets d'oraison, de ses *homélies*, comme nous les appelions ? Il nous captivait, non pas seulement par le nerf serré des raisonnements, mais aussi par la finesse, la délicatesse qui les caractérisaient. Après cinquante ans écoulés, je me souviens encore du sujet d'oraison qu'il nous donna la veille de Pâques, sur les disciples d'Emmaüs : je ne lis jamais cet évangile sans penser à M. Monier [1].

A l'appui de ce témoignage déjà si explicite sur les

---

1. A propos des sujets d'oraison donnés par M. Monier, on ne lira pas sans intérêt le fait suivant. Un de ses anciens élèves, devenu curé d'une paroisse des environs de Metz, admis dans l'intimité même de l'évêque, avait obtenu de ce dernier qu'un sermon de charité fût prêché dans la cathédrale, par un prêtre éminent de Strasbourg, alors député au Reichtadt. Il fit donc l'invitation au nom même de l'évêque, et le député répondit en acceptant l'invitation. Le sermon fut annoncé par tous les moyens d'usage : avis dans la *Semaine religieuse*, affiches aux portes des églises, etc. Bref, le jour arrivé, le curé qui avait lancé l'invitation se rend à la gare pour recevoir son invité. Personne. Il y retourne une deuxième fois sans plus de succès. Déconcerté, le pauvre abbé se rend à l'évêché et raconte à Monseigneur Dupont son désappointement. — « Eh bien, lui dit le prélat, en souriant, vous avez commis la faute, à vous de l'expier : vous prêcherez vous-même. » Il était 1 heure de l'après-midi : le sermon était fixé à 3 heures. La cathédrale déjà commençait à se remplir. La sueur montait au front de notre homme qui ne savait à quel saint se vouer. « Cependant, racontait-il lui-même, devant l'injonction de l'évêque, et en face de la nécessité, il n'y avait qu'à s'exécuter. Je me retire dans mon appartement, je fouille dans mes cartons, et je trouve... Quoi donc ? Un résumé d'un sujet d'oraison de M. Monier ! J'étais sauvé ! Je me jette au pied de mon crucifix, et je médite... » Une heure après, je montais en chaire devant une foule immense. Le sermon ne déplut pas à l'évêque, qui, en entrant dans la sacristie, me fit appeler : « C'est très bien, me dit-il ; et où donc avez-vous puisé ces pensées que vous nous avez si bien développées ? — Monseigneur, l'auteur n'est autre que mon ancien directeur du grand Séminaire, M. Monier. » — Ce curé entra plus tard dans l'Ordre de Saint Dominique, et, sur la recommandation sans doute de M. Monier, vint prêcher un Carême dans la paroisse Saint Pierre, à Avignon.

qualités éminentes du nouveau professeur de philosophie, nous pouvons en ajouter un autre qui ne l'est pas moins et qui nous vient également d'un ancien élève du grand Séminaire de Metz M. l'abbé Thorelles, prêtre éminent, membre de l'académie de Metz, qui le suivit non seulement dans ses cours de philosophie, mais ensuite dans ceux d'Ecriture sainte, qu'il professa deux ans après son arrivée, et ceux de dogme qui leur sucédèrent.

Dans une lettre que nous voudrions pouvoir citer tout entière, l'auteur fait observer que, bien que ses souvenirs remontent à un demi-siècle, « ils sont pourtant bien vivants, car M.Monier, dit-il, n'était pas de ces hommes qui ne laissent de leur passage que des traces fugitives. »

« Ce fut un professeur *rarissime* et un parfait directeur de Séminaire. Nous eûmes l'avantage de son enseignement en philosophie, en Ecriture-Sainte et en Dogme, et je serais bien embarrassé de décider en quelle partie il s'est montré le plus brillant.

« M. Monier débuta par un grand acte de modestie : « Messieurs, nous dit-il, je vous prie de m'excuser si, pendant quelque temps encore, je m'exprime de temps à autre en français. Quand je serai plus familiarisé avec le latin, je l'emploierai exclusivement. » Notre maître se trompait sciemment : son latin était correct et coulant.

« Mais que dire du français ? Je n'ai point oublié ce premier quart d'heure de classe où il nous résumait la leçon de la veille, en un langage si précis, à la fois et si élégant, que nous en étions émerveillés. Et nous avions l'impression que dans ces quelques minutes, nous avions plus profité que dans une heure de travail en cellule. Car bien loin que l'éclat du style fît tort à la solidité du fond, il ne faisait que le mettre plus en relief. Il y avait, en effet, chez le maître, une netteté de pensée, une précision d'idée qui ne laissaient rien à désirer, et je serais tenté de dire que sa qualité maîtresse était l'esprit de pénétration et d'analyse allant jusqu'à l'extrême, jusqu'à la dissection, pour ainsi dire, des conceptions les plus abstraites.

« En une certaine séance mémorable, quelques-uns d'entre nous passèrent au professeur une série d'objections longuement et savamment préparées : M. Monier les réfuta toutes avec un à-propos merveilleux et sans l'ombre d'hésitation.

« Ce talent dans l'art d'enseigner, notre maître le fit briller dans toutes les branches qu'il professa. En Écriture Sainte, dans son commentaire sur l'Epitre aux Romains, comme il faisait comprendre, admirer et aimer le grand Apôtre, comme il savait analyser finement, nous faire saisir l'enchaînement logique des idées et en déduire avec clarté les conclusions théologiques et morales ! J'ai toujours amèrement regretté que mes autres années d'Ecriture Sainte n'aient pas ressemblé à celle-là. »

M. Monier, avons-nous dit, après avoir enseigné successivement la philosophie et l'Ecriture Sainte, fut appelé à occuper la chaire de théologie dogmatique.

« Comme professeur de dogme, continue le même correspondant, nous retrouvons M. Monier toujours aussi brillant, avec son esprit net, sa parole claire, son habileté à démêler les cas difficiles, à les élucider, à fixer d'un mot, d'un geste, l'attention de ses élèves sur le point capital.

« C'est quand il s'adressait aux âmes que M. Monier se révélait tout entier, et que le cœur, chez lui, rivalisait avec l'intelligence pour ravir ses auditeurs. Sans rappeler ses belles instructions de retraite, et ses lumineux et pénétrants commentaires du Pontifical. quelles admirables *homélies* du samedi, où le style le plus pur, souvent fleuri, servait d'enveloppe à des pensées nobles toujours, jamais banales ou routinières, pleines d'onction et frappant au cœur de ceux qui l'entendaient ! Ce n'était pas l'orateur au verbe puissant, au geste passionné, mais quelque chose de mieux : une âme qui s'insinuait dans nos âmes en les faisant vibrer délicatement, et les élevait d'un coup d'aile dans une atmosphère de piété douce et sereine. »

Ajoutons un détail qui nous donnera la mesure de sa vertu et de sa longanimité. Il n'était guère dans l'usage, au Séminaire de Metz, que les professeurs prissent part aux récréations des élèves. M. Monier n'hésita pas à rompre avec la tradition. Persuadé que des rapports plus intimes ne pouvaient être qu'utiles, il voulut se mêler aux conversations des élèves. Les débuts furent, dit-on, peu encourageants et l'accueil assez froid. C'était du nouveau : on se méfiait, on se garait. Avec sa rare finesse, le bon M. Monier s'en aperçut vite. S'il en fut peiné, personne ne le sut jamais. Mais il persévéra, et bientôt la réaction se fit ; on en vint à guetter son arrivée pour l'entourer, et c'était à qui grossirait le groupe de ses auditeurs pour jouir du charme de sa conversation.

A ces travaux déjà absorbants, M. Monier joignit la direction de l'Œuvre des catéchismes. Cette œuvre éminemment pratique, avait pour but d'apprendre aux séminaristes à faire le catéchisme. C'était comme une sorte de certificat d'aptitude pédagogique appliquée spécialement à l'enseignement religieux. Les réunions étaient présidées par un des directeurs du Séminaire. Chaque élève, à tour de rôle, devait interroger ses confrères qui devenaient ainsi comme de petits enfants auxquels le maître devait expliquer aussi clairement, aussi simplement que possible le texte du livre... La séance s'achevait par la critique faite par le directeur, de la manière dont le catéchiste s'était acquitté de sa tâche. On nous dit que ces réunions ne manquaient pas de charme, et que M. Monier par ses saillies spirituelles, par ses observations pratiques, les rendait aussi intéressantes que profitables.

Pour ce qui est de la valeur de M. Monier au point de vue de la direction des consciences, M. l'abbé Thorelles, dans sa lettre, n'y fait qu'une très discrète allusion.. « Je passe sous silence, dit-il, le directeur de conscience et le confesseur. Je me bornerai à dire que je garde avec la plus vive reconnaissance le souvenir de ses conseils toujours si éclairés et si paternels. »

Cette discrétion si légitime en cette matière nous permet pourtant d'affirmer que M. Monier fut un directeur prudent, dont l'esprit affable autant que sage sut attirer à lui l'âme des séminaristes, et exercer sur eux une légitime et heureuse influence. Sachant les difficultés, les hésitations avec lesquelles il s'était trouvé aux prises lui-même, pendant les années qui précédèrent son ordination, on aurait pu craindre de sa part une sorte de timidité, d'indécision, dans la direction à donner aux aspirants au sacerdoce. Il en fut tout autrement. Doué d'un jugement d'une parfaite rectitude, formé chaque jour davantage par l'expérience des âmes, éclairé surtout par les lumières intérieures puisées dans la prière et l'oraison, il semble bien que M. Monier se soit appliqué par sa direction ferme et éclairée, à épargner, à ceux qui s'adressaient à lui, les pénibles épreuves par lesquelles il avait dû lui-même passer, et qui lui avaient valu tant de luttes douloureuses.

Il en fut si bien ainsi, que plusieurs de ces séminaristes, une fois devenus prêtres et adonnés au saint ministère, étaient heureux d'avoir recours à ses lumières, de faire de lui leur conseiller et leur guide, dans les situations diverses où la Providence les avait appelés. Et lorsque M. Monier dut quitter Metz pour Paris, ses anciens élèves lorrains lui gardèrent leurs sentiments de filiale reconnaissance. Pas un d'entre eux ne venait à Paris sans lui faire une visite, heureux de revoir leur ancien maître, de rappeler avec lui le temps passé, l'heureux temps du grand Séminaire.

Tout ce que nous venons de dire se trouve confirmé et résumé dans les lignes suivantes parues dans le Bulletin des anciens élèves de Saint Sulpice[1]. « Parmi les hommes éminents qui se trouvaient alors au Séminaire de Metz, a écrit notre confrère M. Henri Collin, M. Monier fut, avec M. Thiel, un de ceux qui laissèrent la plus forte empreinte dans l'esprit et le cœur du jeune clergé. Dans ce prêtre, remarquable à tous égards, l'austérité un peu automatique du Sulpicien disparaissait sous le charme de la conversation, la douceur et l'amabilité des manières, l'enthousiasme pour tout ce qui était beau et grand, une jeunesse et une gaieté d'allures qui s'alliaient fort bien avec la vie sévère des Séminaires : c'était, pour la jeunesse studieuse qui se préparait au service de l'Église, un initiateur écouté autant qu'aimé. »

Dès son arrivée à Metz, l'abbé Monier s'était mis à l'étude de la langue allemande, dont la connaissance, dans ces pays voisins de l'Allemagne, lui était sinon indispensable, au moins très utile. De ce qu'il avait pu apprendre dans ses années de Petit Séminaire, il ne subsistait que peu de chose. Mais, grâce à une étude persévérante, il parvint, au bout de deux ou trois ans, à parler correctement et avec assez de facilité cette langue.

Nous n'avons rien dit encore de ses rapports avec l'autorité diocésaine, c'est-à-dire avec l'évêque de Metz, Monseigneur Dupont des Loges. Celui-ci n'avait pas tardé à apprécier le nouveau directeur de son

1. Bulletin trimestriel des anciens élèves de Saint-Sulpice, 15 mai 1912, p. 269.

Séminaire, et en maintes circonstances il se plut à lui témoigner la plus grande confiance. S'agissait-il d'un rapport à rédiger? Volontiers c'était à lui qu'il s'adressait. Pendant plusieurs années, il lui confia le compte-rendu des conférences diocésaines. Et d'aucuns vont jusqu'à dire qu'en certains cas de maladie ou de grandes occupations, l'évêque l'aurait chargé de rédiger certains mandements de carème. Le secret fut, sans doute, fidèlement gardé, mais au style on crut reconnaître l'auteur.

En 1869 eurent lieu à Metz de grandes solennités pour la célébration du jubilé épiscopal de Monseigneur Dupont des Loges, solennités qu'il y a lieu d'évoquer ici au moins brièvement, M. Monier ayant contribué pour sa part à leur éclat.

L'évêque de Metz avait reçu la consécration épiscopale le 5 mars 1843, dans la chapelle de Saint-Sulpice à Paris. Les noces d'or ne pouvant guère se célébrer au début du carême, la date en fut fixée au 30 juin, en la fête de saint Paul, patron du prélat. Ces solennités qui durèrent trois jours, furent l'occasion d'une magnifique manifestation de l'attachement, de l'affection profonde du clergé et des fidèles messins envers leur Pontife vénéré.

Le jour même de la fête, un cortège imposant, où se trouvaient cinq évèques, parcourut les places et les rues de la ville, tout ornées de fleurs, de feuillages, de drapeaux, d'arcs de triomphe. A la cathédrale, Monseigneur Mermillod, l'éloquent évêque de Genève, prononça, en présence de toutes les autorités civiles et religieuses, et d'un immense auditoire de fidèles, sur les grandeurs de l'épiscopat, un discours dont le succès fut, en quelque sorte, trop grand, puisque, malgré la sainteté du lieu, l'assemblée ne put retenir ses applaudissements. « J'ai lu, s'écria l'orateur, dans les annales de votre ville, que Metz se glorifie de n'avoir jamais été conquise. Aujourd'hui, votre fière cité voit sa devise démentie : ce matin, Monseigneur, vous l'avez conquise avec un cœur d'évêque ».

Le soir de cette mémorable journée, un banquet réunissait, dans une des salles du grand Séminaire, les membres notables de la magistature, de l'armée et de la société messine, ainsi qu'un nombreux clergé accouru de tous les points du diocèse. A la suite du repas, les élèves du Séminaire, sous la direction de leur éminent maître de chapelle, firent entendre une belle cantate en l'honneur du vénérable jubilaire. L'œuvre, on s'en doute, était restée anonyme, mais la beauté de l'inspiration et la perfection des vers en dévoilèrent suffisamment l'auteur ; M. Monier dut se résigner à accepter les applaudissements de l'imposante assemblée et les remerciements de l'évêque.

Ces fêtes inoubliables devaient avoir, on le sait, un triste lendemain : deux ans environ s'écoulèrent, et le 15 juillet 1870, la guerre était déclarée entre la France et la Prusse. Nous allons voir, dans le chapitre qui va suivre, ce que devint M. Monier pendant ces heures douloureuses.

CHAPITRE VIII

M. MONIER PENDANT ET APRÈS LA GUERRE.

M. Monier a Orange, a la déclaration de guerre. — Ses regrets de ne pouvoir rejoindre son poste. — La fête de la Présentation chez les Pères de N.-D. de Sainte-Garde. — Un billet de M. Julhe. — Il regagne la ville de Metz. — Une rencontre en chemin de fer. — Il se fait infirmier d'hôpital militaire. — Curieuse évasion d'un officier français. — Belles paroles du P. Monsabré aux fêtes de Paques. — L'école des Carmes est confiée aux prêtres de Saint-Sulpice. — M. Monier est appelé a en prendre la direction.

Nous sommes en juillet 1870. Comme chaque année, M. Monier, heureux de goûter au foyer familial quelques jours de repos, avait pris le chemin d'Orange. C'est là que parvinrent à ses oreilles les premiers bruits de cette guerre dont les conséquences devaient être si désastreuses pour notre pays. Son plus grand regret, ainsi qu'il l'a exprimé dans la suite à diverses reprises, fut d'être éloigné de son poste, de son cher séminaire, de cette ville de Metz, dont les destinées allaient s'unir si étroitement à celles mêmes de la France. Sans doute aurait-il souhaité pouvoir aller prendre sa place dans cette cité qui lui était chère presque à l'égal de sa patrie, mais il était trop tard, et c'est par la voie des journaux qu'il apprit successivement les tristes nouvelles de l'invasion allemande.

On peut aisément s'imaginer la douleur qu'il ressentait au récit de ces batailles, livrées dans des pays dont les noms lui étaient depuis longtemps familiers : Wissembourg, Frœschwiller, Forbach, Gravelotte... Puis, ce fut, le 18 août, l'investissement de Metz, où le maréchal Bazaine se laissait enfermer avec une armée de 173.000 hommes, et qu'il devait livrer à l'ennemi, deux mois plus tard, (26 octobre) après une honteuse capitulation. Son cœur saignait à cette vue, et c'est dans la prière qu'il cherchait le réconfort pour lui-même, avec la protection du ciel pour ceux qui lui étaient chers, et pour le salut de la patrie.

M. Julhe, Supérieur du séminaire, était resté seul dans la maison, avec deux autres directeurs ; les autres étaient chez eux en vacances. Eux seuls furent les témoins attristés de la capitulation de la cité, et de l'entrée triomphale des vainqueurs ; seuls ils eurent sous les yeux le spectacle de milliers de blessés remplissant les hôpitaux, et les ambulances installées çà et là dans la ville, et particulièrement dans les salles spacieuses du Séminaire ; ils furent témoins de l'admirable charité du saint évêque se prodiguant à tous avec un zèle inlassable. Toutes ces douleurs, et bien d'autres que nous ne pouvons signaler en détail, M. Monier les ressentit de loin, et son cœur de prêtre et de patriote y prit une large part.

Pendant les mois de son séjour dans sa famille, l'existence du pieux Sulpicien ne nous offre aucun fait saillant. Fidèle observateur du règlement du Séminaire, ses journées se partageaient entre la prière, sa plus douce consolation au milieu des tristesses de l'Année terrible, l'étude, et la fréquentation de ses confrères de sa ville natale, qui l'avaient en grande estime, ou, pour mieux dire, en vénération.

Rappelons, à ce sujet, le menu fait que voici.

Lorsque vint, le 21 novembre, la fête de la Présentation de la Vierge Marie au Temple, fête qui dans les séminaires est spécialement consacrée à la rénovation des engagements sacrés de la cléricature, le clergé orangeois eut à cœur de lui donner une solennité particulière. Elle se fit dans la chapelle des Pères Missionnaires de Notre-Dame de Sainte-Garde. Aux missionnaires s'étaient joints les prêtres des deux paroisses de la ville, ainsi que les élèves du grand Séminaire, au nombre de huit ou dix, que les événements avaient ramenés dans leur famille. Ce fut une réunion tout intime, rendue plus fervente, sûrement, par le deuil si douloureux de l'heure présente.

Avant le Salut, le R. P. Bonnet, supérieur de la maison, pria M. Monier d'adresser à l'assistance quelques paroles d'édification. Il le fit avec sa bonté habituelle, et surtout avec un à-propos qui n'échappa à aucun des membres de la pieuse assemblée. Après une allusion aux tristes événements qui se déroulaient alors dans notre pauvre France mutilée et meurtrie, il se félicita d'avoir à parler dans cette fête qui rappelait si bien celle que l'on avait coutume de célébrer dans les Séminaires. Il donna ensuite un commentaire touchant de la belle formule des promesses cléricales : *Dominus pars hœreditatis meœ et calicis mei*, montrant comment Dieu seul peut et doit suffire au prêtre. L'orateur rappela la défection lamentable d'un Lamennais, et celle plus actuelle d'un P. Hyacinthe, hommes de talent, de génie même, mais à qui « Dieu n'a pas suffi ! » Après cette allocution, écoutée avec une émotion profonde, prêtres et séminaristes vinrent au pied de l'autel, devant le Très Saint Sacrement exposé, renouveler les promesses cléricales, et se retirèrent, tout pénétrés de la grâce de cette fête, toujours chère aux enfants de Saint-Sulpice.

Pendant les mois qui suivirent, M. Monier eut la joie de recevoir une fois des nouvelles de son cher séminaire, un billet envoyé par M. Julhe et confié, non pas à la poste, mais à un ballon lancé à tout hasard à travers les lignes ennemies. Ce billet était on ne peut plus concis ; deux mots seulement : « Allons bien », mais il suffit à tranquilliser M. Monier et à lui faire prendre patience.

Enfin, le 26 janvier, à la suite de désastres successifs, un armistice avait été conclu, et la paix signée le 10 mai, stipulait l'annexion de l'Alsace-Lorraine à l'Allemagne.

M. Monier n'attendit pas cette dernière date pour songer à regagner son poste ; ce fut vers la fin même de janvier 1871 qu'il dit adieu à sa famille et se dirigea vers la ville de Metz. Il le fit en passant par le duché de Bade. Ce ne fut pas, paraît-il, sans quelque danger, et sans avoir à subir des haltes nombreuses, sans des incidents inévitables et pénibles pour son cœur de patriote. A plusieurs reprises, il rencontra sur sa route des soldats prussiens sans retenue et parfois d'une inconvenance absolument dégoûtante.

Un jour cependant, (c'était peu après la fameuse retraite de Bourbaki), des officiers allemands qui se rendaient en Suisse firent heureusement exception à ces procédés de goujaterie que M. Monier avait dû subir au cours de son voyage. Il était en chemin de fer, blotti dans un coin et récitait son bréviaire. Le reste du compartiment était occupé par les officiers en question qui discutaient entre eux, en allemand naturellement, sur les événements qui venaient de se passer. Soudain, l'un d'eux se tournant vers l'abbé : « Monsieur l'abbé, lui dit-il, vous vous rendez sans doute en Lorraine, peut-être à Metz ? — Oui, Monsieur. — Ah ! vos compatriotes, les soldats, ont été admirables par leur bravoure ! Mais ils ont commis des fautes. » Et l'officier, dans un langage moitié allemand moitié français, se mit à critiquer certaines mesures militaires qu'il n'approuvait pas du tout, disait-il, et qui avaient été fatales pour les armées françaises. M. Monier se gardait bien de le contredire, et gardait un silence affecté. L'officier prussien n'insista pas, et avant de mettre fin à une conversation que l'abbé avait trouvée beaucoup trop longue : « Monsieur l'abbé, lui dit-il d'un ton souriant, vous disiez vos prières tout à l'heure, quand je vous ai interrompu, est-ce que vous priez un peu pour nous ? » L'abbé, un peu surpris de cette demande, regarde en face son interlocuteur, et lui dit avec ce fin sourire qui lui était habituel : « Mais oui, Monsieur, je prie pour vous. Notre-Seigneur ne nous a-t-il pas recommandé de prier pour nos ennemis ? C'est ce que j'ai fait tout à l'heure, quand vous m'avez vu réciter mon bréviaire. » L'officier sourit et n'insista pas.

Enfin, après un voyage long et pénible, M. Monier arriva à Metz. Nous n'essayerons pas de dire les sentiments de profonde tristesse qu'il éprouva, en retrouvant, plongée dans une morne consternation, cette ville qu'il avait quittée si heureuse quelques mois auparavant.

On devine le tableau de désolation qu'il avait sous les yeux. Le Séminaire avait été converti en ambulance pour les officiers, la plupart français, et occupant des fonctions élevées. Le service était fait par des séminaristes, sous les ordres de M. le Supérieur et des médecins de la ville. Les quelques directeurs qui, à l'exemple de M. Monier, avaient trouvé le

moyen de rentrer, étaient chargés du service spirituel. M. Monier, dès son arrivée, se mit à l'œuvre.
Pour arriver plus facilement et plus sûrement à son
but qui était de procurer à ces malades ou blessés
les secours religieux, il se fit simplement leur infirmier, et, au témoignage d'un séminariste, ce ne fut
pas sans succès.

Parfois, après leur guérison, il allait jusqu'à leur
procurer — disons-le tout bas : du reste, y avait-il
quelque mal à le faire ? — il leur procurait, le
moyen de s'évader et de retourner en France. Et
ceci nous donne à penser que ces officiers, soignés
au séminaire, étaient des prisonniers, placés sous la
surveillance des Allemands.

Un jour, aimait à raconter plus tard M. Monier,
il avait ménagé à un colonel, dont il taisait le nom,
mais qui s'est fait dans la suite la réputation d'un
des officiers les plus méritants de l'armée française,
le moyen d'échapper à la surveillance de ses gar-
diens et de passer en France. Cet officier, de taille
élevée, eut la pensée de solliciter de M. Monier une
de ses soutanes, afin de pouvoir, sous ce déguise-
ment, quitter la ville de Metz et regagner la
France. Heureux de favoriser l'évasion du prison-
nier, M. Monier lui remet un de ses vêtements usa-
gés, qui lui va, d'ailleurs à merveille, un vieux
chapeau, et même, pour compléter le tableau, un
vieux bréviaire que notre curé improvisé porte sous
son bras.

« Ce ne fut pas sans péril ni sans de grands dangers,
écrivait plus tard à M. Monier l'officier reconnaissant
du service rendu, que je quittai le séminaire d'abord,
puis la bonne et chère ville de Metz.

« J'étais à peine arrivé à quelques centaines de mètres,
que je rencontre une patrouille allemande qui m'arrête :
« Curé, me dit le chef de la bande en mauvais français,

où allez-vous ?... Vos papiers ? — Monsieur, lui ai-je répondu froidement et sans sourciller, je vais dans ma paroisse, une paroisse que je lui nommai. Je suis venu à Metz pour voir un de mes confrères malades. Peut-être est-il mort à cette heure, et je retourne dans ma paroisse pour la prière du soir. Quant à mes papiers, les voici. » Le prussien les prend, les examine, puis regarde ses compagnons comme pour leur dire : Eh bien ? que faisons-nous ? — L'un d'eux murmure en allemand : « Au fond, ça paraît un bonhomme ! »

« Pour bien jouer mon rôle jusqu'au bout, je sortis mon bréviaire, mon vieux bréviaire... Ce bréviaire acheva de les convaincre et me sauva tout à fait. Et la bande me dit : « C'est bien, vous pouvez continuer votre route. — Ce que je fis sans demander mon reste.

« Mais voici : arrivé au détour du chemin, je me retournai vers ceux qui une demi-heure auparavant auraient pu me fusiller, et, ma foi, très dévotement, je leur donnai ma bénédiction. »

Ce pieux stratagème fut employé maintes fois, et toujours avec succès, paraît-il, par des officiers logés au séminaire, et les séminaristes, à maintes reprises, furent mis à contribution. Ils recevaient en retour une soutane toute neuve, et l'on devine aisément d'où leur venait ce cadeau.

Ainsi se passèrent les trois ou quatre mois qui précédèrent la fête de Pâques. La station du carême fut ouverte le 26 février, le jour même où se signaient à Versailles les préliminaires de paix qui cédaient Metz aux Allemands. Elle était prêchée par le célèbre prédicateur dominicain, le P. Monsabré, et obtint un succès merveilleux. Jamais carême, paraît-il, ne fut plus suivi dans la cité messine. La vaste cathédrale suffisait à peine à contenir l'auditoire. Mais le jour de Pâques fut particulièrement remarquable, et par l'énorme affluence de l'auditoire, et par le merveilleux discours que prononça le grand orateur. Il venait de parler du mystère du jour avec cette éloquence saisissante qu'on lui a connue. Arrivé à sa péroraison, il s'arrête un moment, puis, d'un ton ému :

« Les peuples aussi, s'écrie-t-il, ressuscitent quand ils ont été baignés dans la grâce du Christ ; et quand, malgré leurs égarements, ils n'ont point abjuré la foi, l'épée d'un conquérant et la plume d'un diplomate ne peuvent les abattre pour toujours. On change leur nom et non pas leur sang. Quand l'expiation touche à son terme, ce sang se réveille et revient, par sa pente naturelle, se mêler au courant de la vie nationale. Vous n'êtes pas morts pour moi, mes frères, mes compatriotes... Non, vous n'êtes pas morts ! Partout où j'irai, je vous le jure, je parlerai de vos patriotiques aspirations et de vos indomptables espérances ; partout je vous appellerai des Français, jusqu'au jour béni où je reviendrai, dans cette cathédrale, prêcher le sermon de la délivrance et chanter avec vous un *Te Deum* comme ces voûtes n'en ont jamais entendu ! »

A ces mots, racontait plus tard **M. Monier**, qui était là présent, l'immense auditoire qui remplissait la cathédrale couvre la voix de l'orateur d'applaudissements frénétiques. L'évêque qui présidait veut les arrêter : c'est en vain, et on lui répond par le cri de : Vive la France ! Ce fut un spectacle inimaginable. La police prussienne n'apprit que plus tard la grandiose manifestation patriotique dont la cathédrale avait été le théâtre ; elle se montra, dit-on, plus vigilante l'année suivante.

Le P. Monsabré, nous le constatons aujourd'hui avec une joie indicible, fut vraiment bon prophète, en cette fête de Pâques 1871, en annonçant la résurrection de l'Alsace-Lorraine, et le retour à la mère-patrie de nos chères provinces de l'Est. Le traité de Versailles a pu réparer heureusement les injustices du traité de Francfort, et sous les voûtes de la cathédrale de Metz a résonné enfin le *Te Deum* annoncé de la délivrance.

Cependant, la tourmente finie, la vie normale avait repris dans le Séminaire de Metz; les élèves étaient revenus se remettre à leurs études, si tragiquement interrompues. M. Monier continua donc à professer le dogme et à présider l'Œuvre si intéressante des catéchismes, d'autant plus attaché, dévoué à son cher Séminaire, à sa bonne ville de Metz, qu'il les jugeait plus à plaindre sous la domination de leurs nouveaux maîtres.

Ainsi en fut-il pendant les sept années qui suivirent la rentrée du professeur de dogme au grand séminaire de Metz, c'est-à-dire jusqu'en 1878. A cette date se produisit un fait inattendu, qui allait donner à l'existence de M. Monier une direction nouvelle. L'ancienne Ecole des Carmes, à Paris, jusqu'alors dirigée par des prêtres du diocèse, venait d'être confiée à ces messieurs de Saint-Sulpice.

M. Icard, Supérieur général de la Compagnie, songea immédiatement à M. Monier, pour en faire le Supérieur de cette Ecole, qui, à partir de ce jour, devait s'appeler le *Séminaire de l'Institut catholique.*

Il en écrivit aussitôt au Supérieur du Séminaire de Metz, M. Julhe, qui, en lui répondant, lui fit part des difficultés que paraissait lui offrir le départ de M. Monier, tant au point de vue de l'intérêt du grand Séminaire, que de l'attachement que l'évêque de Metz portait au professeur de dogme, au départ duquel il ne consentirait que difficilement.

M. Icard répondit qu'il avait prévu ces difficultés, mais que, réflexion faite, il devait à tout prix donner suite à son projet: « J'ai besoin de M. Monier, ajouta-t-il, mais, d'autre part, il me répugne de faire de la peine à ce bon et saint évêque de Metz. Mais que faire ? Devant des exigences comme celles dont il s'agit, je dois passer outre. Du reste, dit en terminant le Supérieur, j'irai moi-même à Metz pour les vacances de Pâques, et tâcherai d'arranger la chose. En attendant, je vous recommande le secret, même à l'égard de l'intéressé ».

En effet, dans la semaine même de Pâques, M. Icard arrive à Metz. Sa première visite fut pour l'évêque. Celui-ci, à la première ouverture qui lui est faite, se récrie : « Mais mon Séminaire, dit-il, mon Séminaire... » M. Icard s'efforce de le rassurer, et, finalement, après une longue discussion, finit par obtenir de Mgr Dupont des Loges son acquiescement.

Le soir même, prenant à part M. Monier, il lui disait : « Les vacances arrivent. Avant de partir pour Orange, faites vos préparatifs, car vous ne reviendrez pas ici l'an prochain. Vous serez Supérieur de l'Ecole des Carmes. Mais, que ce soit entre nous : je vous recommande le secret. » — M. Monier le promit. Il fit donc ses préparatifs, disposa en ordre tous les livres et divers objets qui devaient lui être envoyés plus tard, et, non sans un serrement de cœur, se prépara au départ.

Avant de quitter cette ville, où il avait passé douze années de son existence, il n'eut garde d'oublier de faire ses adieux à Mgr Dupont des Loges. L'entrevue fut très touchante. Monseigneur lui exprima tous ses regrets de n'avoir pu le retenir.

« Je vous laisse partir, ajouta-t-il, mais à une condition : c'est que vous nous reviendrez. » Monseigneur avait en vue des retraites à prêcher. Et, en effet, quelque temps après, M. Monier revenait à Metz pour y prêcher d'abord une retraite aux professeurs du Petit Séminaire et des autres maisons d'éducation dirigées par des prêtres du diocèse ; puis, plus tard, deux autres retraites, pour les prêtres de paroisse.

Dans ces diverses circonstances et d'autres encore, M. Monier put mesurer l'affection qui l'unissait à cet excellent clergé messin avec qui, pendant douze ans, il avait vécu dans une fraternelle intimité, qu'il avait connu et aimé, aux heures de ses joies comme de ses deuils. Ces liens de mutuelle charité ne se rompirent jamais. Ils subsistèrent malgré les mesures de proscription qui, en 1890, désorganisèrent l'œuvre accomplie au prix de tant d'efforts par l'évêque de Metz, et bannirent d'Alsace-Lorraine tous les Sulpiciens d'origine française ; ils se manifestèrent maintes fois par l'empressement que mettaient les prêtres du diocèse de Metz, en venant à Paris, à se rendre soit aux Carmes, soit à Saint-Sulpice, faire une visite au « bon M. Monier », ainsi qu'ils l'appelaient ; ils subsistèrent jusqu'à sa mort. L'on en eut un témoignage irrécusable dans les regrets qu'exprima, dans le journal « Le Lorrain », la plume de son distingué rédacteur, le chanoine Collin ; et dans la présence, à ses funérailles, de M. le Supérieur du Grand Séminaire de Metz et de nombreux prêtres venus exprès de leur lointain diocèse pour donner à leur ancien maître, toujours aimé et vénéré, ce dernier témoignage de leur reconnaissante affection.

CHAPITRE IX

M. MONIER SUPÉRIEUR DE L'ÉCOLE DES CARMES.

(1876-1895)

La maison des Carmes. — Son histoire. — Fondation du Séminaire de l'Institut catholique de Paris. — Difficultés de la direction. — But de l'école des Carmes. — Adoption d'un nouveau règlement. — M. Monier en maintient l'observation avec douceur et fermeté. — Son ascendant sur les élèves, sa sollicitude pour leurs travaux ; son zèle pour leur avancement dans la piété. — Lectures spirituelles, prédications, mois de Marie. — Il s'intéresse même aux questions matérielles. — Ses rapports d'amitié avec Mgr d'Hulst.

Qui ne connaît l'histoire de cette maison de la rue de Vaugirard, à laquelle s'attache un souvenir tragique, par suite des odieux massacres dont elle fut le théâtre, dans les journées de septembre 1792? Après avoir abrité successivement des religieuses carmélites, puis des religieux dominicains, compagnons du P. Lacordaire, l'ancien couvent des Carmes fut acheté en 1845 par Mgr Affre, archevêque de Paris, avec l'intention d'y établir une École de hautes études ecclésiastiques, sous la direction de M. l'abbé Cruice, futur évêque de Marseille, et historien de Mgr Affre.

« Selon le dessein de Mgr Affre, nous dit Mgr Baudrillart[1], l'Ecole des Carmes était appelée à recevoir des prêtres de toute la France. Faute d'hommes et faute d'argent, elle ne prit pas tous les développements que l'archevêque avait rêvés pour elle : ses débuts néanmoins furent fort beaux. Parmi ses premiers élèves, nous relevons les noms des futurs cardinaux Foulon et Lavigerie.

« L'institution a prospéré. Trente ans plus tard, en 1875, après le vote de la loi sur la liberté de l'enseignement supérieur, elle se fondait avec l'Institut catholique de Paris. Aujourd'hui, ce n'est pas seulement de France, c'est du monde entier que l'on vient dans le vieux couvent des Carmes, et par le renouveau scientifique du clergé, on peut voir de quel succès a été couronnée l'entreprise de Mgr Affre. »

C'est donc à la direction de l'*Ecole des Carmes*, autrement dite officiellement *Séminaire de l'Institut catholique de Paris*, que fut appelé M. Monier. M. Icard, en acceptant pour la Compagnie de Saint-Sulpice cette lourde responsabilité, avait aussitôt jeté les yeux sur le professeur de dogme du Séminaire de Metz comme sur l'homme le plus capable d'entreprendre cette œuvre difficile.

En effet, « cette œuvre est difficile, reconnaît M II. Garriguet, Supérieur général de Saint-Sulpice, dans la Notice nécrologique adressée aux maisons de la Compagnie, au lendemain de la mort de M. Monier ; cette œuvre est difficile : difficile dans ce qu'elle a d'ancien, parce qu'il y a beaucoup à réformer ; difficile dans ce qu'elle aura de nouveau, parce qu'il faudra l'organiser ; difficile du côté des élèves qui demanderaient au Séminaire plutôt un cadre d'études que l'armature serrée d'un règlement ; difficile du côté des maîtres qui, un peu déso-

---

1. Mgr Baudrillart : *Eloge de Mgr Affre*, prononcé dans l'église des Quinze-Vingts, le 1er juillet 1923, publié dans la *Revue Apologétique*, 15 juillet 1923.

rientés par plusieurs coups successifs des lois hostiles, trop livrés à eux-mêmes sous le rectorat inexpérimenté de M. Conil, puis sous le rectorat trop absorbé de Mgr d'Hulst, cherchaient un centre et n'attendaient que l'arrivée du nouveau Supérieur pour lui en imposer le rôle. Ce rôle, il le comprit, il l'accepta, il le remplit avec zèle. »

Ces lignes élogieuses, tombant d'une plume aussi autorisée, sont la preuve évidente que le nouveau Supérieur du Séminaire de l'Institut catholique fut réellement à la hauteur de la tâche ardue qui lui était dévolue, et qu'il sut remplir pendant près de vingt ans. Il répondit pleinement à la confiance que lui avait témoignée M. Icard, Supérieur général, qui lui disait : « Je suis persuadé que vous dirigerez cette maison comme il convient. Mais, ajoutait le bon Supérieur, avec un sourire, j'ai peur d'une chose, je crains que vous ne sachiez pas suffisamment dire : non. » M. Monier comprit cet avertissement discret, et l'on vit bien dans la suite qu'il sut rester lui-même, c'est-à-dire un cœur plein de bonté, mais d'une bonté qui n'alla jamais jusqu'à la faiblesse.

Le nouveau Supérieur de l'Ecole des Carmes se mit résolument à l'œuvre. Quelques jours après la rentrée d'octobre, il écrivait à un de ses neveux, l'abbé Reynaud : « Je ne m'étais jamais occupé d'administration. Ma vie, jusqu'à présent, s'est passée tranquille dans le professorat ; me voilà maintenant lancé dans un monde inconnu pour moi. C'est un noviciat que je commence, mais il est rude. »

Le but de l'Institut catholique, qui, jusqu'à la loi du 18 mars 1880, a porté le nom de Faculté catholique, est de donner aux étudiants qui le fréquentent l'enseignement supérieur, dans les diverses Facultés de théologie, de droit civil ou canonique, de lettres et de sciences, avec leurs annexes : sciences bibliques, linguistiques, historiques. Par lui, se forme, soit parmi les laïques, soit surtout au sein du clergé, une élite intellectuelle, un nombre toujours croissant de professeurs destinés à donner eux-mêmes ensuite l'enseignement, soit dans les petits Séminaires, soit dans les collèges libres ecclésiastiques, capables, par leur culture spéciale, de donner à cet enseignement toute la valeur qu'on est en droit d'en attendre, et qu'on se plaît généralement à lui reconnaître.

« L'Ecole des Carmes, écrivait un ancien élève de M. Monier, dans un bel article qu'il lui consacrait dans le *Bulletin trimestriel des Anciens Elèves de Saint-Sulpice*[1], auquel nous ferons de larges emprunts, rassemblait en ses murs une variété extraordinaire d'esprits et de tempéraments. Le plus grand nombre des élèves étaient des « littéraires, » et sous ce titre étaient compris même les étudiants d'histoire et de philosophie. Les autres, en minorité, étaient des « scientifiques ». Les « théologiens » venaient plutôt du dehors pour suivre les cours de la Faculté. »

Jusqu'à l'arrivée de M. Monier à l'Ecole des Carmes, celle-ci avait été presque exclusivement une école *d'études*. Les exercices de piété, oserions-nous dire, passaient presque en seconde ligne, et la discipline elle-même laissait beaucoup à désirer. Des réformes devenaient donc nécessaires. M. Icard, de concert avec M. Monier, y travailla sérieusement sous le regard de Dieu, et, dès les premiers jours d'octobre, le nouveau règlement était prêt. Hâtons-nous de le dire : malgré certaines rigueurs qu'on avait cru devoir y introduire, il gardait une certaine

---

1. *Bulletin des Anciens Elèves de Saint-Sulpice*. du 15 mai 1912 : *M. Monier et les Carmes*, par M. l'abbé Hemmer, aujourd'hui Curé de la Trinité, à Paris.

élasticité qui ne le faisait ressembler que de loin à celui d'un Séminaire.

Informés du changement opéré dans la direction du Séminaire, les évêques, désireux de procurer au personnel enseignant de leurs petits Séminaires et de leurs maisons d'éducation l'avantage d'une science plus relevée et plus solide, s'empressèrent d'y envoyer des sujets de leurs diocèses. Les élèves affluèrent d'un peu partout. On ne s'étonnera pas que parmi ces nouveaux arrivants, il se trouvât des hommes d'un certain âge. Certains dépassaient la quarantaine : quelques-uns avaient déjà professé les humanités et même la rhétorique. Parmi eux on voyait même un curé doyen d'une paroisse importante.

On raconte que le jour de la rentrée, l'un d'eux apprenant que ce prêtre, jeune encore, — M. Monier, à cette époque, avait quarante-cinq ans, mais n'en paraissait guère que trente à trente-cinq — qui se promenait dans une allée du jardin, était le nouveau Supérieur, fit à part lui cette réflexion : « Mais c'est un Séminariste qu'on nous envoie, » puis, tout bas, à l'oreille d'un confrère, il ajouta : « Il fera bon travailler avec lui », ce qui, de son aveu, revenait à dire : Nous ferons un peu comme nous voudrons.

Il se trompait étrangement. Dès le début, M. Monier exigea que le règlement fût rigoureusement observé : l'oraison du matin, l'examen particulier à midi, la lecture spirituelle le soir avant le souper. Personne ne devait sortir de la maison sans une permission spéciale du Supérieur. Sur ce point d'ailleurs, celui-ci se montrait très large, non point tant pour autoriser des visites en ville, que pour aller respirer un peu le grand air dans les allées du Luxembourg. voisines de l'Ecole.

« A tout ce monde intelligent, travailleur, remuant, dit à ce sujet l'auteur de l'article mentionné plus haut, il fallait imposer un minimum de discipline, faire accepter la régularité du lever, la fidélité aux exercices essentiels, un contrôle paternel des sorties et des relations avec le dehors. C'est à quoi excellait M. Monier en vertu de la sympathie qui rayonnait de sa personne. Lorsqu'il vous adressait un reproche, il était d'une telle évidence qu'il en souffrait lui-même, et que vous lui causiez une vraie peine de cœur, que l'on n'était point tenté de recommencer à la légère.

« Un pareil gouvernement n'eût pas valu grand chose, je le crains, avec des collégiens ; il faut dire, à l'honneur des élèves des Carmes, qu'il réussissait parfaitement avec eux. Mais il faut dire surtout, à l'éloge de M. Monier, qu'il n'était pas le fruit d'un calcul, qui eût été vite percé à jour, mais l'effet spontané de sa profonde affection pour ses élèves. Son affection vous suivait dans la vie. Quiconque avait passé par ses mains avait sur lui des droits sans limites et pouvait toujours faire appel à ses lumières et à ses conseils [1]. »

Cette bonté native, que la Providence avait départie avec tant de profusion dans le cœur du Supérieur de l'Ecole des Carmes, n'aurait pu suffire à elle seule à lui permettre d'accomplir avec succès sa tâche particulièrement difficile d'éducateur, si elle n'avait été aidée par l'ascendant qu'il avait sur ses élèves, et qui tenait à sa haute culture littéraire, ainsi qu'à la conviction profonde qu'il avait de l'utilité des études auxquelles il présidait.

En arrivant aux Carmes, le nouveau Supérieur avait considéré comme un devoir rigoureux de ses nouvelles fonctions, de donner un nouvel élan à toutes les études, tant théologiques que littéraires et scientifiques auxquelles on se livrait. Dans ce des-

1. *Bulletin,* loc. cit.

sein, il voulut se rendre compte par lui-même des travaux de chaque élève en particulier. A cet effet, une sorte de vide-poche était suspendu près de la porte de son cabinet de travail. Et c'est là que chacun venait déposer sa copie, en vue de la soumettre au Supérieur. C'était un thème grec pour les uns, des vers latins pour les autres ; un jour, c'était une dissertation latine, un autre jour, une thèse de théologie ; bref, il n'est pas jusqu'aux sciences physiques et mathématiques sur lesquelles notre érudit Sulpicien n'ait eu à donner des conseils pratiques.

On se souvient de l'année où, tandis qu'il professait la cinquième au Petit Séminaire d'Avignon, il se *bourra*, comme il aimait plus tard à le dire, de mathématiques. Cette année de dur labeur ne lui fut pas, pour le dire en passant, tout à fait inutile aux Carmes. « N'importe, disait de lui plus tard un de ses amis les plus intimes, le chanoine Faury, il fallait se sentir vraiment les reins forts pour amender et corriger les travaux de tous ces étudiants, dont beaucoup, certes, s'y entendaient et n'étaient point les premiers venus. »

A l'époque des examens, il fallait voir avec quelle tendre sollicitude il s'intéressait à chacun de ses élèves. Les grilles du Luxembourg l'ont vu souvent se diriger, dans l'intervalle qui sépare l'écrit de l'oral, vers les examinateurs de la Sorbonne, chargés de vérifier les travaux de chacun. Certains d'entre eux, comme on le pense, étaient peu favorables, et bien peu portés pour l'Institut catholique. Pourtant, on peut affirmer qu'il n'y en eut aucun qui n'eût une déférence marquée pour le Supérieur des Carmes, et plusieurs, au témoignage de M. Monier lui-même, ont poussé la condescendance jusqu'à lui dire : « Voilà la note que j'ai donnée pour telle copie. Si vous la croyez insuffisante, M. l'abbé, je la

monterai d'un cran ou deux : je vous laisse juge. »
Ce trait seul suffit à montrer de quel prestige jouis-
sait M. Monier auprès de ces messieurs de la Sorbonne.

En humaniste convaincu, M. Monier avait à cœur
de répandre le plus possible le goût et la culture des
hautes études.

« Pour lui, la culture acquise par la pratique de la
dissertation française et par les explications d'auteurs
ne procurait pas seulement le diplôme nécessaire pour
enseigner, elle donnait surtout la formation la plus utile
pour toute espèce d'action morale. De fait, il savait, par
l'expérience des nombreux prêtres qu'il avait formés,
combien leur ministère de la prédication et du catéchisme se ressentait utilement d'une culture qui leur
avait appris à penser par eux-mêmes, à écrire sobre-
ment, à s'exprimer simplement. »

Le même témoin autorisé que nous venons de citer
nous donne ensuite, de la culture littéraire de son
ancien maître, l'appréciation suivante que nous reproduisons volontiers :

« M. Monier était lui-même plus cultivé que personne.
Dès qu'on entrait un peu dans son intimité, on allait de
découverte en découverte : ce n'était pas seulement le
latin, le grec, le français dont il saisissait les nuances
les plus fines, mais la littérature italienne qu'il aimait,
et dont il avait une connaissance très approfondie. Il
aimait la perfection dans le détail. C'est peut-être la
raison pour laquelle, ayant beaucoup écrit, il a très peu
imprimé. Il ne serait pas surprenant qu'il eût dans ses
papiers beaucoup de travaux très dignes d'être publiés,
en dehors même de la Vie de M. Olier, à laquelle il a
travaillé dans les dernières années de sa vie.

« S'il réclamait de ses pupilles la fidélité et la régularité dans la rédaction des devoirs, on ne pouvait pas le

soupçonner de n'être que l'écho d'un règlement. Il exprimait d'une manière très sentie ses propres convictions quand il insistait sur la nécessité d'une pratique assidue pour apprendre l'art d'écrire. Impossible de récuser l'autorité d'un homme que l'on savait et que l'on voyait capable de remplacer au pied-levé un professeur, tantôt dans la chaire de littérature latine, tantôt pour une correction de devoirs, tantôt pour une explication d'auteurs. Même dans les conférences spirituelles, on voyait percer les goûts littéraires et quelquefois les petites curiosités philologiques de M. Monier. Les élèves se souviennent encore de tel entretien spirituel sur le chapitre xxi de saint Jean où, à propos de la triple interrogation de Jésus à Pierre, ils eurent le régal d'une petite dissertation savante sur les nuances de sens exprimées par les verbes grecs ἀγαπᾶν et φιλεῖν.

« Monier aimait les lettres pour elles-mêmes. Il en sentait profondément le charme, il en goûtait les beautés et les finesses. Il était resté très jeune de cœur. Son enthousiasme dépassait parfois le nôtre.

« L'habitude, à l'Ecole des Carmes, était, pendant les repas, de lire une moitié du temps, et de passer l'autre moitié en causerie. Un jour, qu'on lisait au réfectoire le volume du duc de Broglie où se trouve un magnifique récit de la bataille de Fontenoy, le temps du repas s'écoulait sans que le signal du Supérieur vînt délier les langues. Elles finirent par se délier elles-mêmes aux extrémités du réfectoire. M. Monier ne put contenir son indignation. Devant un si beau morceau de littérature et d'histoire, il oubliait tout le reste. Son affliction était sincère autant que vive sa surprise, en présence d'étudiants chez qui l'admiration ne supprimait pas toute envie de s'épancher en propos de table[1].

En même temps qu'il se dévouait tout entier à l'œuvre entreprise, M. Monier avait dû s'occuper de recruter de nouveaux professeurs pour l'Institut, tâ-

1. Bulletin trimestriel, loc. cit.

che dans laquelle « il eut la main assez heureuse »,
au dire de M. H. Garriguet, Supérieur de Saint-Sulpice.

« En vue d'économies à réaliser, M. l'abbé Monier,
Supérieur du Séminaire, reçut mission de recruter, à défaut de professeurs titulaires, un certain nombre de maîtres de conférences et de pourvoir à leur traitement. Il
s'adressa à quelques jeunes ecclésiastiques de talent,
voire même, tout comme jadis, à des universitaires ;
mais, en raison des circonstances, seuls des professeurs
de Stanislas purent répondre à son appel. A cette période, (1880-1883) se rattache l'entrée, dans la vieille
maison de la rue de Vaugirard, où M. Segond enseignait
déjà la philosophie, de M. M. Durand, Malvoisin, Egger,
Baudrillart, David-Sauvageot, et, parmi les ecclésiastiques, de MM. Lechevallier, Lallemand, Misset, Beurlier, Delabroye, Lechatelier, Ragon.
« Le discernement avec lequel M. Monier sut faire ses
choix, écrit à ce propos Mgr Péchenard, fut pour les
candidats à la licence une garantie de succès, en même
temps que l'économie avec laquelle il assura tous les
services lui valut la reconnaissance de l'administration
de l'Institut » [1].

Mais la vigilance et l'activité de M. Monier ne se
bornaient pas uniquement aux études. Il était prêtre
avant tout et ne perdait nullement de vue le côté spirituel, le développement de la piété chrétienne, des
vertus sacerdotales dans l'âme de ses élèves. Chez
lui, le goût de la littérature, la culture des hautes
études n'avaient point arrêté, comme il arrive parfois, ses aspirations vers un idéal de perfection intérieure, soit pour lui-même, soit pour les étudiants
du Séminaire. Il avait appris de bonne heure à mettre
la vertu en première ligne, au-dessus de la science

---

1. Mgr Baudrillart, *Vie de Mgr d'Hulst*, t. I, p. 395.

elle-même, et sut conformer toujours sa conduite à ces nobles principes.

Il exerça généreusement son apostolat auprès des élèves du Séminaire, qu'il réunissait chaque soir pour la lecture spirituelle. Mais le mot nous paraît impropre. Ce n'était pas en réalité une lecture, mais bien une allocution que le bon Supérieur adressait à ses « chers Messieurs », allocution nos point banale, telle qu'on aurait pu l'adresser à n'importe quel auditoire ecclésiastique, mais faite pour eux et pour eux seuls.

Tantôt à propos de la fête d'un Père de l'Eglise, tantôt à l'occasion d'un évènement grave qui venait de se produire, comme le père de famille de l'Evangile, il tirait du trésor de son esprit et de son cœur des considérations neuves et anciennes en même temps, et qui, autant que les « homélies » du Séminaire de Metz, avaient le don d'édifier et de charmer son auditoire. « On goûta, nous dit un témoin, cette parole pittoresque, originale, nuancée, souvent laborieuse dans ses tournures, mais toujours savoureuse et riche de souvenirs. »

« Ces souvenirs lui venaient de ses préparations antérieures. C'étaient les souvenirs classiques dont il ne se défendait pas ; ce furent, plus tard, les souvenirs des auteurs ascétiques, surtout ceux du xviie siècle, qu'il aima et qu'il s'assimila à un degré peu commun. Mais par-dessus tout, c'est à saint Paul et à l'Evangile qu'il donna les préférences d'un commerce journalier, au point que les textes du Nouveau Testament entraient dans tous ses concepts et qu'il en parlait spontanément la langue [1].

Outre ces instructions quotidiennes, le Supérieur de l'Ecole des Carmes procurait à ses élèves, chaque année, à la rentrée, le bienfait d'une retraite. Il ne la

---

1. Bulletin trimestriel, *loc. cit.*

donnait pas lui-même, mais il avait soin de recourir toujours à de bons et saints prédicateurs. Monseigneur d'Hulst, recteur de l'Institut, fut de ceux-là.

Deux ou trois ans après son arrivée aux Carmes, il eut recours à Monseigneur de Ségur, le suppliant d'accéder à son désir, et persuadé d'avance qu'il ferait grand bien à ces « chers Messieurs ». Le saint prélat, dans son grand zèle pour le bien des âmes en général, et celui de la jeunesse en particulier, ne pouvait refuser. La cause était gagnée d'avance, et les prévisions du Supérieur se réalisèrent amplement.

L'activité de M. Monier ne pouvait se contenter du bien que sa parole pouvait accomplir à l'intérieur même de l'Ecole. Il eut à cœur d'étendre encore son action auprès du public qui fréquentait la chapelle des Carmes, et n'hésita pas à ajouter, à ses occupations déjà si absorbantes, celle de la prédication. C'est ainsi que très souvent, pour ne pas dire chaque dimanche, on voyait le bon Supérieur monter dans la chaire de la chapelle, à la messe de 11 heures, et adresser à l'auditoire une parole très appréciée.

Lorsque vint le mois de mai de l'année 1879, M. Monier entreprit de prêcher à lui seul, chaque soir, les exercices de ce mois « le plus beau », dont la piété chrétienne a voulu faire « le mois de Marie ». « C'est un surcroît d'occupation que je m'impose, écrivait-il à un ami, mais enfin, pour une première année, j'ai cru devoir le faire. » Il prit pour sujet de ses instructions l'explication des litanies de la Sainte Vierge. Il ne pouvait songer, faute de temps, à écrire ses instructions. Une heure environ avant de monter en chaire, on le voyait se promener dans le jardin de la maison, ou, de préférence, dans une des rues tranquilles du voisinage, ne trouvant pas toujours dans le jardin la tranquillité dont il avait besoin. Puis, après ces instants de méditation, il abordait la chaire et n'avait plus qu'à laisser s'épancher les sentiments dont son cœur était pénétré.

Ce mois de Marie fut, parait-il, très goûté, et chaque soir la chapelle des Carmes était littéralement pleine.

L'année suivante, il fut convenu que chaque élève de la maison, au moins ceux qui fréquentaient la faculté des Lettres, donnerait à tour de rôle une instruction. Mais ici encore le bon Supérieur dut maintes fois payer de sa personne, pour suppléer celui-ci, qui, pris au dépourvu, n'avait pu préparer sa prédication, ou cet autre, subitement atteint d'une grippe souvent imaginaire.

Grande aussi fut la sollicitude de M. Monier, même au point de vue matériel, pour cette chère chapelle des Carmes dont il avait reçu la garde, et à la décoration de laquelle il ne cessait de s'employer, au point d'exciter parfois, le dirons-nous? l'humeur d'un de ses bons amis, son compatriote et confrère, M. Méritan, curé de Saint-Sulpice. Une famille des plus marquantes de la paroisse lui ayant demandé l'autorisation de faire bénir le mariage d'un des siens dans une petite chapelle du voisinage : « Oui répondit M. Méritan, mais à condition que ce ne sera pas la chapelle des Carmes. » Il était de toute évidence qu'il n'y avait dans cette prohibition rien de personnel pour M. Monier, mais cette chapelle aurait pu faire envie à bien d'autres, et le Curé de Saint-Sulpice ne voulait pas, avec raison, poser un précédent.

C'est dans la crypte de cette chapelle que reposent, comme on sait. les restes des prêtres massacrés en septembre 1792. Pieux gardien de ces reliques vénérées, M. Monier mettait un saint empressement à ouvrir les portes de cette crypte, aussi souvent que des visiteurs l'en priaient.

Rien de tout ce qui touchait à sa chapelle ne lui

était indifférent, et on le voyait, pour elle, s'intéresser aux plus petits détails. Au lendemain d'une Adoration perpétuelle, il demandait à une personne du voisinage qu'il savait être assidue aux exercices des Carmes : « Comment avez-vous trouvé notre ornementation? Etait-elle *réussie*? » Et la personne qui rapporte le fait, disait : « Le cœur de M. Monier débordait d'une sainte joie ; on sentait qu'il y avait mis toute son âme... et j'en étais édifiée. »

Mieux encore, cet homme que l'on aurait pu supposer uniquement absorbé par ses travaux spéculatifs, ne dédaignait pas de quitter ces régions élevées, et, pendant les jours consacrés à sa famille, au temps des vacances, il aimait à consulter sa sœur, Madame Reynaud, femme d'ordre et d'intérieur, sur la lingerie, les réformes à apporter à l'ordinaire de la communauté, etc, toutes questions auxquelles on répondait, non sans pouvoir réprimer un sourire.

« Mais l'enseignement, même le plus chrétien et le plus convaincu, fait observer judicieusement M. le supérieur général de Saint-Sulpice, dans sa Lettre circulaire, ne supprime pas les difficultés. Notre confrère en trouva dans la direction disciplinaire de sa communauté. D'aucuns lui auraient voulu un sens plus dominateur. Mais ce sens, qu'il n'eut pas par nature, est-il celui qu'il faut sûrement souhaiter et faire prévaloir dans un milieu si peu homogène au point de vue de l'origine, de l'âge, des études, avec la prévision d'un détriment possible pour des intérêts supérieurs, tels que celui de la confiance? »[1]

Ces relations de mutuelle confiance, disons mieux, d'affection, avec les professeurs et les élèves de l'Ecole des Carmes, M. Monier sut les garder avec Monseigneur d'Hulst, recteur de l'Institut catholique, qui

---

1. Lettre circulaire de M. le Supérieur général de Saint Sulpice.

avait remplacé M. Conil, presqu'en même temps que M. Monier succédait à M. l'abbé Ledein. Dès le début, Monseigneur d'Hulst donna toute sa confiance au Supérieur des Carmes. Ces deux hommes dont les efforts tendaient au même but, se comprenaient à merveille ; entre eux s'établit une unanimité de sentiment et de manière de voir qui ne se démentit jamais. S'agissait-il de remplacer un professeur? C'était M. Monier qui, sur l'invitation du Recteur, s'enquérait et fixait son choix. Monseigneur d'Hulst consultait son ami, même sur des questions étrangères à l'Institut catholique, par exemple sur ses conférences de Notre-Dame.

A ce sujet, voici un trait que nous tenons de la bouche même de M. Monier. Celui-ci, comme tout le public fidèle aux conférences de Notre-Dame, appréciait fort la valeur théologique et philosophique des conférences, leur belle ordonnance, leur haute tenue littéraire, mais il aurait voulu y voir briller davantage la flamme de l'éloquence, ce souffle qui touche les foules et les soulève. Il ne craignait pas de s'en ouvrir là-dessus auprès de l'orateur, pour l'amener à se mettre davantage à la portée de son auditoire et donner à ses discours toute la perfection désirable. Monseigneur, il faut bien le dire, écoutait les observations de M. Monier, remerciait, mais paraissait médiocrement convaincu.

« Un dimanche, raconte un prêtre distingué qui fut son secrétaire, il avait été très éloquent à Notre-Dame. En rentrant à l'Institut catholique, il alla, en toute humilité, demander au Supérieur du Séminaire des Carmes ce qu'il pensait de sa conférence. M. Monier lui en fit de grands compliments et lui cita en particulier un passage que les étudiants ecclésiastiques avaient fort goûté. « Vraiment, s'écria Monseigneur d'Hulst ; hier, en l'écrivant, je me disais : Ah! faut-il mépriser son auditoire pour lui parler de la sorte ! » On prend là l'orateur sur le vif. Il lui semblait que tout ce qui n'était pas strictement nécessaire pour exprimer sa pensée était de trop. »

Parfois, on ne saurait s'en étonner, il arrivait qu'entre ces deux hommes, n'ayant qu'un seul et même objectif, s'élevaient des divergences sur les moyens à employer pour arriver au but; mais alors, la charité et l'humilité aidant, l'entente la plus parfaite ne tardait pas à renaître. C'est ainsi, raconte M. Monier, qu'un jour entre lui et Monseigneur d'Hulst, à propos d'une question concernant l'Institut catholique, s'éleva une discussion sérieuse, où chaque interlocuteur, persuadé de son bon droit, refusait de céder du terrain; même des paroles assez vives furent prononcées. On se sépare. Or, le lendemain, dès la première heure, Monseigneur vient frapper à la porte de M. Monier, et, lui tendant la main : « M. le Supérieur, lui dit-il, la nuit porte conseil. Je reconnais que vous aviez raison ; nous ferons comme vous le disiez hier. Je rétracte sans restriction aucune les paroles quelque peu désobligeantes que j'ai pu vous adresser » On conviendra que cette scène est toute à l'honneur du prélat.

Cette entente, avons-nous dit, ne se démentit jamais pendant les dix-neuf ans de collaboration qu'ils passèrent, uniquement préoccupés de la prospérité de l'œuvre commune. Elle se manifestait chaque année, lorsque, dans la réunion solennelle des évêques de la région, protecteurs de l'Institut, M. Monier, au nom du Recteur, comme en son propre nom, présentait un de ces rapports si nets, si précis, vrais chefs-d'œuvre de clarté lumineuse, dans lesquels le Supérieur des Carmes excellait à faire ressortir le mérite des autres et à s'oublier lui-même.

Elle se manifesta toujours, jusqu'à la dernière minute, dans l'affection dévouée qu'il fit paraître envers le Recteur de l'Institut catholique, dont il était l'aîné de dix ans, et qu'il aimait comme un frère. Il était là, le 6 novembre 1896, avec quelques amis intimes, lorsque, de retour de Biarritz, Monseigneur d'Hulst arriva presque mourant, et dut s'aliter pour ne plus se relever. Il était là, à son chevet, quand, ce même jour, à 10 h. 50 du matin, le saint prélat rendit le dernier soupir. Ce fut lui qui, « aidé par le domestique Edouard, procéda à la dernière toilette du mort, et, ce faisant, il se rappela l'extraordinaire dextérité avec laquelle, peu d'années auparavant, Monseigneur d'Hulst lui-même avait rendu ce funèbre service à la dépouille mortelle du secrétaire général, M. Tassin ; et comme on s'étonnait de cette habileté : « Ah ! s'était-il écrié, c'est que cela me connaît ! Combien de fois nous avons fait cela pendant la guerre ! » [1] Ce fut lui, enfin qui le 10 novembre, fit la levée du corps de celui dont il avait été, pendant vingt ans, l'ami fidèle, le collaborateur dévoué, infatigable, dont il avait partagé les joies aussi bien que les épreuves, et dont il garda, au fond du cœur, le reste de ses jours, un souvenir impérissable.

1. Monseigneur Baudrillart, *Vie de Monseigneur d'Hulst*, t. II, p. 595. L'auteur fait appel, dans ces pages où il raconte la mort de Monseigneur d'Hulst, au témoignage de M. Monier et du docteur Mayet, tous deux présents aux derniers instants du prélat.

CHAPITRE X

VOYAGE ET SÉJOUR A ROME.
(1893)

Le T.-H. P. Captier emmène M. Monier a Rome. — Lettres très intéressantes du supérieur de l'École des Carmes. — Visite a la basilique vaticane de S. Pierre. — La communauté sulpicienne a la Procure. — Pélerinage a divers sanctuaires, a S. Paul et S. Jean. — Messe du jubilé pontifical de Léon XIII. — Les *columbaria* des Scipion. — Le musée chrétien de S. Jean de Latran. — Départ de M. Vigouroux et de Mgr Le Camus pour la Terre Sainte. — Fête en l'honneur de la B. Jeanne d'Arc. — Messe dans la prison Mamertine. — Visite a diverses catacombes. — La *Scala Santa*. — L'observatoire du Vatican. — Le cimetière ostrien. — Fêtes du couronnement de Léon XIII. — Audience pontificale. — Retour a Paris. — Succès remarquables aux examens.

Depuis un an seulement M. Monier avait pris la direction de l'Ecole des Carmes, lorsque M. Icard, Supérieur général de Saint-Sulpice vint lui annoncer que le Conseil de la Compagnie l'avait élu et admis dans son sein, en remplacement d'un confrère récemment décédé. L'abbé Monier ne put s'empêcher de faire paraître combien il était confus de cet honneur auquel il était loin de s'attendre: « Oh! ne vous tourmentez pas, lui répondit M. Icard, avec son bon sourire, cela ne changera en rien votre existence ni vos habitudes. » C'est ainsi que le Supérieur de l'Ecole des Carmes entra dans le grand Conseil de la

Compagnie de Saint-Sulpice, appelé ordinairement le Conseil des Douze, dont il fut bientôt promu secrétaire, fonction qu'il remplit pendant près de trente ans.

Uniquement occupé de l'œuvre importante et difficile qui absorbait tous ses instants, et était pour lui en quelque sorte tout son univers, M. Monier n'aurait jamais songé à apporter à son existence la moindre diversion, si des évènements imprévus n'étaient venus parfois en rompre la monotonie. Ainsi en fut-il lorsque le 20 novembre 1893, le vénéré Supérieur général, M. Icard, vint à mourir [1]. Le Conseil des Douze lui donna un successeur dans la personne de M. Captier, Supérieur de la Procure de Saint-Sulpice, à Rome. Celui-ci, venu de Rome à Paris pour l'élection du Supérieur général, dut retourner pour quelques semaines encore dans la Ville éternelle, afin de régler quelques affaires laissées en suspens, et revenir ensuite prendre possession de ses nouvelles fonctions au Séminaire de Saint-Sulpice.

La veille ou l'avant-veille de son départ, dans une causerie familière avec M. Monier, il apprend que celui-ci n'était jamais allé à Rome. — « Comment, lui dit-il, vous ne connaissez pas Rome ? Mais vous allez y venir avec moi. Vous avez deux jours pour vous préparer. Après-demain nous partons ensemble.

---

1. Henri-Joseph-Alexandre-Toussaint Icard, né à Pertuis, diocèse d'Avignon le 1er Novembre 1805, d'une famille très chrétienne. Il avait été détenu dans les prisons de la Commune. Mort le 20 novembre 1893, à l'âge de 88 ans.

Il nous plaît de faire remarquer que le diocèse d'Avignon a fourni, en même temps, à la Compagnie de Saint-Sulpice, trois de ses sujets les plus en vue. En effet, à M. Icard, supérieur général, et à M. Monier, Supérieur de l'École des Carmes, nous pouvons joindre M. Méritan Elzéar, né à Saint-Martin de Castillon, diocèse d'Avignon, le 9 avril 1828, curé de Saint-Sulpice en 1874, et décédé le 2 novembre 1899, après un ministère pastoral de 25 ans.

— Mais, M. le Supérieur, je me permettrai de vous faire observer que nous sommes à l'époque des examens; ma présence me paraît ici, sinon absolument nécessaire, au moins très utile.

— Il n'y a pas d'examen qui tienne ! Vous avez besoin de quelques jours de vacances, vous viendrez les prendre avec moi à Rome. »

Deux jours après, M. Monier devenu le compagnon de M. le Supérieur général, prenait la route de Rome. Un troisième voyageur, M. Vigouroux, dont le nom est universellement connu pour ses travaux sur l'Ecriture Sainte, se joignait à eux.

Avant son départ, M. Monier, en prenant congé de ses élèves des Carmes, leur disait : « Je vous quitte, mais ce n'est pas pour longtemps. Au reste, je vous écrirai de là-bas souvent; chaque soir, si je le puis, je vous rendrai compte de ma journée. »

Il tint parole. Nous possédons, en effet, une dizaine de lettres, écrites de Rome, adressées à M. Farges, économe des Carmes, qui le remplaçait dans la direction de la maison. Ces lettres, dont quelques-unes fort longues et rédigées sous forme de journal, présentent un réel intérêt. Elles étaient lues, le soir, à la lecture spirituelle, et ainsi les étudiants des Carmes pouvaient suivre jour par jour, et pour ainsi dire pas à pas, le cher et pieux pélerin.

Ne pouvant reproduire ici *in extenso* cette correspendance, nous allons du moins en donner de larges extraits. Il y aura, croyons-nous, pour tous plaisir et profit à suivre dans ses excursions pieuses ou profanes le prêtre en même temps que l'érudit. Ceux-mêmes, parmi nos lecteurs, qui connaissent Rome, seront heureux de partager les joies élevées, les impressions profondes que faisaient naître dans l'âme du Supérieur des Carmes la contemplation de la Rome antique aussi bien que de la Rome chrétienne.

Dès les premières lignes, le savant se décèle. Dans sa lettre du 15 février 1894, il raconte son voyage. Blotti dans un coin de son compartiment, il n'a pu sommeiller : « Le moyen de dormir, dit-il, quand la voix des chefs de gare vous envoie d'heure en heure les noms des villes dont quelques-unes, malgré leurs désinences italiennes, vous transportent en pleine histoire romaine ! Comme à la dernière prière du soir que je faisais avec vous, je battais un peu la campagne, et l'ombre des Volsques et des Tarquins venait à chaque instant me troubler dans mes litanies. »

A Rome, sa première visite, après sa descente à la Procure, est pour la basilique de Saint-Pierre :

« Après un coup d'œil rapide donné à la belle place qui précède la basilique, à l'admirable colonnade qui l'entoure, sans nous attarder à l'admiration, nous sommes entrés dans l'immense basilique, et nous sommes allés droit à la statue du Prince des Apôtres, dont nous avons baisé pieusement le pied, puis à la Confession, où nous nous sommes agenouillés pour prier.

« C'est un des moments solennels de ma vie que celui où j'ai pu prier sur cette tombe, qui est devenue le fondement sur lequel J.-C. a bâti son Eglise. Je n'ai pas trouvé dans mon cœur d'autre prière à réciter que le Symbole des Apôtres. Je l'ai récité trois fois lentement, en demandant à N.-S. J.-C. de confirmer et d'augmenter en moi la foi de mon baptême. Je faisais cette prière pour moi, et je la faisais aussi pour tous ceux que j'aime, et pour tous ceux, surtout, dont Dieu m'a confié l'âme. J'ai senti là, dès mon premier abord, ce que c'était que Rome. »

Dans sa lettre du 17 février, M. Monier, laissant quelques instants le récit de ses pieuses pérégrinations à travers Rome, trace un délicieux tableau de la vie de communauté que l'on mène à la Procure, et des joies intimes que l'on goûte dans ce milieu de douce fraternité :

« On se repose si bien dans cette délicieuse communauté de la Procure, que notre nouveau Supérieur avait si bien-faite à son image ! N'y aurait-il que la joie de voir ce Supérieur si heureux d'avoir, pour quelques jours, retrouvé ses enfants ! Il tâche de se faire illusion à lui-même et écarte le plus possible la pensée du retour, et même celle de la situation nouvelle que la Providence lui a faite.

« Il lui arrive d'avoir, à cet égard, des oublis charmants. Ainsi avant-hier, nous causions avec Mgr l'Archevêque de Lyon [1] des belles fêtes que l'on prépare à Orléans en l'honneur de Jeanne d'Arc :

— Il faudra que vous veniez, il faut que vous soyez-là ! lui dit l'évêque en insistant.

— Vous voyez, me dit M. le Supérieur, en se tournant vers moi, vous serez témoin de ces paroles de Monseigneur.

— Témoin? auprès de qui? auprès de notre Très Honoré Père?

— Ah ! mon Dieu ! s'écria-t-il en souriant, j'oubliais que c'était moi ! » Vous devinez le succès qu'a eue cette répartie.

A Saint-Laurent-hors-les-murs, qu'il visite avec l'Archevêque de Lyon, il prie devant les reliques des diacres saint Etienne et saint Laurent.

« Vous avez dû vénérer cette table de marbre où le corps de ce dernier fut déposé, quand il fut retiré du gril brûlant, et qui porte encore les traces de cette chair héroïque fondue sur le brasier. Mais ce que vous n'avez pas vu, c'est la magnifique restauration de la basilique primitive, faisant suite à la nouvelle, et que Pie IX a

1. Son Eminence le Cardinal Coullié, né à Paris, 1829, archevêque de Lyon, mort en 1912.

choisie pour son tombeau. Le sarcophage du saint Pape est très simple, comme il l'avait ordonné par son testament, mais la piété des fidèles a pris sa revanche en faisant, de la basilique qui l'abrite, une vraie merveille. C'est toute l'histoire du grand Pape représentée sur les murs, dans une série de mosaïques éblouissantes : une vraie merveille ! »

Après avoir mentionné ses visites à l'église des Saints Apôtres, saint Jacques et saint Philippe, à celles de saint Pierre ès-liens, de saint Clément, de sainte Pudentienne, des saints Jean et Paul, au Colysée...

« C'est vraiment trop, dit-il, pour une fois, et tous ces souvenirs se confondent dans ma mémoire et vont m'empêcher de dormir.

« Je vais revoir, dans mon sommeil, les chaînes entrelacées des deux grands Apôtres, que j'ai vénérées à genoux, en me répétant à moi-même ces mots de Saint Paul : *vinctus sum !* Et, en sortant de là, dans la nef latérale, au tombeau de Jules II, le Moïse de Michel-Ange, terrible, formidable, foudroyant encore du regard les Hébreux prévaricateurs, tandis qu'à ses côtés, les gracieuses statues de Rachel et de Lia symbolisent la vie contemplative et la vie active. »

A Saint-Clément, comme à Sainte-Pudentienne, il a pu, dit-il se faire une idée de ce qu'étaient les églises primitives.

« Mais il me tardait d'arriver à l'église des deux saints Jean et Paul, dont nous faisons la fête vers la fin juin, et dont Mgr Duchesne m'avait recommandé la visite.

« On savait que cette église, assez curieuse d'ailleurs, avait été bâtie sur l'emplacement même de la maison habitée par les deux saints, et où ils avaient été décapités par l'ordre de Julien l'Apostat. Des fouilles habilement conduites depuis 7 à 8 ans ont mis au jour cette maison.... C'est une vraie résurrection. On n'a pas besoin d'aller à Pompéï. On trouve là une maison romaine du IVe siècle, et dans laquelle se rencontrent les deux civilisations, les deux antiquités juxtaposées, et se faisant ressortir l'une l'autre par un contraste vraiment dramatique.

« Voici une pièce, un atrium, dont les murs sont couverts de peintures rappelant celles de Pompéï, l'art païen avec ses grâces et ses libertés aussi, parfois excessives. Dans la pièce à côté, les néophytes ont badigeonné les murs et remplacé les Apollon, et les Vénus par le Bon Pasteur, par la peinture symbolique d'Orphée; les paons (ils jouent un grand rôle dans la salle païenne) ont cédé la place aux colombes : c'est un contraste saisissant. [1]

« Nous avons vu la cave, la *cella vinaria*, avec ses nombreuses amphores encore plantées dans le sable. Un detail qui vous intéressera : à côté de la cave, il y a l'ouverture du puits de la maison, qui fournissait l'eau, non pas à la cave, mais à la salle de bains qui y fait suite, et dont on voit la cuve servant de baignoire, une autre servant de chaudière, avec les tuyaux de communication.

« Et, plus loin, la place où les deux saints ont été décapités, et celle où ils furent ensevelis subrepticement, pour que la foule ignorât leur martyre. C'est tout un drame souterrain qui éclaire singulièrement le récit que nous lisons dans le bréviaire. »

Notre pieux et savant pélerin passe de là au Colysée, où il est resté près d'une heure et demie, et auquel il consacre les brèves lignes que voici :

« Là, c'étaient les martyrs immolés en plein jour,

---

1. Nous devons faire observer toutefois, dans l'intérêt de l'exactitude historique, que les paons se trouvent souvent représentés sur les monuments de l'antiquité chrétienne, et symbolisaient la résurrection et l'immortalité. Cf. Martigny, *Dictionnaire des Antiquités chrétiennes*, V° Paon.

sous les regards et les acclamations de cent mille spectateurs. Malheureusement, je n'avais pas sur moi le bréviaire de la partie d'hiver. Avec quelle émotion j'aurais lu, au milieu de ces ruines gigantesques, la lettre de saint Ignace d'Antioche, au 1er février. C'est là, en effet, dans cette arène immense, que se réalisa pour lui le vœu qu'il exprimait, d'être broyé sous la dent des lions : *frumentum Christi sum.* »

M. Monier achève cette lettre en faisant remarquer que le lendemain sera le dimanche de la Transfiguration :

« Je vais en avoir une image et comme une vision dans le triomphe que la foi des peuples va décerner au successeur de Pierre. [1] Vous en verrez le récit dans les journaux, avant que je puisse en parler. Mais je vous en dirai un mot, car je ne pense pas, dit avec son esprit habituel notre correspondant, que le Pape nous dise comme N. S. à ses Apôtres : *Visionem quam vidistis nemini dixeritis.*

C'est cette grandiose manifestation de foi et d'amour envers le Vicaire du Christ que M. Monier nous décrit avec une émotion profonde dans sa lettre du 20 février.

« La messe du Saint Père devait être à 10 h. A 8 1/2 nous étions déjà rendus à la basilique. Hélas ! c'était déja trop tard !... Ce n'est qu'après plus d'une heure d'efforts que, porté par le flot mouvant de la foule, j'ai pu arriver, non pas à notre tribune, mais au pied de la tribune, en somme, une assez bonne place, d'où je voyais bien l'autel, le chœur des cardinaux et des évêques, la tribune des ambassadeurs, tout chamarrés d'or, et celle du patriciat romain.

---

1. Allusion aux fêtes organisées à l'occasion du jubilé pontifical du pape Léon XIII.

« Notre T.H. Supérieur avait pris place dans le chœur avec les généraux d'ordre. Mais moi, qui n'étais ni ambassadeur, ni patrice, ni général d'ordre, j'ai dû rester debout tout le temps. Je ne voyais pas la grande nef, mais j'entendais le lointain murmure de la foule : on aurait dit le bruit de la mer.

« De temps en temps, quelques éclats de voix aussitôt comprimés, jusqu'au moment où, du haut de la tribune du fond, les trompettes d'argent ont fait entendre leurs harmonieuses sonneries. C'est lui ! Une unanime acclamation s'élève, couvrant le bruit des trompettes, pendant que le Saint Père, porté sur la *sedia*, s'avançait le long de la nef. Point de cris distincts, du moins je n'en entendais pas de ma place, mais une immense clameur, s'apaisant parfois un peu, puis reprenant avec une nouvelle *furia*. Enfin, au tournant de la Confession, entre les deux *flabelli*, se balançant en l'air, une forme blanche m'est apparue. Un nuage a couvert mes yeux, mes genoux ont fléchi. C'était N. S. lui-même qui m'apparaissait, comme dans cet évangile de la Transfiguration dont je venais de lire le récit à la messe ; c'était lui qui, par la main de son Vicaire, et comme au milieu d'un nuage lumineux, m'envoyait de loin sa bénédiction.

« La messe a commencé tout de suite, car le Pape était arrivé avec la chasuble et la mitre en tête. Pendant la messe, la foule, devenue tout à coup recueillie, a gardé un silence profond. Il est vrai que les chantres de la chapelle Sixtine faisaient entendre des chœurs magnifiques, admirablement exécutés. A l'élévation, les fameuses sonneries des trompettes descendaient, cette fois, des hauteurs du dôme. En somme, une grande et belle cérémonie.

« Après la messe et l'action de grâces du Saint Père, qui a été assez longue, le cortège s'est reformé. Il s'est arrêté devant la statue de saint Pierre, qui était revêtue, elle aussi, des ornements pontificaux. C'est là que le Saint Père a donné la bénédiction pontificale. Nous avons gagné le fond de la nef, et nous entendions parfaitement la voix chantante et la longue formule d'oraison qui parvenait distinctement jusqu'aux extrémités de l'immense basilique.

« Le Pape paraît être fier de sa voix, extraordinaire chez un vieillard de son âg·. Le lendemain, dans une audience particulière, il disait à Mgr l'archevêque de Lyon :

« Eh bien, comment avez-vous trouvé ma voix ? »

Le soir, de ses fenêtres, il a pu voir les illuminations. Ç'a été une belle journée, dont son cœur a dû être bien consolé. »

De cette vue sur la Rome chrétienne de nos jours, M. l'abbé Monier passe à la Rome antique, chrétienne ou païenne.

Dans la soirée de ce même jour, nous le voyons visiter la petite église illustre des saints Nérée et Achillée, celle de Saint-Jean *in Oleo*, puis la tombe des Scipion, dont il examine en détail les *columbaria*, « sinon découverts, au moins déblayés pendant ces dernières années dans la Vigne Codini. Nous en avons exploré deux, celui des affranchis de Pompée, et celui des affranchis d'Octavia, sœur d'Auguste.

« Le nom de ces édifices en indique la forme. Ils sont percés comme des trous de colombes, dans chacun desquels se trouvent deux urnes, renfermant les cendres de deux défunts que la mort a réunis. Chaque *loculus* a son inscription. Ces inscriptions sont un vrai cours d'institutions romaines. Toutes les professions y paraissent. Il y a des professeurs, il y a des légionnaires, il y a des chanteurs, etc. J'ai remarqué le tombeau d'un mime dont la spécialité était d'imiter les plaidoiries des avocats : *imitatores causidicorum.*

« Le lendemain j'ai eu le plaisir de faire la connaissance d'un autre savant archéologue, un des meilleurs élèves de M. de Rossi, M. Marruchi, conservateur des musées du Vatican, qui a eu la bonté de se mettre à notre disposition pour nous montrer le musée chrétien de Latran.

« A défaut de M. de Rossi et de M. Duchesne, c'était

le meilleur guide que nons puissions avoir. Il nous a
commenté d'une manière admirable, avec beaucoup de
science et beaucoup de finesse, les sculptures symboli-
ques de ces magnifiques sarcophages qui remplissent
les galeries du musée. En vrai Romain, je dois dire, en
vrai catholique, il insistait sur les conséquences dogma-
tiques que l'on peut déjà tirer de ces vénérables monuments des premiers siècles, en faveur de la primauté du
Souverain Pontife : l'identification de Pierre avec Moïse,
le législateur de l'ancien peuple, la place d'honneur
qu'on lui a toujours donnée à côté de N. S., les privi-
lèges parfois charmants dont il est l'objet, comme, par
exemple, lorsque, les Apôtres étant rangés autour du
Maître, chacun avec sa brebis, le Maître se penche pour
caresser la brebis de Pierre : une exquise leçon de théologie.

« Des monuments figurés nous avons passé aux inscriptions, dont la collection est très riche. La première
qui se présente, c'est celle qui relate le double procon-
sulat de Cyrinus, dont il est parlé dans saint Luc, au sujet
de la naissance de N.S., inscription dont M. Vigoureux a
donné, dans ses livres un commentaire auquelM. Marruchi a rendu un hommage mérité.

« Puis, viennent les inscriptions des catacombes, ran-
gées à la fois par époques et par catégories, rendant
à nos dogmes des témoignages saisissants, comme, par
exemple, quand nous trouvons, dans des inscriptions authentiques du iie au v[o] siècle, la formule *in Christo Deo*
plusieurs fois répétée ; quand nous voyons l'invocation
des saints, la prière pour les morts, et d'autres pratiques chrétiennes attestées par ces monuments.

Du sacré, notre savant épistolier passe au profane. Il salue au passage les gigantesques mosaïques
de gladiateurs, les statues des empereurs,

« et une autre statue authentique devant laquelle je
me suis arrêté avec une particulière émotion, celle de
Sophocle. qui est particulièrement admirable. Je me suis

arrêté longtemps à la contempler. Je pensais à ces messieurs qui préparaient, en ce moment, pour le prochain evamen, une de ses tragédies, dont je voyais le rouleau dans la corbeille que l'artiste a déposée aux pieds du poète. »

Nous ne ferons qu'indiquer ses visites à Saint-Paul hors-les-murs, aux catacombes de Saint-Sébastien et de Saint-Calliste... « J'ai vu tout cela en courant, dit-il, mais avec le désir d'y retourner. J'y retournerai même dire ma messe, à la place même où ces Papes la célébraient et où les fidèles venaient l'entendre, au péril de leur vie, au fond des catacombes. Quelles émotions ! quels souvenirs ! »

Entre temps, il reprend çà et là ses fonctions de directeur : « Hier, j'ai fait la lecture spirituelle aux Messieurs de la Procure ; ce soir, je l'ai faite au Collège Canadien, dont plusieurs élèves veulent suivre nos études l'an prochain. »

MM. Vigouroux et Le Camus, sur le point d'entreprendre un voyage en Terre Sainte, sont reçus en audience par Léon XIII. M. Monier nous communique à ce sujet quelques détails qui méritent d'être notés :

« On a parlé de l'encyclique. Léon XIII, qui a toujours, paraît-il, une très grande vivacité de parole, leur a donné avec feu une nouvelle édition de son encyclique sur la nécessité de la science pour le clergé et particulièrement sur les études bibliques. Comme vous pensez, cela retombait en pluie de compliments sur les **deux pèlerins** de la science agenouillés à ses pieds.

Le Saint Père les a retenus longtemps, les encourageant, les félicitant, les bénissant. Il a permis particulièment à M. Vigouroux de lui dédier son *Dictionnaire biblique*, en lui recommandant de mettre au frontispice *una bella inscrizione*, autrement dit, une dédicace.

« Dans la conversation, le Pape leur a parlé, (dites-le à Mgr d'Hulst) de l'Institut catholique, et a exprimé de nouveau avec beaucoup d'expansion la joie que lui avait causée l'adresse de notre faculté de Théologie. » [1]

M. Monier rend compte ensuite d'une belle fête en l'honneur de Jeanne d'Arc, dont la cause avait été introduite récemment, et approuvée par le Souverain Pontife. La Compagnie de Saint-Sulpice avait un motif particulier de se réjouir, M. Captier, son Supérieur général ayant été le Promoteur de cette cause.

« Le banquet avait lieu à 2 heures de l'après-midi. Les Romains ont, pour les heures des repas, des habitudes qui déconcertent nos estomacs parisiens.

« Au dessert, au moment des toast, Mgr l'archevêque de Lyon a pris la parole comme ancien évêque d'Orléans, car la cause de Jeanne d'Arc est une cause orléanaise, et c'est Mgr Dupanloup, dont l'orateur a rappelé le souvenir en termes émus, qui en avait pris l'initiative, il y a vingt ans.

« Le cardinal Parrochi, *Ponent* de la cause, a répondu en français et dans une assez bonne langue... Sur l'invitation de N.T. H. P. Supérieur, je m'étais préparé à dire quelque chose en vers latins. Avant mon départ, j'avais demandé à nos élèves des lettres de me faire une pièce que je puisse présenter au Saint Père. Le changement de destination de la pièce m'a forcé de modifier le plan que je leur avais tracé. Notre auditoire romain a daigné en louer la latinité. M. Le Chevalier sera probablement plus sévère. En somme, à l'audition, et notez que j'ai prononcé cela à la romaine, en vrai romain, cela a fait un assez bon effet.

« Le soir, salut solennel à la chapelle du collège ca-

1. Cette adresse avait été envoyée à Rome, le 2 décembre 1893, pour affirmer l'adhésion de l'Institut catholique à l'encyclique *Providentissimus Deus*.

nadien, avec *Te Deum* présidé par le cardinal Vicaire, le tout suivi d'un très joli *rinfresco*, (c'est ici l'usage) offert par la communauté du Canada.

« Une cérémonie semblable, moins intime mais plus grandiose, aura lieu dimanche prochain à S.-Louis-des-Français : très probablement l'ambassadeur de France y assistera. Ce sera là le signal des fêtes qui vont se célébrer dans toute la France, pour remercier Dieu de ce grand événement et surtout des grandes espérances qu'il fera luire sur notre cher pays. »

Le jour même de la fête de Jeanne d'Arc, M. Monier, jaloux de ne pas perdre un seul instant du temps si précieux qu'il passe dans la Ville éternelle, monte au Capitole pour y visiter le musée des sculptures.

C'est, dit-il, le complément du musée du Vatican, dont je vous ai déjà parlé. Dans l'un et dans l'autre, on voit d'admirables statues trouvées dans les fouilles et que la gravure a popularisées : le Gladiateur mourant, l'Antinoüs, etc., etc. On marche au milieu des merveilles, désireux de s'arrêter et obligé d'aller plus loin. J'ai un plaisir particulier à m'arrêter dans les salles où sont réunis les bustes des poètes et des philosophes anciens, des empereurs, et même des grands hommes de la République...

« Je suis descendu du Capitole par la voie triomphale, et, tournant à gauche, j'ai été faire une visite à la prison Mamertine, ce que je n'avais pu faire le jour de mon arrivée.

« J'y suis retourné hier, et j'ai eu la consolation d'y célébrer la sainte messe, tout à fait au fond, au dernier étage de la prison.

« J'ai donc dit la messe au petit autel bas que vous connaissez. Pendant toute la messe j'ai été forcé de baisser ma tête, qui, à tout moment, se heurtait à la voûte. J'avoue que le moment le plus émouvant pour moi a été celui de l'action de grâces. Mon servant était remonté; je suis resté seul dans le cachot où les bruits de Rome me parvenaient comme une rumeur affaiblie. J'avais au-dessus de ma tête l'étroite ouverture par laquelle les condamnés étaient descendus dans le cachot, qui était pour eux le vestibule de la mort. C'est par là, qu'avant saint Pierre, étaient descendus les complices de Catilina, Jugurtha, Vercingétorix. J'étais entouré de toutes ces ombres classiques. J'avais derrière moi la porte verrouillée des Gémonies, à travers laquelle m'arrivait le bruit des eaux, des mêmes eaux dans lesquelles étaient jetés les cadavres des suppliciés.

« A mes côtés, la petite fontaine que saint Paul fit jaillir miraculeusement pour baptiser ses geôliers. Quels souvenirs! Et ici, aucun doute ne vient troubler nos esprits. Point d'hésitations possibles : ces murs témoignent, avec leurs lourds blocs suintant d'humidité.

Je ne ferai pas souvent dans ma vie, une action de grâces aussi émouvante et traversée par tant de souvenirs divers. »

Notre pieux pélerin mentionne rapidement ses autres pélerinages : Saint-Paul aux trois fontaines, le Janicule, à San Pietro in Montorio,

« d'où l'on voit se dérouler à ses pieds tout le panorama de Rome, et, plus loin, l'église de Saint-Onuphre, où le Tasse vint mourir, et où l'on peut visiter sa chambre, avec tous ses meubles intacts, quelques-uns de ses manuscrits et le moule de sa figure, pris immédiatement après sa mort. »

La veille, M. Monier avait fait l'ascension du mont Aventin :

« Au sommet de la colline, illustrée autrefois par les grèves de la plèbe, des souvenirs plus doux au cœur : le couvent de Sainte-Sabine, tout entouré de calme et de paix, avec la chambre occupée autrefois par saint Dominique;

son fameux oranger qui fleurit toujours, et, dans nos temps modernes, le souvenir du P. Lacordaire qui y fit son noviciat et y porta cette tunique dont nous possédons la relique aux Carmes. Plus loin, l'église de Saint-Alexis, avec le fameux escalier dont nous parle la légende du bréviaire, et où le saint pèlerin vint rendre le dernier soupir. »

Un autre jour, notre pèlerin, toujours avide de nouvelles émotions, va visiter la banlieue de Rome, au nord-est, par la porta Pia, où se trouve l'entrée de deux catacombes, aux alentours de la voie Nomentane, celle de Sainte-Agnès, surmontée d'une magnifique basilique, et celle du cimetière Ostrien, *ubi Petrus priùs baptizavit :* « *Priùs*, c'est-à-dire dans le premier voyage qu'il fit à Rome, probablement après la conversion du centurion Corneille et avant le concile de Jérusalem. »

« J'ai eu l'avantage de visiter cette dernière avec un savant chanoine, M. Crostarosa, à qui appartient l'entrée, et qui a dépensé sa fortune à déblayer cette catacombe, que l'on confondait jusque-là avec celle de sainte Agnès. Il nous a démontré sa thèse *con amore*, mais l'amour n'empêchait pas la logique. Il est certain que nous sommes ici tout à fait aux origines du christianisme à Rome. Sur les murs, en écarquillant, il est vrai, un peu nos yeux, nous distinguons des graffites grossièrement gravés par des pèlerins des âges suivants, et où ils invoquent le souvenir de saint Pierre : basilique, ou plutôt, chapelle souterraine, plus ancienne que celle de S.-Calliste, des sièges épiscopaux, où peut-être l'apôtre s'est assis... »

Au retour de cette excursion, M. Monier s'arrête à l'église de Sainte-Praxède, où il a le bonheur de vénérer la colonne de la flagellation « au pied de laquelle j'ai récité une dizaine de chapelet sur le deuxième mystère douloureux. »

Autre souvenir pieux :

« Puisque j'en suis aux souvenirs de la Passion, si nombreux à Rome, je dois mentionner aussi la *Scala Santa*, l'escalier qui conduisait au palais de Pilate, et dont N. S. a monté quatre fois les degrés pendant sa douloureuse Passion. On en monte, vous le savez, les degrés, en se traînant sur les genoux. Je me suis exécuté, malgré la raideur de mes rotules, rebelles aux génuflexions, et je l'ai fait avec une grande consolation, en recommandant à N.S. toute notre chère communauté. »

Passant du passé à l'actualité, M. Monier nous raconte une excursion dans les jardins du Vatican. En compagnie de l'archevêque de Lyon, il y fait une promenade dans une des voitures du Pape, attelée de deux de ses belles plus mules.

« Nous allions, dit-il, visiter les deux observatoires que le P. Denza, barnabite, y a construits, et dont l'un est spécialement consacré à travailler à la carte photographique du ciel. Le P. Denza n'a pas pu nous en faire les honneurs, car il a été frappé d'apoplexie, et il a un côté du corps paralysé. Mais après avoir présenté nos hommages à l'illustre astronome, nous avons fait notre visite sous la conduite du sous-Directeur, le P. Laïs, qui est un très aimable Oratorien. Je pensais à M. Nau, et regrettais qu'il ne fût pas avec nous. Il est vrai que tous les instruments qu'on nous montrait, il les voit journellement à Paris : ce sont absolument les mêmes. Mais il est intéressant de les voir fonctionner sous les auspices et les bénédictions du Vicaire de Celui qui, comme il est dit dans le bref d'institution de l'établissement, « est le Dieu de la lumière et la lumière elle-même.

« Dans un de ces observatoires, nous avons vu la table où avait été décidée la réforme du calendrier, sous Grégoire XIII, ainsi que l'indique une belle inscription. D'ailleurs, on ne voit ici que des inscriptions.

« Puisque nous y étions, et que nous étions dans la voiture du Pape, (ce qui nous valut de grands saluts de tous les employés du jardin), nous avons visité la tour Léonine, que le Saint Père a fait aménager pour venir s'y reposer parfois, pendant quelques heures, au milieu de la journée. Nous avons pu visiter tous les appartements particuliers, ce qui n'est pas donné au commun des mortels. »

Cette lettre, qui, par ses dimensions, prend les allures d'un journal, s'achève par le récit intéressant d'une nouvelle visite aux catacombes.

« Cette fois, c'est à la catacombe de sainte Priscille, en sortant de Rome par la porte Salaria.

« La catacombe partage, avec le cimetière Ostrien, dont je vous ai parlé dans une précédente lettre, le privilège de nous transporter à l'âge apostolique, et une heureuse circonstance nous en conserva très intactes les tombes les plus anciennes.

Comme dans la plupart des catacombes, les galeries les plus rapprochées du sol sont les plus anciennes, et à mesure que durait davantage la persécution, on creusait dans les profondeurs du sol de nouvelles galeries. Or, il s'est rencontré que ces galeries supérieures, les galeries premières donc, étaient creusées, non pas dans le tuf, mais dans le terrain sablonneux. De bonne heure, la solidité de ces galeries s'en trouva compromise par les éboulements de ce sol trop friable, et on fut obligé de construire, devant les tombes, en rétrécissant d'autant les galeries, des murs de soutènement. Heureuse nécessité ! car ce qui semblait devoir nous dérober à jamais la vue de ces tombes, nous les a, au contraire, conservées intactes. Avec les précautions nécessaires, on a creusé, dans ces murs, des tranchées qui ont fait reparaître à nos yeux les tombes du premier siècle, encore fermées, avec leurs inscriptions éloquentes dans leur laconisme. Car vous savez que les inscriptions du premier siècle ne contiennent ordinairement que le nom, mais quels noms ! On dirait le Livre d'or de la République. Les Claudius, les Valérius, les Antonins s'y rencontrent à chaque pas, à côté des *Petrus* qui y sont très nombreux, et attestent la présence du prince des Apôtres, car le nom de Petrus était inconnu à Rome, et n'a pu appartenir qu'à des dévots de l'Apôtre, à ses fils spirituels, à ceux peut-être qu'il avait baptisés de sa main.

« Dans cette région nous avons pu voir la fameuse représentation de la Vierge Mère, qui est d'un dessin très correct, attestant le 1er siècle, et attestant aussi la dévotion primitive de nos pères dans la foi à la Mère du Sauveur.

« Plus loin, dans les profondeurs de la terre, un puits renfermant encore de l'eau, où l'on descend par un escalier, et dont le revêtement de marbre indique le caractère religieux, qui ne peut être que l'administration du baptème. D'ailleurs, dans un puits semblable qui se trouve dans une autre catacombe, on voit la représentation du baptème de N. Seigneur.

« Enfin, dans une de ces galeries, j'ai vu l'inscription que M. Duchesne m'avait recommandé d'observer : IOYCTINOC M, qui est peut-être la tombe de S. Justin le Philosophe. »

Mais voici qu'à la fin de la lettre, apparaît sous le pélerin de Rome, le Supérieur de l'Ecole des Carmes :

« Demain commence le mois de S. Joseph. Vous n'aurez pas oublié de le recommander à ces messieurs, et en particulier à ceux qui vont passer leurs examens.

« Recommandez-leur aussi la neuvaine à S. François-Xavier, qui commence le 4 mars. Faites prendre des feuilles à la librairie S.-Paul et distribuez-les. »

On devine, à ce trait, que le souvenir de sa chère Ecole accompagnait partout le bon Supérieur et tenait en éveil sa paternelle sollicitude.

Dans sa lettre du 1er mars, M. Monier rend compte de sa visite au musée de peinture du Vatican ; ces immortels tableaux que tout le monde connait, et que l'on croit revoir quand on les voit pour la première fois.

« Ils sont moins nombreux, beaucoup moins nombreux qu'au Louvre, et plus choisis, et, ce que j'approuve surtout, beaucoup plus à la portée de la vue. Il faut pourtant excepter, sur ce dernier point, les Loges, qui demandent un trop grand effort pour lever la tête, effort dont je ne suis plus capable et qui m'amènerait des vertiges. J'ai dû y renoncer.

« Ce soir, promenade avec Mgr de Lyon à la célèbre villa Mattei, sur le Mont Cœlius, d'où l'on découvre une vue magnifique. On y montre un banc où saint Philippe de Néri avait l'habitude de s'asseoir, entouré de ses disciples, pour leur parler de Dieu. (C'est ce que dit l'inscription : toujours des inscriptions.) Nous nous y sommes assis, et le saint archevêque, à la vue du beau panorama qui se déroulait devant nous, n'a pas eu de peine à remplir le rôle de saint Philippe de Néri.

La lettre, très courte, s'achève sur ces lignes :

« Demain, 1er vendredi du mois, je m'unis de cœur à votre adoration du T. S. Sacrement. Je m'unis aussi a vous pour le mois de saint Joseph et pour la neuvaine à saint François Xavier. »

Rome ne lui faisait pas oublier Paris.
Lettre du 3 mars :

A cause du 1er vendredi du mois, notre pieux pélerin a dirigé d'abord ses pas vers l'église Sainte-Croix-de-Jéru-

salem, bâtie par l'impératrice sainte Hélène, pour honorer
la Croix dont le signe, apparu dans les airs, avait donné
la victoire à son fils, et aussi pour servir de reliquaire
aux instruments de la Passion qu'elle avait apportés de
Palestine. Il y vénère trois fragments considérables de
de la croix de N. S, deux épines de sa couronne; « on
les voit très bien dans le reliquaire qui les renferme et
que j'ai eu la consolation de garder assez longtemps
entre mes mains. »

Il a vu, de même, le titre de la Croix, « qui a
souffert beaucoup des injures du temps. Il est écrit
en trois lignes, mais le commencement et la fin des
lignes ont disparu, et même presque toute l'inscription hébraïque, qui est la première. On ne voit plus
que la partie inférieure des lettres.

« Les inscriptions grecque et latine sont écrites de
droite à gauche, comme l'hébreu. Dans l'inscription
grecque on a omis les articles, et, de plus, le mot *Naza-
réen*, que saint Jean écrit NAZAPAIOZ, a été en quelque
sorte latinisé par le scribe qui a écrit NAZAPHNOYZ.
On montre aussi toute la tige transversale de la croix
du bon larron; enfin, le doigt indicateur de la main
droite de saint Thomas, celui avec lequel l'apôtre incré-
dule sonda les plaies du Sauveur.

« Nos pensées étaient, ce jour-là, tournées vers le
Sacré-Cœur. J'ai demandé à l'apôtre de nous faire sonder,
mais avec un autre sentiment, la profondeur de l'amour
de N. S., auquel il rendit, depuis, témoignage par le sacrifice de son sang. »

De Sainte-Croix, il se rend à l'église de la station,
qui était, ce jour-là, à Saint-Laurent in Lucina. En
route, il s'arrête pour admirer une des plus belles
portes de l'ancienne Rome, la Porta Maggiore, autrefois Porta Prœnestria :

« Vous avez pu y remarquer autrefois un tombeau antique, d'une forme très originale et de proportions gigantesques. Il est élevé à un boulanger, et toutes les parties du monument sont percées, comme une immense ruche d'abeilles, de grands trous représentant des fours. Mais ce qui m'a intéressé particulièrement, c'est d'y voir l'orthographe du nom de ce boulanger, qui portait le nom illustré par l'auteur de l'Enéide. Or, vous pouvez dire à ces messieurs que ce nom, qui est répété sur chacune des faces du tombeau, est écrit avec l'orthographe que réclame M. Lejay : *Vergilius* et non *Virgilius.* »

A Saint-Laurent in Lucina, on avait, comme on fait les jours de station, exposé toutes les reliques du saint martyr : le gril, ou du moins une portion du gril sur lequel le saint diacre fut étendu, et les chaînes qui y attachaient ses membres.

« Comme dans toutes les églises de station, il est touchant de voir l'affluence des fidèles pour vénérer ces souvenirs d'un martyr qui occupe une si grande place dans la piété des Romains. »

Il visite en outre Sainte-Bibiane, où il vénère, à côté du corps de la sainte, la colonne où elle avait été attachée, pendant qu'elle était *plumbatis cœsa*. Puis l'église Sainte-Madeleine, « église très riche en dorures comme son homonyme de Paris, mais qui renferme aussi de beaux souvenirs pour la piété; une image miraculeuse de la Sainte Vierge attribuée à Fra Angelico, devant laquelle saint Pie V se tenait en oraison pendant la bataille de Lépante, et qui lui annonça miraculeusement la victoire qui sauvait la chrétienté.

« L'église est desservie par les religieux de saint Ca-

mille de Lellis, le saint Vincent de Paul de l'Italie. On y
voit son tombeau, et le crucifix qui, dit-on, lui adressa
la parole. »

Enfin, la journée du vendredi s'achève par le
Panthéon, « dont je ne vous dirai rien, car il a été
trop souvent décrit ». M. Monier remarque seulement, « parmi les monuments qui se dressent dans
le pourtour, d'un côté le tombeau de Victor Emmanuel, *il padre della patria*, dit le marbre auquel on
fait tout dire ; de l'autre, celui de Raphaël, dont l'épi-
taphe renferme ce distique du cardinal Bembo, et qui
abrite le tombeau de son auteur :

> Ille hic est Raphaël, timuit quo sospite vinci
> Rerum magnarum parens, et moriente mori.

Le lendemain, samedi, fête du Couronnement de
Léon XIII.

« J'ai eu le bonheur d'assister à la cérémonie, qui
avait lieu à la chapelle Sixtine, et cette fois, de voir le
Pape de plus près. J'étais bien placé, grâce à la précau-
tion que j'avais prise d'arriver de bonne heure, à 8 h. $^1/_2$,
tandis que la cérémonie ne commençait qu'à 11 h. Et
tout ce temps-là, sur mes jambes, car il n'y a que les
ambassadeurs et les dames qui ont des sièges. Mais j'ai
été dédommagé de ma fatigue par le bonheur d'assister
à cette magnifique fonction.
« J'étais presque au premier rang sur le passage du
cortège, et quand le Pape est entré, porté sur la sedia
et coiffé de la tiare, j'ai pu le voir de près et recevoir
de même sa bénédiction. Il la donne avec une grande
majesté ; tout son corps et son âme aussi, on le sent,
s'inclinent vers ceux qu'il bénit. Il garde, soit sur la
sedia, soit sur son trône, une sorte d'immobilité hiéra-
tique, faisant néanmoins exactement et gravement les
inclinations de tête commandées par la liturgie. Il m'a

semblé même, (car je gardais les yeux fixés sur lui), lui en voir faire quelques-unes de surcroît et de dévotion, par exemple au *Sanctam Ecclesiam* du *Credo*, et à ces mots de l'oraison de la messe : *da ei verbo et exemplo quibus præest proficere.*

« Les cérémonies s'exécutaient autour de lui avec majesté, et pourtant avec simplicité. Toutes les nations étaient représentées dans les assistants au trône : le cardinal Hohenlohe (allemand) était prêtre assistant ; l'archevêque de Lyon portait le bougeoir, ou plutôt la bougie sans bougeoir ; un évêque espagnol, le livre ; deux autres assistants représentaient la Belgique et l'Autriche.

« Les chants de la chapelle Sixtine ont été exécutés avec une perfection dont les chanteurs de Saint-Gervais n'approchent pas encore. Enfin, une magnifique cérémonie, qui ne m'a pas fait regretter les trois heures d'attente pendant lesquelles j'avais pu contempler à loisir le Jugement dernier de Michel-Ange.

En terminant cette longue et intéressante lettre, M. Monier annonce qu'il s'attend d'un moment à l'autre, avec le T. H. Supérieur, à avoir une audience du Saint Père, pendant laquelle il pourra le voir de plus près : « c'est seulement alors que nous pourrons penser au retour ».

Ce retour, malgré les charmes que lui procurait son séjour à Rome, le Supérieur des Carmes y pensait constamment, et il le souhaitait ardemment.

Le 10 mars, il écrivait :

« Je viens de dater une lettre du 10. Il y aura donc après demain un mois que nous quittions Paris pour trois semaines, et la foi jurée, du moins promise, nous obligeait à être déjà rentrés. Indépendamment de la promesse, j'avais des motifs personnels qui m'y poussaient. C'est la première fois depuis seize ans, ou plutôt la deuxième fois, que je suis absent pendant les examens.

« Mais il n'y a pas eu vraiment moyen de faire autrement. C'est avant-hier seulement que M. le Supérieur a eu son audience du Saint Père. Après l'audience, j'ai parlé du départ. Mais N. T. H. P. a été envahi par tant d'affaires, qu'il est obligé de renvoyer ce départ jusqu'à mercredi prochain et peut-être jeudi.

« Ce nouveau retard m'a contrarié beaucoup, car j'aurais bien tenu à être là au moins pour la conclusion des examens, et j'ai délibéré avec moi-même puis avec M. Hertzog, pour voir si je ne pourrais point partir et laisser M. le Supérieur revenir tout seul. La conclusion a été que c'était impossible. On est ici, à Rome, très formaliste, et l'on serait étonné, ou, pour mieux dire, mal impressionné de voir un Supérieur général partir ainsi tout seul. Après bien des hésitations et des perplexités, j'ai dû me décider à attendre. Exprimez mes regrets à tous nos chers Messieurs et particulièrement à mes chers candidats. »

M. Monier rapporte ensuite les paroles bienveillantes que lui a adressées le Saint Père, dans l'audience privée accordée au P. Captier :

« Je leur envoie (aux candidats) quelque chose qui vaut mieux que ma présence, c'est la bénédiction du Saint Père. Après avoir demandé cette bénédiction pour tout l'Institut catholique, et plus spécialement pour notre maison, je la lui ai demandée plus spécialement encore pour ceux qui passaient en ce moment leurs examens. Quoique le Saint Père fût très pressé, (l'audience particulière de M. Captier avait duré 55 minutes,) il m'a demandé des détails sur ces examens. Après les lui avoir donnés sommairement, j'ai ajouté qu'à l'heure même où j'avais le bonheur d'être agenouillé à ses pieds, nos candidats faisaient leur composition de vers latins. Je le touchais au cœur.

— « Eh oui ! Très Saint Père, ai-je repris; vous êtes le patron des muses latines, et à ce titre, vous leur devez une nouvelle bénédiction. » Le Saint Père s'est mis à rire et s'est exécuté de la meilleure grâce du monde.

« Il m'avait auparavant demandé des détails sur l'organisation de notre maison; détails qu'il suivait en donnant des signes d'assentiment par de vives interruptions : « C'est bien! c'est bien ! » Car malgré ses 84 ans (vendredi dernier il est entré dans sa 85e année,) le Saint Père conserve beaucoup de vivacité dans la parole et dans le geste.

« L'entretien a été comme à mon gré, mais il était tard : c'est l'heure de sa promenade au jardin, et depuis près d'une heure son camérier lui avait apporté le manteau et le chapeau rouges qu'il met pour sortir. Il nous a donc congédiés mais il ne l'a pas fait sans me dire, en me montrant le P. Captier, qu'il avait fait asseoir à son côté : « Vous avez fait un bon choix ! » M. le Supérieur et moi, nous nous sommes retirés avec les cérémonies d'usage, tous deux le cœur rempli de consolations et de joie.

« En ce qui me touche, ajoute M. Monier, j'ai été beaucoup plus ému avant d'entrer, lorsque, mon tour venu, j'avais les yeux fixés sur cette porte qui allait bientôt s'ouvrir devant moi. Enfin, un timbre a résonné. Introduit par un camérier, j'ai fait au seuil de la chambre une première génuflexion, mais le Saint Père a abrégé le cérémonial et m'a appelé immédiatement à ses pieds. Il paraît que j'étais tout troublé et que ma parole balbutiait. Le fait est que tout ce que je voulais dire, tout ce que j'avais médité dans mon cœur, en attendant, m'a passé soudain de l'esprit. Mais la bonté du Saint Père m'a remis tout de suite à mon aise, et l'entretien a été vraiment celui d'un fils avec son père Le dernier mot surtout, qu'il m'a dit au sujet de notre nouveau Supérieur, m'est resté au cœur, et nous partageons tous, à S.-Sulpice, la joie que j'éprouvais en l'entendant. »

A peine a-t-il reçu la bénédiction apostolique, qu'il tarde à M. Monier de reprendre la route de Paris. Mais, hélas! la date du départ est renvoyée de jour en jour, du jeudi au vendredi, et finalement fixée au lundi, 17 mars.

En attendant, il emploie ses derniers jours à Rome à diverses excursions pieuses ou profanes. Il assiste à une grand'messe à l'église de la Minerve ; on y voyait tous les étudiants Romains ; musique magnifique dirigée par Capocci, le maître de chapelle de Saint-Jean de Latran. De la belle musique, admirablement exécutée, mais, vraiment, c'est une musique bien absorbante ! Imaginez que le seul *Gloria* a duré, montre en main, 48 minutes ! Heureusement, le *Credo* n'a duré qu'un quart d'heure. Mais c'est vraiment un abus.

« Pendant la semaine, j'ai assisté aussi à quelques cours, dont quelques-uns m'ont vivement intéressé. Vous pouvez dire à Mgr Gaspari que j'ai agréablement été impressionné d'entendre son nom cité au cours de Sébastianelli, à l'Apollinaire, et que j'ai applaudi de grand cœur quand j'ai entendu son nom résonner avec l'épithète de *clarissimus.* »

Promenade au Ponte-Molle, témoin de la victoire de Constantin sur Maxence ; nouvelle visite au Forum, au mont Palatin, à l'église Sainte-Françoise Romaine, aux catacombes de Saint-Calliste, à l'église du *Domine, quo vadis?*... Mais, tout cela n'arrive pas à calmer son impatience.

« Tout en faisant ces pélérinages classiques, je pensais à nos élèves, qui, à la même heure, rencontraient tous ces noms dans leurs auteurs, en préparant leur oral. J'attends avec impatience votre dépêche. »

La dépêche impatiemment attendue arriva enfin : le succès des 23 candidats admis dépassait toutes les espérances. « La bénédiction du Saint Père leur a porté bonheur, écrivait M. Monier dans sa dernière lettre datée de Rome : j'ai été très fier de leur succès. »

Dès son arrivée à Paris, il s'informe mieux encore qu'il n'avait pu l'être par une simple dépêche ; les résultats étaient vraiment inespérés, et plus satisfaisants que jamais.

Toujours modeste, M. Monier aimait à rappeler les brillants succès de l'année 1894, obtenus précisément pendant son séjour à Rome... « Tant il est vrai, disait-il avec son bon sourire, que nul ne doit se croire nécessaire en ce monde ! »

CHAPITRE XI

M. MONIER PRÉDICATEUR.

M. Monier, accepte de prêcher des retraites pastorales. — Qualités requises pour ce genre d'apostolat. — Il les posssède éminemment. — Appréciation qu'en fait l'abbé P. de Terris, curé archiprêtre d'Apt. — Il tire le plus souvent ses sujets des écrits de S. Paul. — Son attachement a l'enseignement de Rome. — Il débute par le diocèse de Metz, et, pendant plus de trente ans, prêche dans beaucoup de diocèses de France, en Afrique et même en Amérique, au Canada, où il se rend en qualité de délégué du Supérieur général. — Sa santé l'oblige a renoncer aux prédications au dehors, mais il continue a prêcher a Paris. — Pourquoi M. Monier ne porta jamais le camail de chanoine.

Rentré de Rome, le cœur rempli des plus douces émotions, encouragé par l'accueil si bienveillant du Saint Père et les bénédictions qu'il en avait reçu, **M.** Monier reprit avec joie la direction de sa chère Ecole des Carmes. Il l'avait quittée de corps, il est vrai, mais nous avons vu qu'elle était restée l'objet constant de ses préoccupations. Ce fardeau de la direction de l'Ecole était certes lourd par lui-même, mais, aux yeux de ce prêtre laborieux, il devenait léger, par la pensée du bien à faire, de la gloire de Dieu à procurer, du devoir à accomplir. C'est toujours le mot si vrai du grand Docteur, saint Augustin : *Ubi amatur non laboratur.*

C'est ce désir d'apostolat, bien digne d'une âme sacerdotale telle que la sienne, qui engagea M. Monier à accepter un labeur de surérogation, dans le temps même qu'il aurait pu légitimement consacrer au repos, pendant ces jours de vacances, si chers en général aux hommes d'étude, et particulièrement à ceux qui se livrent au ministère pénible du professorat : nous voulons parler de la prédication des retraites pastorales ou ecclésiastiques. Ce fut pendant les dernières années qu'il passa à l'Ecole des Carmes, qu'il entreprit ce ministère particulièrement difficile, et qui demande de la part de celui qui l'entreprend des qualités plutôt rares, si nous devons en croire l'axiome bien connu : *ars artium regimen animarum.*

Le prédicateur de retraites ecclésiastiques doit, en effet, et c'est de toute évidence, être avant tout un homme de piété sincère, de science sûre, de grande expérience dans la conduite des âmes, d'une parole suffisamment captivante, pour atteindre l'auditoire spécial, difficile même, auquel il doit s'adresser.

Or, nous ne croyons pas sortir des limites de la vérité en affirmant que ces qualités, M. Monier les possédait à un degré éminent, et nous en avons une preuve convaincante dans le succès qui répondit à ses premiers essais dans ce ministère.

Sa piété, nullement affectée, transparaissait, pour ainsi dire, dans toute sa personne, dans son attitude, sur son visage surtout, où l'on pouvait lire, quand il apparaissait en chaire, à quel point il était pénétré de la grandeur, de la sainteté de la mission qu'il allait remplir.

Sa science théologique, était le fruit de trente ans d'étude et d'enseignement. Successivement professeur de philosophie, de dogme, d'Ecriture sainte, on peut croire, sans crainte d'erreur, qu'il était armé pour aborder la chaire, parler utilement à ses frères dans le sacerdoce, et leur donner les conseils qu'on attendait de lui.

Sa science dans la direction des âmes était à la hauteur de sa tâche. Durant son séjour au grand Séminaire de Metz, aussi bien que pendant les années de son supériorat à l'Ecole des Carmes, M. Monier avait eu tout le temps nécessaire pour se former à cet art difficile entre tous ; il le possédait à fond, et par son expérience des âmes qui avaient eu recours à ses lumières, et par l'étude approfondie à laquelle il s'était livré de la spiritualité des maîtres du xviie siècle, dans les œuvres surtout de M. Olier, le vénéré fondateur de Saint-Sulpice, et de celles du P. de Condren et du cardinal de Bérulle, ses contemporains.

Quant à son éloquence, en cherchant un terme de comparaison, notre esprit s'est porté instinctivement vers le saint évêque de Genève, le doux François de Sales. C'était bien sa simplicité, son air de bonté, inspirant naturellement la confiance, la sympathie. Sa voix un peu grêle, mais claire et facilement perceptible, ne lui permettait pas ces grands éclats qui font résonner les voûtes du temple et vont frapper l'oreille de l'auditeur, l'arracher peut-être à la somnolence qui le guette ; il n'avait rien d'un Bridayne ; son éloquence était d'une autre essence, plus douce, plus fraternelle, plus cœur à cœur.

Nous allons reproduire ici l'appréciation que donnait de la prédication de M. Monier, un de ses auditeurs, dans la « Semaine religieuse du diocèse d'Avignon », à la suite de la retraite ecclésiastique prêchée en octobre 1894 :

« Comme après trente et quarante ans, les sons de cette voix connue, qui nous initiait jadis aux principes de l'art de bien dire, retentissaient mieux dans nos cœurs, en nous faisant pénétrer si avant dans l'intelligence de l'Ecriture Sainte, et nous rappelant les règles plus nécessaires encore de bien vivre. Au sortir de ces instructions, où l'on ne savait ce qu'il fallait le plus admirer, ou de la profondeur de la doctrine, ou de la sobre et lumineuse distinction de la forme, ou de l'onction, de la piété qui se dégageait de toute la personne de l'orateur, on se rappelait involontairement ces paroles des disciples d'Emmaüs, à la suite de l'entretien qu'ils eurent avec le divin Maître, au soir de la fête pascale : *Nonne cor nostrum ardens erat dum loqueretur et interpretaretur scripturas?*

« Rendons-lui cette justice qu'il a voulu surtout être apôtre. Nourri de la moëlle de l'Ecriture et en particulier des Epîtres de S. Paul, dont il tire des considérations souvent ingénieuses et neuves, mais toujours frappantes, possédant à fond la science de la théologie, puisée à la source limpide du Docteur angélique, M. Monier est un maître également dans la science de l'ascétisme. En vrai fils de M. Olier, on voit qu'il s'est pénétré de cette belle théologie mystique, que l'école de l'Oratoire français du XVIIe siècle et celle de Saint-Sulpice, qui en dérive, mirent en honneur, il y a deux siècles et demi » [1].

Cinq années plus tard, il était appelé de nouveau à donner, dans son diocèse d'origine, les exercices de la retraite pastorale; et voici un extrait du discours qu'adressait, à Mgr l'archevêque d'Avignon, le jour de la clôture, M. le chanoine Paul de Terris, curé archiprêtre de Sainte-Anne d'Apt, le même que nous avons vu, aux premières pages de ce livre, guéri miraculeusement par le saint Curé d'Ars, à la

---

1. *Semaine religieuse du diocèse d'Avignon*, octobre 1894, passim.

demande de M. Monier. Ce discours, tout pétillant d'esprit et d'aimable malice, contribuera à mettre en évidence les qualités du prédicateur de la retraite.

Rappelant qu'il avait été élève de M. Monier, en l'année 1854-1855, l'abbé de Terris disait :

« Cette date nous fait bien un peu vieux l'un et l'autre, mais ne vient-il pas de nous apprendre qu'en montant chaque jour à l'autel, notre jeunesse peut se renouveler par un retour incessant à la piété et à la ferveur de nos premières années, en même temps qu'il nous donnait la preuve que le très distingué professeur d'antan n'avait, au commerce des princes de l'Eglise ou des maîtres de la science contemporaine, rien perdu de cette aimable simplicité qui lui gagnait déjà tous les cœurs, de cette modestie qui lui faisait redouter non seulement toute gloire humaine, mais, comme à François d'Assise, l'élévation à la dignité sacerdotale elle-même, tant elle lui paraissait sublime, à lui qui devait être le modèle et le maître de générations sacerdotales si brillantes?

« Nous l'avons revu tel que nous l'avions connu autrefois, sans que les années aient courbé sa taille ni trop blanchi son front. Nous l'avons retrouvé dans la maturité sereine d'un talent qui ne connut presque pas les lueurs indécises du matin, et qui ne verra pas s'allonger ces ombres importunes qui, le soir, descendent des montagnes, comme disait son poète favori : *Majoresque cadunt altis de montibus umbræ.*

« Nous l'avons entendu s'exprimant en ce style classique, tel que nous le légua le grand siècle, qui fait passer dans notre langue toute la délicatesse de Virgile, unie à la noblesse de Cicéron, tantôt en sonorités harmonieuses d'Homère associées au pathétique de Sophocle ou à la froide raison d'Aristote.

« Mais ce que faisait à peine prévoir le fin lettré d'autrefois, l'inspirateur, puisqu'il se défendait d'en être l'auteur, de ces pastorales bibliques qu'une piété filiale a heureusement publiées depuis peu; de ces séances académiques de fin d'année qui étaient, à elles seules un régal littéraire où se délectait l'élite intellectuelle de notre cité, avec quelle avidité ne nous sommes-nous pas abreuvés, pendant ces jours bénis, à cette source de la doctrine spirituelle la plus pure et la plus abondante !

« La science consommée du théologien, la perspicacité de l'exégète qui tire du fond inépuisable de l'Ecriture des trésors toujours nouveaux, *nova et vetera*, les élévations du mystique qui, d'un coup d'aile, nous transporte, à la suite de M. Olier, jusqu'au cœur du mystère divin ; de temps à autre, enfin, quoique plus rarement, quelques traits charmants que S. François de Sales aurait rapportés à la vertu d'eutrapélie, tel a été le cadre dans lequel s'est mue l'éloquence sobre, contenue, nerveuse de l'orateur. Faut-il s'étonner si elle a éclairé les esprits, touché les cœurs, pénétré et renouvelé les âmes ?

« On raconte que tandis que saint Jean Chrysostôme écrivait ses immortelles homélies sur S. Paul, on vit plus d'une fois apparaître l'Apôtre lui-même, dictant l'explication des passages dans lesquels sa pensée plus sublime s'enveloppe de plus d'obscurités. Ne dirait-on pas que le grand Apôtre, qui inspirait jadis l'évêque à la Bouche d'or, a passé plus d'une fois sa plume d'or à son moderne commentateur ? [1]

---

1. *Semaine religieuse du diocèse d'Avignon*, 30 septembre 1899.

Bien que ne se rapportant plus à notre sujet, la fin de ce discours mérite d'être citée ici, ne serait-ce que pour faire connaître en son entier ce petit chef-d'œuvre éclos sous la plume de cet écrivain de marque qu'était M. l'abbé P. de Terris.

« Mais qu'est-ce que je viens bien de dire là ? Mon cher et vénéré Maître ne va-t-il pas justement se plaindre que ce n'était vraiment pas la peine d'obtenir en ma faveur un miracle du Curé d'Ars, puisque j'en viens jusqu'à lui infliger un supplice comparable à celui du saint diacre dont il nous parlait mardi dernier : *igne me examinasti*, et que c'est trop longtemps tourner et retourner saint Laurent sur son gril ? Eh bien ! j'aurai enfin pitié de lui comme il avait pitié de moi quand j'avais commis quelque méfait par trop punissable, et tous ensemble, Monseigneur, vous nous le permettez bien, nous demanderons à notre commun Maître qu'il daigne récompenser lui-même celui de qui nous pouvons dire, comme du saint diacre de l'Eglise primitive : Il a fait parmi nous un bon travail, une noble besogne : *bonum opus operatus est* ; lui, qui en

De tout ce qui précède, il nous parait suffisamment démontré que M. Monier, comme prédicateur de retraites pastorales, réunissait toutes les conditions nécessaires pouvant lui permettre d'annoncer utilement à ses frères dans le sacerdoce la parole de Dieu.

Disons un mot des sujets qui faisaient le fonds le plus habituel de ses instructions. L'abbé P. de Terris nous l'a bien dit : M. Monier puisait surtout son inspiration dans les épitres de saint Paul, et parmi celles-ci, de préférence, celles que l'on appelle les *Epitres pastorales,* adressées à ses disciples Tite et Timothée. De chacune des recommandations du grand Apôtre, on pourrait dire presque de chaque mot, le prédicateur faisait un commentaire admirablement fouillé, d'une fine psychologie, émaillé parfois d'un trait d'esprit ; n'hésitant pas, à l'occasion, à appeler à son aide, pour mieux saisir la force d'une expression, les ressources de la philologie ; transportant aisément, grâce à sa connaissance de l'antiquité, son auditoire dans le milieu spécial où vivaient saint Paul et les chrétiens de son temps ; donnant ainsi à son enseignement un caractère vivant qui saisissait l'imagination, et gravait par là même plus avant dans l'esprit les conclusions pratiques qui en découlaient. Ces conclusions, on l'a observé justement, avaient généralement quelque chose de neuf, d'original, d'inattendu, et pourtant de très rationel et de parfaitement adapté aux nécessités des temps actuels.

A en juger par les manuscrits que nous avons sous les yeux, M. Monier, après avoir écrit d'une écriture fine, serrée, parfois illisible — on ne se douterait

nous prêchant Jésus crucifié, a ouvert nos yeux à la lumière qui doit nous diriger désormais : *qui per signum crucis cœcos illuminavit;* lui qui nous a enrichis des précieux trésors de piété et de doctrine dont les princes de l'Eglise lui ont confié la dispensation : *et thesauros Ecclesiae dedit pauperibus.* »

pas qu'il eût obtenu jadis le prix de calligraphie, — le canevas détaillé de ses instructions, pouvait, en chaire, guidé par une mémoire très fidèle, se laisser aller à des développements que lui permettait sa facilité d'improvisation. Sa diction n'était point rapide; il gardait plutôt le ton de la causerie, parlant avec un peu de lenteur, afin de permettre à sa voix d'arriver aux oreilles de chacun de ses auditeurs, donnant parfois à ses phrases des tournures un peu laborieuses, mais où l'on reconnaissait toujours le puriste, soit à la justesse impeccable de l'expression, soit à la clarté lumineuse de l'exposition.

Quant à l'orthodoxie de M. Monier, dans ses prédications aussi bien que dans son enseignement, le plus léger doute à ce sujet ne saurait effleurer notre esprit. Contentons-nous de citer ces quelques lignes de l'article paru dans le « Bulletin trimestriel des Anciens Elèves de Saint-Sulpice » :

« Nous savons, dit l'auteur de cet article, que M. Monier parla la langue du vrai prêtre catholique qui a la foi simple et droite d'un enfant, qui donne l'obéissance spontanée et joyeuse aux enseignements du Pape, surtout quand il en trouve l'inspiration dans un fond d'âme bien humble, et la tradition dans les maîtres qui occupèrent toujours sa pensée. On sait ce que fut l'esprit si romain de M. Olier. Comment cet esprit n'aurait-il pas passé dans celui de ses disciples qui l'a le mieux connu et aimé ? »[1].

C'est vers le milieu de son supériorat des Carmes, c'est-à-dire vers 1888, que M. Monier s'adonna au ministère des retraites ecclésiastiques. Voici dans quelles circonstances.

Depuis son départ de Metz, les nombreux amis

1. *Bulletin trim.* 15 mai 1912.

qu'il y avait laissés le pressaient beaucoup d'y retourner les voir et passer auprès d'eux quelques semaines de vacances. On devine la réponse du Supérieur des Carmes. Il alléguait ses nombreux travaux, les exigences bien légitimes de sa famille, de son vieux père, surtout, auquel il se devait avant tout.

Mais un jour, ce fut l'évêque lui-même, Monseigneur Dupont des Loges, qui prit l'initiative et renouvela ses instances, si bien qu'il ne fut plus possible à M. Monier de reculer : « Je vous demande instamment, lui écrivit le pieux prélat, de venir prêcher la retraite des professeurs de mon Petit Séminaire. » Par le retour du courrier, M. Monier répondit à l'évêque qu'il acceptait. Fin octobre suivant, il vint donc à Metz. Avec quelle joie il y fut accueilli, on peut en juger par les regrets qu'il y avait laissés.

« J'étais obligé, disait-il à un ami, de fermer ma porte quelques instants avant l'instruction ou de me retirer à l'écart dans une chambre voisine, pour me soustraire à des visites agréables, sans doute, et qui me faisaient grand plaisir, mais quelque peu importunes. »

Deux ou trois ans après, M. Monier revint à Metz, non plus pour une retraite de professeurs, mais pour une retraite du clergé diocésain, présidée par Monseigneur Dupont des Loges.

On ne tarda pas à se dire dans la région que M. le Supérieur des Carmes acceptait de prêcher des retraites pastorales, et bientôt ce fut à qui l'inviterait, soit pour des retraites de professeurs de Petit Séminaire, soit pour des retraites pastorales proprement dites, si bien, qu'après quelques années, M. Monier pouvait à peine disposer d'un peu de repos dans sa famille, tout le reste de son temps était consacré à la prédication.

Un grand nombre de diocèses de France ont eu

l'avantage d'entendre sa parole. Citons au hasard : Séez, Coutances, Bayeux, Beauvais. Reims, Meaux, Paris, à deux reprises, Versailles, Evreux, la Rochelle, Verdun, Toulouse, etc. Nous avons vu qu'il fut appelé à Avignon deux fois, à cinq années d'intervalle, la première fois en 1894, par Monseigneur Vigne [1], la seconde fois en 1899, par Monseigneur Sueur [2]. A l'occasion de ces deux retraites, prêchées dans son propre diocèse, et avec le succès que nous avons dit, un de ses amis d'antan ne pouvait s'empêcher de faire remarquer, faisant allusion aux épreuves si douloureuses qu'avait endurées M. Monier, pendant la dernière année qu'il avait passée au Petit Séminaire d'Avignon, comment la Providence avait permis que ce prêtre qui, 35 ou 40 ans auparavant s'était éloigné de son pays sous le coup d'une disgrâce imméritée, y revînt aujourd'hui pleinement réhabilité, appelé à y remplir la mission la plus délicate que l'on puisse confier à un prêtre.

Parmi les diocèses qui bénéficièrent de sa parole apostolique, citons encore celui de Gap, où l'appela Monseigneur Berthet [3], un ami de quarante ans qu'il avait connu au Séminaire de Saint-Sulpice, et avec qui il avait entretenu depuis une correspondance des plus suivies. En vain le prélat avait pressé son ami, à diverses reprises, de venir le voir dans sa ville épiscopale. M. Monier n'était pas homme à se déplacer, comme un simple touriste, sans un but d'utilité. Monseigneur Berthet le comprit bien : « Allons, mon cher ami, lui écrivit-il un jour, je vois bien qu'il n'y

1. Mgr Ange Vigne, né à Grignan, diocèse de Valence, en 1826 : évêque d'Oran, 1876 ; de Digne, 1880 ; archevêque d'Avignon, 1885 ; mort en 1895.

2. Mgr Louis-François Sueur, né au diocèse d'Arras, 1841 ; évêque d'Evreux, 1894 : archevêque d'Avignon, 1896 : démissionnaire en 1907 ; mort en 1914.

3. Mgr Prosper-Amable Berthet, évêque de Gap, mort en 1915.

aura qu'une retraite pastorale qui pourra vous décider à venir dans nos montagnes. Eh bien ! cette retraite, vous viendrez nous la donner l'an prochain : j'y compte par avance. » Ainsi fut fait. A l'époque voulue, M. Monier arrivait à Gap, prêchait la retraite, à la suite de laquelle l'évêque tint à faire visiter à son ancien condisciple de Saint-Sulpice une partie de son diocèse, entre autres le pieux sanctuaire de N.-D. du Laus, si vénéré dans la région des Alpes.

Ce ministère, par lequel il abrégeait notablement le temps qu'il aurait pu consacrer au repos, M. Monier le remplissait avec la bonne humeur d'un ouvrier persuadé qu'il accomplit une utile besogne. — « Eh bien, disait-il un jour, en souriant, à un de ses confrères de Saint-Sulpice qui s'en allait, lui aussi, prêcher des retraites, nous allons donc reprendre notre tour de France? » Il aurait pu dire avec autant de vérité : le tour du monde.

En effet, nous le voyons, en 1898, bien qu'âgé de 67 ans, répondre à l'appel qui lui est adressé d'Afrique, par l'abbé de la Trappe de Staouéli, et aller prêcher une retraite aux religieux de ce monastère, puis, deux ans plus tard, traverser l'Atlantique, pour semer dans le Canada la semence divine de la parole de Dieu.

A Staouéli, M. Monier eut l'agréable surprise de trouver là, comme religieux de chœur, un de ses anciens élèves du Petit Séminaire, M. Joseph Brun, originaire de Réauville (Drôme). Cet élève, d'une intelligence peu développée, paraissait à tous ceux qui le connaissaient, dans l'impossibilité de pouvoir arriver un jour au sacerdoce. Après un an passé au Grand Séminaire d'Avignon, et trois autres à celui de Valence, il était entré à la Trappe, et c'est à Staouéli que M. Monier, son ancien maître, venait le retrouver. Or, Joseph Brun, devenu en religion le P. Théo-

time, était non seulement un excellent religieux,
mais un religieux d'un tact, d'un jugement rares, un
des meilleurs sujets du couvent, à tel point que le R.
P. Abbé lui avait confié la charge difficile entre toutes de Père Maître de la communauté des frères
convers. « Tant il est vrai, disait M. Monier, que la
Providence se plaît parfois à déjouer tous nos raisonnements, et que la grâce, contrairement à nos prévisions, peut perfectionner merveilleusement les esprits les moins doués par la nature. »

Mais voici que deux ans après, en 1900, M. Monier
presque septuagénaire, est appelé par la Providence
à étendre plus loin encore son zèle; il lui faudra, cette
fois, franchir l'Océan, et parcourir une partie de
l'Amérique du Nord, le Canada français. Voici les
causes qui amenèrent ce voyage imprévu.

M. Captier, élu Supérieur général de la Compagnie
de Saint-Sulpice, avait dû, selon l'usage, entreprendre la visite officielle de tous les Séminaires dirigés
par les fils de M. Olier. Malheureusement, lorsque
fut venu pour lui le moment de se rendre au Canada,
où se trouvent de nombreux établissements, séminaires et paroisses, dépendant de Saint-Sulpice, il se
rendit compte que malgré sa bonne volonté, il ne
pourrait atteindre le but, et que ses forces physiques
ne pouvaient lui permettre de réaliser ses projets. Il lui
fallut donc confier à un autre cette importante mission, et, sans hésiter, il jeta les yeux sur celui qu'il
considérait comme un autre lui-même, dont il avait
fait son conseiller et son intime ami, en qui, enfin, il
avait toute confiance.

M. Monier, dont les forces, un moment ébranlées,
s'étaient rétablies suffisamment dans la maison
calme et tranquille de Saint-Jean, répondit à l'appel
de M. Captier, et entreprit ce lointain voyage, muni

des pleins pouvoirs de celui dont il était le mandataire.

Nous ne possédons, ni sur son voyage, ni sur la visite qu'il fit des établissements du Canada, aucun détail. Nous savons seulement que, parti en juillet 1900, il s'acquitta parfaitement de sa mission, visita les séminaires, régla plusieurs affaires temporelles concernant les paroisses que dirigent dans ce pays les Sulpiciens, prêcha plusieurs retraites ecclésiastiques, et enfin charma, ce qui ne saurait nous surprendre, tous ceux qui l'approchèrent.

Il avait dû, pour voyager, quitter le costume ecclésiastique, ainsi qu'il est d'usage en Amérique, et revêtir les habits de clergyman. Le « Bulletin trimestriel des Anciens Elèves » nous montre une photographie de M. Monier, en ces vêtements civils qui durent lui paraître bien étranges.

Il racontait comment, un jour, ayant fait, en compagnie de quelques confrères, une promenade en barque sur le lac Oka, tout d'un coup, au moment d'attérir, par suite d'un faux mouvement, la barque chavira, et il dut faire un plongeon au fond de l'eau. Heureusement, on le tira de là, et l'accident, qui aurait pu être tragique, tourna naturellement au comique.

Lorsque, au retour de ce long et pénible voyage, il rendait compte à son supérieur de la mission qui lui avait été imposée : « Ah ! M. le Supérieur, lui dit-il, je vous en prie, ne me remerciez pas ! Grâce à vous, je viens d'avoir les plus grandes consolations qu'un prêtre puisse avoir en ce monde ! »

Mieux que de longues phrases, cette exclamation de M. Monier nous donne une idée des douces émotions éprouvées par lui dans cette Nouvelle-France où, mieux que dans la France d'aujourd'hui, on a su garder les traditions chrétiennes de la France d'autrefois.

Pourtant, à vouloir user et parfois abuser de ses forces, il arrive fatalement un moment où celles-ci nous trahissent. M. Monier dut subir à son tour les effets inévitables de cette loi de notre nature. Tandis qu'il prêchait à Périgueux une retraite pastorale — c'était en l'année 1909 — un malaise sérieux l'obligea tout à coup à en interrompre les exercices. Il fit aussitôt appel au dévouement d'un de ses anciens élèves, M. le chanoine Brunel, alors curé d'une paroisse de Nîmes, qui vint achever l'œuvre si tristement interrompue.

A partir de ce moment, M. Monier dut renoncer définitivement à reprendre son « tour de France », mais il ne renonça point pour cela à la prédication, et nous le voyons continuer de s'adonner à ce ministère avec un zèle que les années ne purent affaiblir. Il prêche habituellement aux retraites du mois de Saint-Sulpice ; il prêche presque aussi souvent à la rue Lhomond, et ce sont là deux auditoires qui sont l'objet constant de sa sollicitude. Nous trouvons aussi mentionnés, dans ses manuscrits, quelques exhortations faites à la *Fraternité sacerdotale de N.-D. des Victoires, au Tiers-Ordre de Saint-François* de la même paroisse, à la *Communauté de Puteaux*, etc.

Les sujets qu'il traite dans ses retraites du mois sont presque constamment tirés des Epitres pastorales de saint Paul, déjà utilisées, nous le savons, dans ses retraites pastorales, et d'où il excellait à tirer les enseignements de la plus haute spiritualité. Il y traita également des *Béatitudes*, des *vertus théologales* et *cardinales*, et donna des considérations sur la vie des apôtres [1].

---

1. Les sujets d'instructions contenus dans les manuscrits de M. Monier sont au nombre de 170 environ. Il serait à souhaiter, pour l'utilité du clergé, qu'ils soient un jour publiés.

Terminons ce chapitre par un trait qui complètera heureusement le portrait que nous avons essayé de tracer de M. Monier, prédicateur.

Il écrivait habituellement, avons-nous dit, tous ses discours, excepté quand on le prenait au dépourvu. Or, certain jour, le Président du Cercle d'étudiants du Luxembourg vint le prier, à l'occasion d'une fête, de vouloir bien célébrer une messe à Saint-Sulpice. « Nous serons à peu près au complet, lui dit-il, étudiants en droit, en médecine, etc... » M. Monier promet de dire la messe, mais la pensée ne lui vint pas de demander s'il devait prendre la parole.

Au jour dit, il était dans la sacristie, attendant qu'on vînt lui dire que tout était prêt. Un instant après, il commence la messe, et voici qu'au moment où il commençait l'épître, le Président vient lui dire discrètement : « M. le Supérieur, à quel moment comptez-vous parler? Après l'Evangile, ou après la messe? — Mais il n'a pas été question de discours, répond le Supérieur — Regrettable, mais on y compte.

— Eh bien, je parlerai après l'Evangile.

— De cette façon, disait M. Monier en racontant le fait, j'étais tranquille pour le reste de la messe. Mais ajoutait-il, ces jeunes gens m'ont fait faire un tour de gymnastique dont je ne me serais jamais cru capable. »

Or, ce discours tout à fait de circonstance, sténographié, parut avec honneur la semaine suivante dans le « Bulletin de l'Association. »

Il n'est pas donné à beaucoup d'orateurs de pouvoir accomplir un pareil « tour de gymnastique », encore faut-il le faire sans se montrer au-dessous de sa réputation.

Peut-être quelques lecteurs se demanderont-ils pourquoi M. Monier, que nous avons vu en rapports d'amitié avec un si grand nombre d'évêques, ne reçut jamais de leur part la moindre distinction honorifique, pas le moindre camail de chanoine honoraire ?

La réponse est simple : L'usage de Saint-Sulpice, était tel ; pour les Sulpiciens, pas le moindre de ces titres en honneur parmi le clergé séculier. De même, les fils de M. Olier ne peuvent accepter aucune prédication de retraite, en dehors des retraites ecclésiastiques, sans une autorisation expresse du Supérieur général. Exception est faite seulement pour un sermon isolé. Sur ces deux points de la règle, M. Icard était, dit-on, inexorable. Il dut céder pourtant, un jour, au moins sur l'un des deux points, au sujet de M. Monier, et voici en quelles circonstances.

M. Monier, alors encore Supérieur des Carmes, se trouvait en vacances auprès de son neveu, vicaire à Bollène, au diocèse d'Avignon. Un religieux jésuite prêchait la retraite annuelle des Religieuses du Saint-Sacrement, dont le couvent est situé dans cette paroisse. Mais voilà que le deuxième ou troisième jour, le Père prédicateur tombe malade et est obligé de s'aliter. Grand embarras de la Supérieure, qui fait appeler au parloir le Curé doyen. Celui-ci ne trouva rien de mieux que de faire appel à la bonne volonté de M. Monier qui, devant ce cas de force majeure, s'inclina et acheva la retraite, à la grande satisfaction des bonnes religieuses Sacramentines, si bien, que le jour de la clôture, la Mère Supérieure, au nom de sa communauté, supplia le prédicateur de vouloir bien revenir l'année suivante, mais pour donner au complet les exercices de la retraite. On devine la réponse de M. Monier.

Quelques semaines après, la cure de Bollène devient vacante ; un nouveau curé est nommé, et le jour de son installation solennelle, M. Monier était encore présent dans la paroisse. Selon l'usage, le clergé, accompagné des diverses confréries, se rendit au presbytère pour y prendre le nouvel élu et le conduire à l'église paroissiale, où devait avoir lieu la cérémonie.

Or, pendant le parcours, le vicaire général, M. Charasse, aperçoit, parmi les vicaires, M. Monier, revêtu, comme eux, d'un simple surplis.

— « C'est trop fort, dit-il, est-ce que ce prêtre, avec tous les services qu'il nous rend et qu'il continue à nous rendre, ne devrait pas être au moins chanoine honoraire ? Dès demain, j'en ferai mon affaire. »

Le lendemain, en effet, il expose la chose à l'archevêque, Monseigneur Vigne, qui entre pleinement dans les vues de son vicaire général.

Or, la Providence voulut que M. Icard, de retour de Pertuis où il venait de prendre quelques jours de vacances, fît une halte en Avignon. Selon sa coutume, une de ses premières visites fut pour Monseigneur l'Archevêque. Celui-ci, ravi de la bonne rencontre, ne tarda pas, après les compliments d'usage, à aborder la question qui lui tenait au cœur :

— « J'aurais, M. le Supérieur, deux requêtes à vous exposer en faveur d'un de mes prêtres, car il est toujours nôtre, quoiqu'il fasse partie de votre Compagnie.

— Et qui donc ?

— M. Monier.

— Oh ! le bon M. Monier, reprit M. Icard, il est vôtre, Monseigneur, sans doute et je sais quel souvenir il a laissé dans le diocèse d'Avignon, mais il est à nous aussi, et nous nous en glorifions.

— De quoi s'agit-il donc à son sujet ?

— Eh bien ! je vous demanderais deux choses : que vous l'autorisiez d'abord à prêcher une retraite, la retraite annuelle à nos chères sœurs les religieuses du Saint-Sacrement de Bollène, et ensuite, de vouloir bien lui permettre d'accepter le camail de chanoine honoraire de mon diocèse.

M. Icard, devant cette double demande à laquelle il était loin de s'attendre, (nous tenons ces détails d'un témoin oculaire), prend un air soucieux ; il murmure quelques mots, puis, se remet de sa surprise et, prenant un ton où se distinguaient à la fois l'autorité du Supérieur et l'humble condescendance qu'il devait à son évêque, comme originaire de Pertuis :

« Monseigneur, dit-il, vous me demandez deux choses qui me jettent dans un grand embarras. Vous refuser tout ? Je ne le puis sans manquer d'égards à Votre Grandeur. Eh bien ! de deux maux, je prends le moindre : M. Monier pourra prêcher la retraite des Sacramentines. Mais, l'autoriser à accepter le camail de chanoine, jamais ! »

L'entretien fut rapporté deux jours après — on devine par qui... M. Charrasse — à M. Monier, qui s'en amusa beaucoup. Et voilà comment M. Monier ne fut jamais chanoine d'aucun diocèse, pas même son diocèse d'origine.

CHAPITRE XII

M. MONIER ET LES ERREURS MODERNES.

M. Monier quitte le Séminaire de l'Institut catholique.
— Il est nommé supérieur de l'Ecole Saint-Jean. — La
question Loisy. — Psychologie des novateurs. — L'abbé
A. Loisy élève, puis professeur a l'Institut catholique.
— Conduite de M. Monier envers lui. — Note importante
du P. Léonce de Grandmaison sur la psychologie de M.
Loisy. — Mgr Duchesne. — Ses premiers ouvrages, donnent lieu a des critiques. — Son *Histoire ancienne de l'Eglise*
est déférée a la Congrégation de l'Index. — M. Monier
lui écrit a deux reprises pour lui donner de sages conseils. — Mgr Duchesne se soumet « l'Eglise est toujours
une mère. » — Vrais sentiments de ce prélat : il fut un
prêtre croyant et pieux.

La mort de Mgr d'Hulst, survenue le 6 novembre
1896, devait sonner presque fatalement pour M. Monier l'heure de sa retraite. En effet, Mgr Péchenard [1], vicaire général de Reims, avait été désigné
par le comité directeur des Facultés catholiques pour
recueillir la succession de Mgr d'Hulst, et l'on pouvait prévoir dès lors que le nouveau Recteur de l'Institut catholique ne garderait pas longtemps auprès
de lui celui qui pendant près de vingt ans avait été

1. Mgr Péchenard Pierre-Louis, né à Gespunsard (Ardennes), en
1842, Supérieur de l'Ecole des Carmes et vicaire général de Paris,
en 1896, évêque de Soissons, en 1907, mort en 1920.

le collaborateur dévoué, le bras droit de son prédécesseur.

M. Captier crut opportun de profiter de la situation pour proposer à M. Monier de prendre la direction, plus facile et moins lourde, de l'Ecole dite de Saint-Jean, nouvellement fondée et établie rue de Vaugirard, n° 50-52, presque en face de l'Institut catholique.

L'Ecole Saint-Jean existait depuis un an seulement, et avait eu pour premier supérieur M. Lafuye, que le clergé d'Avignon a connu Supérieur du Séminaire Saint-Charles, et dont il a apprécié les grandes qualités.

C'est donc à Saint-Jean que vint s'installer M. Monier en quittant les Carmes. Il écrivait quelques jours après à son neveu, M. l'abbé Reynaud :

« Je regrette sans doute cette chère maison où j'ai passé 19 années de travail, de préoccupations de toutes sortes, mais consolantes à bien des points de vue.

« Ici, je retrouve le calme que je n'avais pas là-bas. J'aime déjà notre petite chapelle, sur les murs de laquelle est représentée en belles fresques, dues au talent de Flandrin, toute la vie de S. Jean. Nous avons notre salle des exercices : c'est là que nous nous réunissons quatre fois par jour.

« Ma communauté est peu nombreuse, mais ces Messieurs sont de vrais modèles de docilité, de travail et de régularité. Nous sommes trois directeurs. Avec moi sont adjoints un ancien directeur du Séminaire d'Angers, un prêtre vénérable à tous les points de vue : M. Laroche ; et un jeune directeur du Séminaire d'Autun, venu ici pour refaire sa santé, esprit ardent, âme vraiment d'élite, qui fait la joie de la maison et notre joie à tous. Le dirai-je ? Et pourquoi pas ? Malgré notre âge déjà avancé, nous redevenons jeunes avec lui. Ce bon abbé Belzit, (c'est le nom de ce jeune confrère) est

incontestablement un de nos meilleurs professeurs de
théologie dogmatique.

« Voilà donc notre personnel de S.-Jean : on y vit
tranquille et dans une solitude que j'apprécie chaque
jour davantage. »

Le départ de M. Monier de l'Ecole des Carmes,
pénible pour lui-même, ne le fut pas moins pour les
amis, prêtres ou laïques, qu'il y laissait. M. de Lapparent, professeur de sciences, résumait les regrets
de chacun lorsqu'il lui disait : « Vous nous laissez un
grand vide, Monsieur le Supérieur. »

Mais, hâtons-nous de le dire, le voisinage des deux
Ecoles permit à M. Monier de revenir souvent dans
son ancienne maison. Sur les instances de son vénéré successeur, M. Guibert, il était de toutes les
fêtes, de toutes les réunions. M. Guibert n'entrepre-
nait rien sans prendre l'avis du Supérieur de Saint-
Jean. En maintes circonstances, il l'invita à prendre
la parole dans la chapelle des Carmes, et le pria
même à plusieurs reprises de prêcher la retraite du
commencement d'année aux élèves de l'Ecole. Pour
condescendre aux désirs de quelques habitués de la
chapelle des Carmes qui, depuis dix-huit ou vingt
ans s'étaient placés sous la direction de M. Monier,
on lui ménagea dans une nef latérale un confessionnal; enfin, M. Guibert tint à ce que le portrait en
pied de son éminent prédécesseur figurât dans le réfectoire à la suite de ceux des anciens Supérieurs
de l'Ecole des Carmes.

Mgr Péchenard lui-même, trois ou quatre ans
après le départ de son prédécesseur, poussa l'amabilité jusqu'à offrir à M. Monier la présidence de la
séance solennelle de fin d'année, séance à laquelle
non seulement tout le corps professoral, mais tout un
monde choisi était présent. C'est à la suite de cette

séance qu'étaient proclamés les prix et les diplômes obtenus pendant l'année scolaire.

Cette séance s'ouvrit par un petit discours du Recteur, discours très délicat, et dont on devine aisément l'objet. M. Monier prit ensuite la parole, et son discours, non moins que celui de Mgr Péchenard, fut remarquable de délicatesse et de finesse de sentiments.

Jetons maintenant un regard sur la vie intérieure de cette petite communauté de Saint-Jean. Nous avons dit que ces Messieurs suivaient les cours de l'Institut catholique, mais M. Monier n'était pas homme à se désintéresser de leurs études, et l'on imagine aisément le soin qu'il apportait à les surveiller et à les diriger.

Une fois par semaine avait lieu une conférence donnée à tour de rôle par un élève de la maison, soit sur un sujet désigné d'avance par le supérieur, soit sur une matière traitée dans le cours qu'il suivait à l'Institut.

Le soir, à la lecture spirituelle. deux des confrères du conférencier, sur l'invitation de M. le Supérieur, donnaient leur avis sur les défauts et les qualités de la conférence ; puis, à son tour, le Supérieur faisait la critique avec beaucoup de finesse et d'à-propos.

En dehors de ces conférences qu'on pourrait appeler familiales, M. Monier profitait de toutes les occasions pour faire entendre à sa communauté des voix plus autorisées encore que les leurs. C'était, tantôt un évêque de passage, tantôt un missionnaire, un prédicateur en renom.

De plus, chaque année, il procurait à ces Messieurs une belle journée de congé, une excursion dans les environs de Paris. Elle avait lieu d'ordinaire au mois de mai. Une année, elle eut pour but la fameuse abbaye de Port-Royal ; une autre année, la visite du château de Chantilly. En prévision de la lecture spirituelle que les excursionistes devaient faire sous les ombrages du parc, le Supérieur n'eut garde d'oublier l'Oraison funèbre du grand Condé par Bossuet : c'était tout à fait d'actualité.

« M. Monier avait-il dit en entrant dans la maison : *Hic habitabo, et ibi requiescam?* Peut-être, mais quand il s'agit de l'avenir, nos prévoyances sont courtes. Le séjour de Saint-Jean ne fut qu'un passage. » [1].

En effet, quand vinrent les lois néfastes de la séparation (9 décembre 1905), il fallut chercher pour tous, maîtres et élèves, un gîte de fortune.

« M. Monier, nous dit encore la Lettre circulaire était de ceux qui, par leur âge et leurs services, avaient un droit privilégié à ne pas rester parmi les errants. »

Mais, avant de pousser plus avant le récit des diverses migrations que dut subir encore M. Monier, le moment nous semble venu de nous arrêter un instant, pour traiter une question délicate entre toutes, qui, pendant bien des années tint une grande place dans ses préoccupations et fut pour lui la source de grandes tristesses, et, sans doute, de beaucoup de larmes : nous voulons parler de ce que l'on a appelé dans son temps *la question Loisy.*

Nous aurions préféré passer sous silence ces faits douloureux et que l'on voudrait pouvoir laisser dans un complet oubli, mais il nous a paru que la personnalité de M. Monier a été mêlée de trop près à ces graves questions doctrinales, il a eu avec l'abbé Loisy des rapports trop étroits, pour que nous puissions nous dispenser d'aborder ce sujet. Mais nous

1. Lettre circulaire.

tenons à avertir le lecteur que nous ne dirons que ce qui nous paraîtra indispensable pour atteindre notre but, qui est de justifier, autant du moins que la chose pourra paraître nécessaire, la conduite de l'ancien Supérieur de l'Ecole des Carmes, dans des circonstances particulièrement difficiles pour lui.

Faisant allusion aux difficultés que rencontra M. Monier, pendant les années de son Supériorat des Carmes, au point de vue de la direction disciplinaire de sa communauté, M. Garriguet, Supérieur général de Saint-Sulpice, dans sa Lettre circulaire, ajoute la réflexion suivante qui nous parait très judicieuse :

« Plus graves encore, dit-il, furent les difficultés au temps de la crise doctrinale qui sévit sur toutes les maisons d'enseignement supérieur. »

M. Monier, par conviction personnelle d'abord, étant, à l'exemple de M. Olier, *d'esprit romain*, ainsi que s'exprime M. Garriguet, et aussi par devoir professionnel, comme Supérieur du Séminaire de l'Institut, le centre intellectuel le plus important de France, ne pouvait rester indifférent en présence de cette crise doctrinale dont il pouvait mieux que personne mesurer les effets désastreux dans le domaine de la foi catholique.

« De fait, nous dit encore l'auteur de la Lettre circulaire, M. Monier eut cet esprit [romain], et dans plus d'une occasion, il dut en faire profession par des exhortations et des monitions courageuses vis-à-vis de ceux qu'il voyait vaciller. »

Mgr Baudrillart, dans la *Vie de Mgr d'Hulst*, expose avec beaucoup de justesse et de précision les graves difficultés avec lesquelles se trouvèrent aux prises, vers l'année 1880 et les années suivantes, ceux qui, comme Mgr d'Hulst et M. Monier, avaient mission de veiller à la direction des esprits, dans le renouveau intellectuel qui se manifestait dans tout le monde catholique. Nous pensons ne pouvoir mieux faire que de mettre sous les yeux de nos lecteurs une de ces pages les plus remarquables :

« Il fallait, dit l'éminent écrivain, que l'enseignement prît un caractère plus scientifique et plus moderne ; qu'on introduisît plus largement l'histoire dans la théologie ; qu'on eût l'intelligence des systèmes philosophiques contemporains ; qu'on entrât dans le vif des problèmes exégétiques ; qu'on se servît, pour les résoudre, de la méthode critique, et que, par suite, sans rien changer au fond de la doctrine, on modifiât le mode de la présentation de bien des thèses admises et consacrées.

« Mais ici on se heurtait au plus sérieux des obstacles. Les uns venaient de la nature des choses, les autres du caractère des personnes.

« La doctrine est chose sacrée ; c'est d'elle que tout dépend dans la vie chrétienne ; elle a ses origines dans la Révélation ; elle échappe par un côté au contrôle de la critique ; elle implique un certain système du monde, une certaine philosophie, une certaine histoire. Sans doute, la vérité ne se contredit pas, mais, dans son histoire humaine, il peut y avoir des lacunes et des obscurités. Les meilleurs arguments philosophiques ne paraissent pas convaincants à tous ; la preuve de certains faits historiques est difficile à faire péremptoirement, exige à tout le moins un appareil compliqué. Livrer tout cela aux discussions des purs savants, qui prétendent ne trancher les questions que par les méthodes de la science, n'était-ce pas courir un grand risque ? D'autre part, si les limites de l'orthodoxie sont très réelles, elles ne sont pas toujours visibles à première vue. De très bonne foi, on peut se tromper. Les théologiens qui ont mission de la défendre peuvent être et sont souvent ombrageux ; il peut leur arriver, et il leur arrive de prendre leurs opinions favorites ou traditionnelles pour l'expression de la vérité elle-même. Ceux qui, au contraire, entrent dans des voies nouvelles, pêchent le plus souvent par excès de hardiesse, voire par témérité ; la nouveauté les séduit par elle-même ; ils mettent de la coquetterie à contredire l'opinion reçue ; de prime abord, celle-ci leur paraît suspecte ; s'ils ont de l'esprit et de la verve, ils les exercent à ses dépens et aux dépens de ceux qui la soutiennent ; ils irritent, ils blessent des hommes que, par des voies plus douces, avec plus de mesure et de précautions, ils auraient amenés à leur idée. Cette idée même, ils l'exagèrent souvent. Au lieu de se borner à soutenir que l'histoire et la critique ont leur place dans l'étude de la théologie, ils n'admettent plus que l'histoire des dogmes, rejetant toute synthèse théologique, tiennent les théologiens pour des ennemis ; souvent aussi ils se laissent aller à une excessive confiance en eux-mêmes ; leur système leur paraît irréfragable, et, tout comme les théologiens, ils le confondent avec la vérité. Les uns parlent au nom de l'orthodoxie, les autres au nom de la science, et la science, c'est eux.

« Il est un danger plus grand encore, ajoute le prélat, celui de se laisser partiellement ou totalement séduire par les doctrines adverses ; on se fait un langage et une mentalité de rationaliste ; on ne voit plus que le côté humain dans le développement de la doctrine et dans l'histoire de l'Eglise. A supposer qu'on garde pour soi-même l'essentiel de la foi, on la compromet chez les autres par l'attitude qu'on a adoptée. » [1]

On voudra bien reconnaître que nous avons, dans ces lignes, décrite d'une façon magistrale, la psychologie vraie des novateurs de tous les temps, d'hier, d'aujourd'hui et de demain. En poussant tant soi

1. Mgr Baudrillart, *Vie de Mgr d'Huslt*, Paris, de Gigord, 1912, t. I, p. 454 et 455. Sur la genèse de l'erreur moderniste, on trouvera d'intéressants renseignements dans tout le chapitre xv, d'où est extraite la citation ci-dessus ; voir de même, au tome II, le chapitre xxi, *la question biblique*.

peu au noir ce portrait, nous arrivons naturellement jusqu'à la négation positive de la vérité révélée, jusqu'au rationalisme, jusqu'à l'apostasie, et alors instinctivement notre esprit se porte vers ce prêtre dont le nom s'est rencontré tout à l'heure pour la première fois sous notre plume, l'abbé Alfred Loisy.

Né à Ambrières (Marne), en 1857, M. Loisy fut ordonné prêtre le 29 juin 1879. Sur l'intervention de M. Monier et de M. l'abbé Duchesne, qui l'avaient connu pendant les quelques mois qu'il avait déjà passés à l'Institut catholique à la fin de l'année 1878, il revient dans cette même maison, en 1881, d'abord comme étudiant, puis comme maître de conférences en 1883, et professeur en 1890.

« De bonne heure, écrit l'auteur de la Vie de Mgr d'Hulst, on parla à mots couverts des hardiesses de l'abbé Loisy et de la verve irrévérencieuse avec laquelle il traitait les auteurs catholiques qui l'avaient précédé dans la critique biblique; il semblait même éprouver une sorte de joie à trouver en défaut le texte sacré. Le ton de son enseignement était âpre, mordant, sarcastique, mais éloquent et vivant; la parole était un peu saccadée, martelée, mais vivante et pénétrante; le fond montrait un homme au courant des travaux contemporains allemands ou anglais et plein d'idées à lui; dans tout ce qu'il disait on sentait la passion et le courage : il était persuadé que la critique biblique devait être renouvelée chez les catholiques, et, somme toute, bien que son enseignement fût un peu troublant, avec quelque bonne volonté, on pouvait encore interpréter favorablement et accepter chacune de ses assertions prises à part. » [1]

Notre but n'est pas de faire ici l'histoire détaillée des erreurs professées par l'abbé Loisy, de son enlisement progressif dans la négation, en arrivant au

1. Mgr Baudrillart, *op. cit.* p. 475, 476.

scepticisme absolu, et aboutissant enfin, après de longues hésitations de la part de Rome, et diverses rétractations plus ou moins vagues de la part de M. Loisy, à cette sentence d'excommunication qui vint le frapper le 7 mars 1908, et le fixa définitivement, semble-t-il, hors de l'Eglise catholique. Ce travail n'entre nullement dans notre cadre ; il a été fait avant nous et beaucoup mieux que nous ne pourrions le faire nous-même [1].

Certes, M. Monier fut bon envers le jeune professeur de l'Institut catholique sur lequel il avait fondé sans doute, et non sans raison, de grandes espérances pour l'avenir de l'Institut et la gloire de l'Eglise ; il fut bon, car, nous l'avons vu déjà au cours de ce livre et nous le verrons mieux encore dans un des chapitres qui vont suivre, la bonté la plus exquise fit le fond de son caractère ; et il avait des raisons particulières de manifester cette bonté paternelle envers ce jeune prêtre, qui l'avait choisi pour être le guide et le confident de son âme.

Mais cette bonté, nous en avons la certitude, n'alla jamais jusqu'à la faiblesse. M. Monier dut parler, et il parla le langage de la fermeté ; il fit tout ce qui était en son pouvoir pour arrêter cette course à l'abîme. Il eut la douleur de n'être point écouté.

« A ceux, dirons-nous avec l'auteur de la *Lettre circulaire*, qui s'étonnent de l'insuccès et qui voudraient y attacher un reproche, nous rappelons ces deux lois de l'ordre psychologique : la première, que les maîtres

______

1. La bibliographie concernant les idées de M. Loisy est considérable. Lui-même, dans un volume publié en 1913, intitulé *Choses passées*, et qui est son autobiographie, nous fait connaître les diverses phases de ce drame intime qui devait se dénouer par l'apostasie totale. La revue « L'Ami du Clergé », dans son numéro du 25 septembre 1913, a donné une analyse détaillée de ce livre, à laquelle on pourra se reporter.

d'erreur, quand ils sont aveuglés par l'orgueil, ne savent plus remonter la mauvaise pente ; la seconde, que les jeunes gens qui ont subi l'illusion des nouveautés ne se déprennent que lorsqu'ils voient tomber la foudre. »

Cette seconde loi, nous le savons, ne s'est pas vérifiée pour l'abbé Loisy.

Celui-ci, par suite des hardiesses croissantes de son enseignement, est obligé de quitter sa chaire de l'Institut catholique (novembre 1893). Désormais, il s'appliquera à accentuer toujours davantage son esprit frondeur, et prendra à tâche, dans de multiples publications, d'attaquer ouvertement les doctrines les plus traditionnelles de l'Eglise en matière d'exégèse.

Il n'a pas oublié son ancien maître et directeur. En octobre 1893, il publie sept lettres, dans : *Autour d'un petit livre*, dont la dernière est adressée à M. Monier lui-même. Dans cette lettre, il s'applique à démontrer l'inexistence des sacrements de l'Ordre et de l'Eucharistie.

« Le Supérieur de Séminaire à qui s'adressait la lettre était M. Monier. Ce vénérable Sulpicien était la bonté même. Très attaché pour son propre compte à la tradition théologique, il était bienveillant pour la pensée d'autrui. » [1]

Il n'est pas à notre connaissance que M. Monier ait répondu, au moins publiquement, à cette lettre qui d'aucune façon n'était faite pour lui plaire.

Voici que retiré à Garnay, dans le diocèse de Chartres, l'abbé Loisy tombe sérieusement malade. C'était en janvier 1907. M. Monier en est informé, et sans hésiter se met en route, afin d'essayer de ra-

1. A. Loisy, *Choses passées*, Paris, Nourry, 1913, p. 267.

mener, avant qu'elle paraisse devant le souverain Juge, cette pauvre âme égarée. M. Loisy, toujours dans son livre : *Choses passées*, nous raconte lui-même assez en détail cette visite. Voici les lignes principales de ce récit.

« Le bon M. Monier vint de Paris pour me voir. Il s'était pourvu, à toute éventualité, d'une autorisation de l'évêque de Chartres pour m'entendre en confession, si opportunité il y avait. Nous eûmes une très longue et très amicale conversation, bien qu'il n'y fût guère question que de ma mort.

« Mon ancien directeur était venu pour me mettre en règle avec l'Eglise, pensant ou sachant que Rome me considérait en fait comme excommunié, et que la sépulture ecclésiastique me serait refusée si je venais à mourir sans avoir fait la rétractation qui m'avait été demandée en 1904. Il aurait voulu, en effet, obtenir de moi une déclaration écrite par laquelle, tout en protestant de ma bonne foi et de la droiture de mes intentions pour le passé, autant que besoin serait, je soumettrais sans aucune réserve tous mes écrits au jugement infaillible de l'Eglise.

« Je dus donc lui remontrer que je ne croyais pas à l'infaillibilité de l'Eglise.

«].... Je ne cachai pas à M. Monier que j'avais pris des résolutions toutes contraires à celles qu'il sollicitait ; que je voulais assurer, vivant ou mort, la publication de mes *Evangiles Synoptiques* et que cet ouvrage, purement scientifique, se trouvait en contradiction plus flagrante avec la théologie traditionnelle que tout ce que j'avais écrit précédemment.

« Je ne sais si mon vénérable interlocuteur attendait une meilleure issue de sa démarche, mais il ne témoigna pas trop de surprise. Comme il était bon, il fut plutôt heureux de me trouver moins près de la mort qu'il ne l'avait craint.... Il partit en me promettant de revenir, mais je ne devais plus le revoir. »

L'insuccès de ses démarches auprès de celui qu'il avait aimé d'une affection particulièrement tendre, nous pourrions dire paternelle, fut une des grandes tristesses du bon M. Monier. Il la ressentit davantage encore, lorsque, peu de temps après, il fut chargé par l'archevêque de Paris de rédiger un rapport sur les erreurs doctrinales de l'abbé Loisy, rapport qui concluait nettement à leur condamnation, et devait aboutir à la sentence d'excommunication portée contre leur auteur, le 7 mars 1908.

Une fois seulement, en 1905 dans une des instructions qu'il adressait à Saint-Sulpice, à l'occasion de la retraite du mois, traitant ce sujet : *Les défections*, M. Monier ne put s'empêcher de faire une allusion assez transparente à celle de l'abbé Loisy.

« S. Paul, dit-il, dans ce petit bataillon dont il était le chef et dont il semble, à la fin de son Epître, (la IIe à Timothée) passer la revue dans les salutations qu'il envoie à son correspondant, dans ce bataillon, il y a eu des héros, mais il y a eu aussi des *lapsi*, il a connu des défections, et, à cet égard, son Epître nous donne des enseignements qui, par le temps où nous sommes, peuvent devenir pratiques... *Hélas ! ne le sont-ils pas déjà ? N'y a-t-il pas des noms que nous connaissons, qui nous ont été chers, et que nous n'osons pas prononcer tout haut ?* »

L'auditoire comprit et partagea en silence l'émotion visible de l'orateur.

Un des rédacteurs les plus en vue de la Revue les *Etudes*, un des hommes les plus au courant du mouvement des idées des temps actuels, le P. Léonce de Grandmaison, dans une lettre qu'il a bien voulu nous écrire, au sujet de la psychologie de M. Loisy, se pose, en terminant, cette question :

« Un redressement chez M. Loisy est-il probable ou possible ? C'est ce que Dieu sait. Il me paraît difficile, dit-il, que le nihilisme religieux actuel, — car c'est bien cela, ne lui paraisse, à certains moments, bien aride ; et les idées, surtout philosophiques, qui le fondent, contestables. Dieu veuille écouter les amis du ciel qui ont jadis connu et aimé **M. Loisy** ! Nous ne pouvons qu'unir nos prières à leur intercession. »

Nous ne pouvions mieux achever, que par ces accents de charité chrétienne et sacerdotale, ce douloureux épisode de la vie de **M. Monier** [1].

1. Bien que l'objet de la lettre du P. L. de Grandmaison, dont nous venons de citer les dernières lignes, n'entre pas tout à fait dans le cadre de ce travail, nous pensons faire œuvre utile en la transcrivant ici presque intégralement : nos lecteurs pourront ainsi juger par eux-mêmes de l'intérêt qu'elle présente au point de vue de l'évolution des idées chez M. Loisy. Nous nous faisons en même temps un devoir d'exprimer à notre docte correspondant occasionnel nos plus vifs remerciements.

« Le cas de M. Loisy est bien complexe. Il faut, je crois, pour l'apprécier justement, tenir compte des circonstances d'alors, bien défavorables aux jeunes savants catholiques, en matière scripturaire surtout. Ils trouvaient des encouragements, mais peu de direction réelle. M. Paulin Martin était, il est vrai, un érudit de valeur, et M. Vigouroux un homme très instruit et largement ouvert à la culture moderne. Mais, en somme, presque tous les « maîtres », (ou les hommes réputés tels), au moment des débuts de M. Loisy, sur le terrain de l'exégèse de l'Ancien Testament surtout, étaient des rationalistes plus ou moins avancés : Abraham Kuenen, Ed. Reuss, J. Wellhausen, et ses élèves : W. Robertson Smith et les siens, E. Renan lui-même. Les instruments de travail : grammaires, dictionnaires, commentaires, introductions, etc, étaient pénétrés, et de plus en plus, des principes évolutionistes et immanentistes de l'école hégélienne, aussi influente, sinon davantage, sur le terrain de l'histoire religieuse, que l'école kantienne en philosophie.

« Un esprit jeune, hardi, en réaction naturelle, (encore qu'excessive et dangereuse) contre un enseignement dont il avait senti les lacunes, et qui lui paraissait lui fermer l'entrée de la terre promise scientifique, ne pouvait manquer de se ressentir de cet état de choses. Tout l'y encourageait, et même un peu ses chefs, Mgr d'Hulst et Mgr Duchesne, qui, très persuadés de la nécessité des progrès des études religieuses dans leur domaine respectif, étaient portés à l'encourager dans tous les domaines.

« Ajoutez que plusieurs des critiques faites aux premières témérités du jeune professeur n'étaient pas fondées, ou du moins étaient mal motivées, sur le terrain de la science positive.

« De là une habitude (pour autant que j'en puisse juger) de

S'il fut pénible pour son cœur de constater l'insuccès de ses efforts pour ramener au bercail la brebis égarée, la Providence lui ménagea, en revanche, quelques années plus tard, une grande joie par la fidélité, la soumission, dans des circonstances

tenir peu de compte des critiques venant du côté droit, conservateur. Une habitude aussi, (faute de maître *reconnu* dans sa partie, joignant une pleine orthodoxie à une science éminente, à une information de première main) de *juger les autorités ecclésiastiques,* de séparer en eux l'homme respectable, voire vénérable, aimé, écouté sur le terrain spirituel, du conseiller en matière d'études, dont on estimait n'avoir pas à tenir un compte sérieux...

« Maintenant, au milieu de ces circonstances difficiles, quelle a été au juste l'attitude de M. Loisy ? — Nous n'avons guère — au moins ceux qui, comme moi, ne l'ont pas connu personnellement, — pour en juger, que l'autobiographie *Choses passées*. Comme tous les documents de ce genre, elle doit projeter quelque chose de l'état d'âme actuel de l'écrivain sur son passé.

« Cependant, il y a là un document très instructif, quand on sait le lire. En particulier, je pense qu'on peut y trouver la clef de l'énigme psychologique dont vous me parlez. Comment un homme, un jeune prêtre pieux, dont M. Monier, son directeur, dont Mgr d'Hulst apprécient l'esprit ecclésiastique, a-t-il pu devenir ce savant d'un intellectualisme sec et intransigeant, ce critique sans respect et sans égard pour le sentiment religieux, dont un protestant libéral comme Fred Heiler dit que la fibre religieuse lui manque ? Je crois les deux impressions fondées, et le passage de l'une à l'autre explicable dans *Choses passées*.

« C'est peu à peu, lentement, que l'esprit rationaliste, profane, laïque, totalement sécularisé, des maîtres *réels* de Loisy, c'est-à-dire Reuss, Renan, et surtout les savants allemands de gauche, dont il a reflété, magnifié, brillamment exposé les opinions dans ses ouvrages successifs : J. Wellhausen, H. Winchler, H. Gunkel, H. J. Holtzmann, A. Iülicher, Joh. Weiss, W. Bousset, R. Reitzenstein, s'est infiltré en lui. Et, avec son esprit critique, français, d'une logique dure, et, comme dirait Mgr d'Hulst, (voir *Choses passées*), « perpendiculaire », M. Loisy devenait doucement, mais sûrement, positiviste en matière regilieuse, et plus que ses maîtres eux-mêmes.

« La piété, la dévotion subsistaient probablement dans une certaine mesure, mais comment pouvaient-elles lutter à armes égales dans un intellectuel, avec des doutes nettement acceptés, et, à en juger par *Choses passées*, ils le furent très tôt.? — Cela constituait une impasse, une situation intolérable, que les difficultés d'état, les censures, la profession extérieure de dogmes qui n'étaient plus admis, les discussions, coincidant avec des ennuis de santé, por-

éminement critiques, d'un des professeurs les plus remarquables de l'Institut catholique : l'abbé Duchesne, devenu plus tard, Mgr Duchesne. C'est cet épisode que nous allons raconter brièvement.

L'abbé Duchesne, (Louis-Marie-Olivier) était né à Saint-Servan, diocèse de Rennes, le 13 septembre 1843. Après ses études de théologie à Rome, en 1864-1865, où, avec l'abbé d'Hulst, il suivit les cours du Collège Romain, il fut ordonné prêtre en 1867. En 1875, il devenait membre de l'Ecole française, fondée l'année même, et y faisait apprécier l'étendue de ses connaissances et l'acuité de son sens critique. A la création de l'Université catholique de Paris, il refusa généreusement une chaire de Faculté de l'Etat, et offrit ses services au Recteur des Facultés catholiques, où il professa, en 1877, l'archéologie et l'histoire du christianisme. En cette même année, il obtenait le grade de docteur ès-lettres, avec une thèse latine et une thèse française, qui étaient une étude sur le *Liber Pontificalis*.

Dès la publication de cet important ouvrage, qui eut dans le monde savant un immense succès, l'abbé Duchesne fut tenu déjà, par certains esprits, pour suspect : l'abbé Darras et Mgr Freppel allèrent jusqu'à déférer le *Liber pontificalis* à l'Index. Le cardinal di Luca se contenta de transmettre à l'auteur quelques observations, dont il fit son profit dans les prolégomènes de sa grande édition.

Ainsi donc, dès ses débuts, l'abbé Duchesne avait attiré sur lui l'attention du monde savant et soulevé des critiques, au moins en partie justifiées.

tèrent à leur comble, amenant finalement l'exode, l'excommunication, et l'attitude intérieure qui se reflète dans les nombreux ouvrages qui se sont succédé depuis 1910 environ.

« Telle est l'idée sommaire que je me fais de ce développement, hélas ! orienté dans un sens infiniment regrettable. »

En 1882, autre alerte à l'occasion des leçons lithographiées du professeur d'histoire de l'Institut sur les *Origines chrétiennes*. M. Icard, Supérieur de Saint-Sulpice, alla jusqu'à interdire aux élèves du Séminaire les cours du savant critique, dont l'orthodoxie lui parut suspecte et les doctrines dangereuses.

En 1885, nouvelle tempête à l'occasion d'un article publié par l'abbé Duchesne dans le *Bulletin critique*, relatif aux Origines apostoliques de plusieurs Eglises des Gaules. Mgr d'Hulst prit nettement la défense de son professeur, dont il appréciait fort les travaux, tout en regrettant qu'il parût si souvent, par ses conclusions et par son ton, collaborer à l'œuvre destructrice des critiques qui passaient pour les adversaires *à priori*, non seulement de nos traditions, mais de nos croyances.

Passons rapidement sur ces divers incidents pour arriver à celui qui nous intéresse particulièrement ici.

En 1911, Mgr Duchesne — il avait été promu protonotaire apostolique en l'année 1900 — publiait à Paris, chez Fontemoing, un nouveau livre : *Histoire ancienne de l'Eglise*, en deux volumes. Il fut censuré par Rome, dès les premiers jours de l'année suivante, et ce ne fut pas sans de sérieux motifs, sur lesquels nous n'avons pas à nous étendre ici, et que nous nous contenterons de résumer en ces quelques lignes que nous empruntons à un article du P. A. d'Alès, paru dans le n° du 20 janvier 1911, des *Etudes* « Quelques calembours d'une authenticité douteuse, le ton nettement déplaisant d'une exposition çà et là trop naturaliste et inégale aux grands sujets, ne paraissent pas des raisons suffisantes de lui dénier le respect, — voire l'admiration — auxquels donnent droit les trophées d'une activité virile et féconde.

« ... D'aucuns lui reprocheront — et nous serons volontiers de ceux-là — d'avoir traité bien légèrement et bien humainement des choses réellement divines, de n'avoir pas toujours su percer le voile des vulgarités apparentes, de n'avoir vu trop souvent, dans les débats théologiques, qu'un cliquetis de mots, au lieu du choc de la révélation chrétienne contre l'erreur à éliminer de la conscience des hommes... » [1].

Bref, la sentence était portée. Quelle allait être l'attitude du prélat en présence d'une sentence si douloureuse pour son amour-propre? Que pouvait-on attendre de ce savant, que l'Index venait de condamner solennellement? Mgr Duchesne était connu, certes, comme un prêtre pieux, édifiant; mais c'était aussi un Breton! Allait-on assister à un acte de soumission sans réserve, ou bien à une révolte obstinée et coupable?

M. Monier, alors Supérieur du Séminaire normal, suivait évidemment avec une poignante émotion les péripéties de cette lutte. Déjà miné par la maladie qui devait l'emmener à la fin mars de cette même année 1912, il n'hésite pas à prendre la plume, et écrit à Mgr Duchesne, son ami de près de quarante ans, et qu'il a connu de près pendant les années de son professorat à l'Institut catholique.

Il écrit une première lettre le 17 janvier; puis, inquiet sans doute de n'avoir pas eu encore de réponse, apprenant par les journaux la condamnation prononcée le 22, il prend de nouveau la plume

____

1. Voir *Ami du Clergé*, année 1911, p. 269 et seq. un exposé développé des défauts de la critique et des travaux de Mgr Duchesne. Voir aussi dans le même volume, p. 868, la lettre du Cardinal de Laï interdisant, avec des considérants très sévères, l'usage de *l'Histoire ancienne*, traduite en italien, dans les Grands Séminaires d'Italie.

le 6 février, pour donner à son ami ces conseils de
« bonne et sage affection » dont il a besoin dans ces
moments d'angoisse, où l'âme, désemparée en face
de l'humiliation, sollicite un appui. Que furent ces
deux lettres de M. Monier, écrites quelques semaines avant sa mort ? elles furent sûrement un appel
amical, fraternel, au devoir, à la soumission sans
réserve à l'autorité suprême, à la volonté de notre
Mère la Sainte Eglise.

La réponse de Mgr Duchesne arriva enfin ; elle
était datée de Rome, du 8 février 1912, et telle
qu'on pouvait la souhaiter pour la consolation des
catholiques et pour l'honneur de celui qui avait eu
le noble courage de l'écrire. La voici dans toute sa
simplicité :

ECOLE FRANÇAISE
       DE
    ROME   Rome, le 8 février 1912.
     —

   PALAIS
  FARNÈSE
           Cher Monsieur le Supérieur,

Depuis votre lettre du 17 janvier, il s'est passé bien
des choses. Inutile de vous les raconter. Je ne veux
même pas vous parler des dessous, toujours d'une certitude relative, et, par suite, peu propres à contenter un
critique.

Les temps sont durs. La vieille Curie romaine, avec
sa modération pratique, son calme, son air posé, n'a
pourtant pas disparu. Elle subsiste, comme la cendre
sous la braise, au moment où le feu est bien ardent.
Peut-être la reverra-t-on ? Pour le moment, ce n'est pas
elle qui gouverne. Nous sommes à la terreur. On est
épié, dénoncé, jugé, sommairement exécuté.

Mais l'Eglise est toujours l'Eglise. Une Mère peut
gronder avec exubérance, c'est toujours une Mère. Il

faut la respecter, l'aimer quand même. Dieu aidant, je ne faillirai pas à ce devoir.

Et je me recommande à vos bonnes prières, et à celles de M. Branchereau, [1] qui jadis, a connu, lui aussi, des heures de sacrifices.

Ne croyez pas aux propos que prêteraient les journaux. Je leur ai fermé résolument ma porte, et je repasse souvent dans mon esprit ce verset de l'Ecriture : *In omnibus his non peccavit Job labiis suis, neque stultum quid contra Deum locutus est* [2].

Ma lettre [3] semble avoir fait bon effet. Le cardinal R. la juge « belle et utile ». En général, on ne publie pas ces documents. Celui-ci a été porté à midi chez le cardinal della Volpe ; le soir même, il paraissait dans l'*Osservatore*, après avoir ricoché sur le bureau du Saint Père.

Bien cordialement à vous.

L. DUCHESNE.

P. S. 9 février. Je reçois votre seconde lettre du 6. Toujours la même affection, fidèle et sage. Comme je vous remercie ! A bientôt.   L. D.

Ainsi donc, Mgr Duchesne avait compris admirablement la voix du devoir, la voix de l'affection « fidèle et sage », et restait malgré tout le fils obéissant de l'Eglise. Cette lettre fut, à n'en pas douter, une des grandes joies de M. Monier, la joie suprême avant l'heure du départ pour l'autre vie qui allait bientôt sonner pour lui.

L'abbé H. Bremond, successeur de Mgr Duchesne à l'Académie, n'a eu garde de passer sous silence la lettre que nous venons de citer. Il a montré, dans

---

1. Louis Branchereau, prêtre de Saint-Sulpice, ancien Supérieur des Grands Séminaires de Nantes et d'Orléans, (1819-1913) avait vu, en 1861, diverses propositions de son *Traité de* Philosophie, condamnées par le Saint-Office, et s'était humblement soumis.

2. Job. ch. I, v. 22.

3. Sa lettre de soumission.

la première partie de son discours, « l'historien des Papes, déconcerté par un régime imprévu », et qui ne peut retenir sous sa plume l'expression d'une sourde irritation. Mais dans les lignes qui suivent, il nous montre « le fidèle », le fils respectueux et aimant de l'Eglise, prouvant, « non aux intimes, qui le savaient déjà, mais aux autres, qu'il n'avait pas vécu en simple curieux dans la familiarité des martyrs »[1]. A notre avis, ces quelques lignes valent toutes les œuvres du savant académicien : dans celles-ci, il a montré son esprit, son immense érudition ; dans celles-là, il nous montre ce qu'il y a de meilleur en lui : son cœur de prêtre, sa foi de Breton.

D'ailleurs, toutes ces nobles qualités, Mgr Duchesne les avait déjà montrées, lorsque, en 1889, il écrivait la préface de son livre : les *Origines du culte chrétien*, dont nous transcrivons ici quelques lignes :

« Si mon livre, écrivait-il, n'est qu'un livre d'étude, je ne pense pas que sa lecture ait pour effet de diminuer chez qui que ce soit le respect, le pieux attachement auxquels ont droit les rites vénérables de notre vieille Mère l'Eglise catholique. Si, quelque part, l'expression avait trahi ma pensée au point qu'il en pût être autrement, je le regretterais du fond de mon cœur. Ces vieux rites sont doublement sacrés : ils nous viennent de Dieu par le Christ et par l'Eglise ; mais ils n'auraient pas à nos yeux cette auréole, qu'ils seraient encore sanctifiés par la piété de cent générations. Depuis tant de siècles on a prié ainsi ! Tant d'émotions, tant de joies, tant d'affections, tant de larmes ont passé sur ces livres, sur ces rites, sur ces formules ! Oui, vraiment, je suis heureux d'avoir travaillé à mettre en lumière une antiquité si sainte ! »

1. H. Brémond, Discours de réception à l'Académie française, 22 mai 1924.

Là-dessus, dans un article publié dans la *Revue d'histoire de l'Eglise de France*, par **M**. René Aigrain [1] nous lisons ce beau commentaire :

« L'abbé Duchesne écrivait cela en 1889. Le membre de deux Académies, le directeur de l'Ecole française de Rome, qui contractait une pneumonie pour n'avoir pas voulu manquer de dire sa messe devant quelques vieilles femmes, n'avait rien perdu de cette piété vraiment sacerdotale.

« Il n'y a qu'un vrai Duchesne, conclut M. Aigrin, c'est celui qui écrivait la préface de 1889, en tête d'un livre initiateur. »

Nous ne doutons pas que M. Monnier n'eût souscrit de grand cœur à ce bel éloge de son éminent ami.

1. Revue d'histoire de l'Eglise de France, juillet-septembre 1922.

CHAPITRE XIII

M. MONIER INTIME.

Bonté de M. Monier. — Son affection pour ses parents. — Il accourt de Metz auprès de sa mère malade. — Lettre touchante adressée a son père. — Il assiste celui-ci a ses derniers moments. — Devoirs des ecclésiastiques envers leurs père et mère. — Son dévouement pour les autres membres de sa famille. — La douceur envers les inférieurs, d'après Saint Paul. — Il vient au secours d'un malheureux prêtre. — Reconnaissance et attachement des élèves envers leur maitre. — Ses « noces d'argent. » — Fête improvisée. — Témoignages d'un religieux de la Compagnie de Jésus, et de M. l'abbé Hemmer. — Portrait humoristique : *Un Méridional qui aurait peur de l'être.* — Ses relations d'amitié avec le cardinal Gasparri. — Belle page de M. H. Joly sur *M. Monier et les gens du monde.* — « Il fut un prêtre parfait. »

A diverses reprises, dans les différentes phases de la vie de M. Monier que nous avons essayé de retracer, il nous a été donné de voir se manifester en lui cette vertu qui faisait le fond de sa nature délicate : la bonté. C'est le témoignage que se plaisent à lui rendre tous ceux qui l'ont approché, et M. Loisy lui-même, même après sa rupture avec l'Eglise, ne craignait pas d'écrire dans son livre *Choses passées* : « Il était la bonté même. »

Mais cette bonté exquise, que trahissait le regard, la parole, l'ensemble de la physionomie, n'avait chez lui rien de banal, rien d'apprêté, d'artificiel : sa bouche parlait de l'abondance du cœur. Il était bon par un don de nature, qui l'avait doué du côté du cœur aussi bien que du côté de l'intelligence ; mais on sentait que sa bonté s'alimentait à une source plus élevée ; elle avait un principe surnaturel qui lui faisait voir dans les charmes de l'amitié le moyen d'élever les âmes, de les amener finalement vers Dieu.

Il avait au plus haut point le don de charmer, et cela, sans recherche, naturellement. *Virtus de illo exibat*, aurait-on pu dire de lui comme du divin Maître. De toute sa personne il s'échappait une vertu secrète qui inspirait la sympathie, mieux encore, l'affection telle que ni les années, ni l'éloignement ne parvenaient à la faire disparaître.

Il ne sera donc pas sans intérêt, croyons-nous, avant d'achever ce travail, de montrer ici, comme dans une vue d'ensemble, d'une façon plus explicite, plus détaillée, les touchantes manifestations des qualités de cœur de M. Monier, non moins remarquables que celles de son esprit.

Suivons-le dans le cercle intime de la famille, nous le verrons y faire preuve d'une exquise délicatesse d'affection, d'une tendresse de cœur vraiment remarquables. Rien de plus naturel, c'est vrai, mais on conviendra qu'il y a, en cela comme en toute chose, des degrés, et nous ne craignons pas d'affirmer que M. Monier, dans ses affections familiales, nous donne des exemples qui nous touchent profondément.

Envers ses parents, il fut toujours animé d'une rare déférence, pénétré d'un religieux respect. Pendant le temps qu'il passait auprès d'eux, quand venaient les vacances, malgré ses quarante ou cinquante ans, malgré les hautes fonctions qu'il remplissait, il était toujours vis-à-vis d'eux comme l'enfant de quinze ans, ne faisant rien, n'entreprenant rien sans les consulter, sans avoir obtenu leur assentiment.

Un de ses amis intimes lui demanda, un jour, de qui il tenait les qualités rares qui le distinguaient. M. Monier, en souriant, lui répondit : « S'il y a en moi quelques qualités, c'est à mon père et à ma mère que je les dois... ma Mère, surtout, avait un cœur d'or. »

Il était à Metz, ainsi que nous l'avons dit, lorsque cette mère vénérée fut atteinte de la maladie qui devait la conduire au tombeau. Il faut lire les lettres qu'il écrivit alors à sa sœur, plus heureuse que lui de pouvoir remplir auprès de la malade ses devoirs de piété filiale. Son désir eût été d'accourir lui-même auprès de celle à qui, après Dieu, il devait tout. Il s'en ouvrit au médecin qui soignait la malade, lui demandant si le moment ne serait pas venu pour lui de se rendre auprès d'elle. Après quelques jours d'hésitation le docteur lui écrivit qu'en effet le moment était peut-être venu pour lui de se mettre en route.

M. Monier n'hésita pas. Avec l'assentiment de son Supérieur, il quitta Metz et se rendit à Mornas, auprès de la chère et vénérable malade. On devine aisément les effusions de mutuelle affection qui s'échangèrent, dans cette première entrevue, entre le fils et la mère. Pendant trois semaines environ, M. Monier demeura auprès d'elle, ne quittant guère son chevet que pour vaquer, soit à l'église, soit dans sa chambre, à ses exercices de piété. Et encore, aimait-il à réciter son bréviaire auprès de sa bonne mère.

On nous fournit sur sa conduite, pendant ces jours, des détails touchants qui nous donnent une

haute idée de sa piété filiale et de son esprit de religion. Il aimait à bénir d'un signe de croix les médi-
caments prescrits par le docteur, et qu'il présentait
lui-même à la malade, qu'il accompagnait d'une parole de réconfort et de consolation.

Trois semaines écoulées, la maladie n'ayant subi
aucune agravation, et le docteur ayant donné quelque espoir de relèvement, M. Monier reprit la route
de Metz. Son devoir de piété filiale accompli, un
autre devoir non moins impérieux l'appelait ailleurs.
Il fit donc ses adieux à sa bonne mère, — adieux
qui devaient être les derniers — et, le cœur plein
d'émotion, ne pouvant retenir ses larmes, il prit le
train qui devait le ramener au Séminaire de Metz.

Mais, hélas! l'espoir qu'avait donné le médecin ne
devait pas se réaliser, et un mois environ après,
madame Monier succombait. Son fils en fut informé
télégraphiquement, et il répondit aussitôt par un
télégramme des plus touchants, suivi, le lendemain,
d'une longue lettre plus touchante encore adressée
à son père, où il donne libre essor à sa tendresse
filiale en même temps qu'à son complet abandon à
la Providence. Qu'on en juge par le texte même de
cette lettre, que nous avons la bonne fortune de
posséder et que nous transcrivons ici :

Metz, le 1er mars 1876.

Mon cher père,

Hélas ! je viens pleurer avec toi et vous tous, car je
ne me sens pas la force de vous apporter des consolations, dans le malheur qui nous frappe. Ma bonne mère !
Je ne devais donc plus la revoir ! Jusqu'au dernier moment, malgré les bulletins si alarmants que je recevais,
je voulais me faire illusion. Me voilà en face de la triste
réalité : je n'ai plus de mère!

J'ai là devant moi son portrait, où je retrouve son

sourire, sa bonté, cette bonté inépuisable qui s'est toujours oubliée elle-même pour ses enfants, pour nous
tous. C'était pour moi, en ce monde, la parfaite image du
du bon Dieu, dont les bras nous sont toujours ouverts,
et dont le cœur nous accueille toujours avec la même
bonté. Bonne mère! je l'ai bien aimée, et j'ai le regret
encore de ne pas l'avoir assez aimée, et de ne pas avoir
assez satisfait son amour.

Sur toi, maintenant, notre bon père, nous allons reporter l'amour que nous avions pour elle, puisque tu
nous restes seul en ce monde. Ça été une consolation
pour moi que l'assurance que me donne le triste télégramme, au sujet de ta fermeté dans l'épreuve que Dieu
nous envoie. Conserve-toi pour nous tous, pour l'affection de tous les enfants.

Je voudrais tâcher de bien me convaincre aussi que
le télégramme me dit vrai en me parlant de la résignation d'Amélie. Certes, je ne doute pas de sa force d'âme
et de sa foi chrétienne. Mais je la supplie instamment
de s'inspirer de cette foi. Nous perdons notre mère ;
mais elle aussi est mère et doit se conserver pour ses
enfants.

Elle a une consolation que je lui envie, c'est d'avoir
jusqu'au bout, pu donner ses soins à notre mère, et
d'avoir, autant que les ressources humaines le permettaient, prolongé ses jours C'est pour moi un immense
regret de n'avoir pu jusqu'à la fin, donner à notre chère
mère les consolations de mon ministère... Bonne mère !
si ma main ne s'est point levée pour bénir ton agonie,
mes prières ne t'ont pas manqué. Mardi matin encore,
je récitais pour elle la messe des infirmes, sans me
douter, hélas ! que le bon Dieu venait de l'enlever aux
infirmités et aux cuisantes souffrances de cette triste
vie, pour la transporter, comme je l'espère, dans le séjour du repos et du rafraîchissement.

Je l'ai déjà demandé à Dieu ce matin, et je ne cesserai
de le lui demander tous les jours ; je le lui demande en
ce moment, en m'unissant par le cœur aux prières que
l'Eglise répand en ce moment sur sa chère et sainte dé

pouille, auxquelles il m'est si cruel de ne pouvoir m'unir de plus près.

. . . .

« Et maintenant, prenez courage, car il faut pourtant en venir là. Comme je vous l'insinuais dans mon télégramme, notre mère était une sainte, et elle est au ciel, qu'elle a mérité par ses vertus et par ses souffrances. Nous ne l'aurons plus à côté de nous, pour nous sourire, pour nous embrasser, pour nous aider, mais ce sera un second ange gardien qui nous accompagnera invisiblement. Tâchons, tous, par nos vertus chrétiennes, par notre union mutuelle, par notre affection pour notre bon vieux père qui nous reste, de lui donner cette joie, quand elle nous regardera du haut du ciel.

Adieu, mon cher père, je t'embrasse avec toute l'affection de mon cœur, et j'embrasse en même temps tous les membres de la famille réunis autour de toi, heureux, dans ma douleur, de me dire toujours,

Ton fils bien affectionné et tout dévoué,

F. Monier.

Ce deuil, cette douleur intime qu'il vient de nous dépeindre en termes si touchants, cette « affection de cœur » qu'il porte à tous les siens, M. Monier dut les éprouver de nouveau lorsque, quatre ans après, en 1880, la mort vint lui ravir son vénéré père. Il était alors Supérieur de l'Ecole des Carmes. A la première nouvelle de la maladie, il se hâta d'accourir comme il l'avait fait pour sa mère, et ce qu'il avait fait pour elle, il le fit pour lui. Avec une sollicitude attendrie, il le prépara au suprême voyage, lui suggérant de pieuses invocations : « Mon Dieu! je vous aime! Saint Joseph! patron de la bonne mort, priez pour moi! », lui procurant tous les secours que la religion offre aux mourants pour les aider à paraître avec confiance devant le Souverain Juge.

Lorsque la mort eut accompli son œuvre, l'abbé Monier et son beau-frère, M. Reynaud, ne voulurent céder à personne le douloureux devoir de l'ensevelir ; puis, prenant des ciseaux, l'abbé pieusement coupa une mèche des cheveux du vénéré défunt. Ces cheveux, il les joignit comme une précieuse relique à ceux qu'il avait conservés de sa mère, et, placés dans une boîte déposée dans son prie-Dieu, où elle fut trouvée après sa mort.

Ce culte d'amour filial que M. Monier rendit à ses parents, nous le voyons justifié — s'il était vrai qu'il eût besoin d'être justifié — par M. Monier lui-même, dans une de ces remarquables instructions de retraites du mois qu'il prêcha, pendant de nombreuses années, à Saint-Sulpice. Celle-ci est du 30 janvier 1905. Nous en transcrivons ici quelques passages qui s'adaptent parfaitement au sujet qui nous occupe.

Parlant de la famille, M. Monier commente ce verset tiré de la seconde épitre de saint Paul à Timothée : *recordationem accipiens ejus fidei, quæ est in te non ficta, quæ et habitavit primum in avia tua Loide, et matre tua Eunice, certus sum autem quod et in te*, (2 Tim. I, 5). Il rappelle à son disciple le souvenir des vertus de sa mère, qu'il avait connue autrefois à Lystre ; il y joint même celui de sa grand'mère :

« Qu'on dise ce qu'on voudra, s'écrie avec émotion l'orateur, c'est profondément humain, à tous les âges, que de se rappeler ainsi, dans les crises de la vie, le souvenir d'un père, d'une mère que nous avons aimés. Or, humain, S. Paul l'est toujours ; il n'est étranger (il n'y a qu'à lire ses épîtres) à aucun des sentiments de l'humanité : *humanum nihil*, peut-il dire lui aussi, *a me alienum puto.*

« Ces sentiments, N. S. ne nous a pas demandé de les

abdiquer. Sans doute, notre vocation nous oblige à des séparations parfois douloureuses, et le *reliquerit patrem et matrem* est vrai de nous dans une certaine mesure. Mais la séparation n'est pas l'oubli. Et j'oserai dire que le sacrifice même que notre vocation nous impose, en nous enlevant le droit qu'ont les autres hommes de fonder ici-bas une autre famille, rend plus inaltérable chez nous le sentiment de nos premières affections. Car si la fondation d'une nouvelle famille n'empêche pas le souvenir ou l'amour de l'ancienne, elle a du moins pour inévitable effet, pour parler avec S. Paul, de diviser le cœur, tandis que pour nous, cette division n'existe pas, et la paternité garde sans partage, à notre égard, ce caractère incommunicable qui en fait ici-bas la plus expressive image de la bonté de Dieu pour les hommes...

« Comme fils, quel que soit notre âge, notre dignité, nous devons avoir à cœur d'observer dans toute son étendue et dans toutes ses délicatesses, ce précepte trop oublié : *honora patrem tuum et matrem tuam* (Deut. V. 16), et nous avons tous connu, nous avons tous vu de vénérables prêtres, des évêques de l'Eglise, à qui Dieu avait conservé leur vieux parents, entourer leur vieillesse des déférences les plus touchantes, continuant jusqu'à la fin de se considérer à leur égard comme les plus humbles, les plus respectueux des fils. »

Cette conférence serait à citer tout entière.

Nous pouvons rendre cette justice à **M. Monier** que, selon la parole de l'Evangile, parlant de Notre-Seigneur : *cœpit facere et docere*, il avait commencé par faire lui-même ce qu'il enseignait aux autres.

Ses parents morts, il n'eut garde d'oublier dans ses affections les autres membres de sa famille, ses neveux et nièces qu'il entoura toujours d'une paternelle et affectueuse sollicitude. Il la témoigna plus particulièrement — rien de plus naturel — à celui de ses neveux qu'il eut la joie de voir suivre, à son exemple, la carrière ecclésiastique. Il ne cessa de veiller sur lui pendant les années de son grand Séminaire, lui prodiguant les conseils pour le diriger dans la voie de la piété. Devenu prêtre, puis, après quelques années de vicariat, curé d'une paroisse, M. l'abbé Reynaud avait le privilège et la consolation de recevoir auprès de lui son oncle vénéré, pendant les jours de repos qu'il prenait au temps des vacances.

« Durant ces mois d'un repos bien mérité, écrit celui-ci, le bon M. Monier se plaisait, non sans une grande édification pour mes paroissiens, à joindre à ses conseils une activité des plus touchantes à me seconder dans le ministère de la paroisse, faisant le prône à son tour, prêchant aux réunions des congréganistes, acceptant même, avec une parfaite simplicité, de parcourir les rangs des fidèles, pour faire la quête pour les besoins de l'Eglise. [1]

« Les jours de distribution des prix aux écoles des Frères ou des Sœurs, c'était toujours lui qui prenait la parole, et il le faisait avec un tact, une finesse d'esprit qui enchantaient son auditoire. »

Que si, sortant du cercle intime et restreint de la famille, nous passons à ceux qui y sont étrangers, nous n'avons pas de peine à constater qu'envers ceux-là encore M. Monier s'est montré bon ; il l'a été envers tous ceux qui l'approchaient, soit qu'ils fussent soumis, comme élèves, à son autorité de

---

1. Nous voyons dans la *Vie de Mgr d'Hulst* des détails de ce genre : qu'on nous permette ce rapprochement entre ces prêtres qui eurent entre eux tant de points de ressemblance. A Liouville, « pour en épargner la peine au curé, il (Mgr d'Hulst) sonnait lui-même sa messe, et ses visiteurs, disciples ou amis, ne voyaient pas sans une surprise amusée et un peu émue, le corps de ce grand homme suivre le mouvement de la corde qui, le dimanche, soulevait de terre l'enfant de chœur espiègle et joyeux. » — Mgr Baudrillart, *Vie de Mgr d'Hulst*, t. I, Introduction, p. 9.

Supérieur, soit qu'ils fussent admis dans sa société en qualité d'amis.

Avec les premiers, nous voulons dire ses inférieurs, M. Monier savait se conformer admirablement aux principes pleins de sagessse qu'il exposait un jour (25 janvier 1909), dans une de ses conférences spirituelles de retraite du mois, dont il a été déjà question à diverses reprises. Commentant ces deux mots : *patientiam, mansuetudinem* [1], de la première épitre de saint Paul à Timothée, il en prenait occasion de traiter de la vertu de *douceur*. S'appuyant sur les témoignages d'Aristote, qu'il citait dans le texte grec, et de saint Thomas, il faisait observer qu' « aucune vertu n'est contraire à une autre vertu, et partant, la force de caractère qui suppose l'autorité ne saurait être légitimement opposée à la douceur que l'Apôtre nous recommande, car la douceur sans la force, ce n'est plus de la douceur, mais de la faiblesse, de la mollesse ; et la force, à son tour, sans la douceur, ce n'est plus de la force, c'est de la violence. »

Cette citation que nous voudrions prolonger suffit pourtant à nous faire voir comment M. Monier savait comprendre ses devoirs comme maître de la jeunesse : un heureux mélange de force et de douceur, de manière à éviter les deux défauts contraires, la violence d'une part et la faiblesse de l'autre.

Dans une autre conférence sur la deuxième béatitude : *Beati mites*, il appliquait aux maîtres — et à lui-même sans doute — cette parole du Sauveur : *Discite a me quia mitis sum et humilis corde*, qu'il faut traduire ainsi, nous dit M. Monier : « Venez à moi, venez vous faire mes disciples, car je suis doux et humble de cœur, tandis que ces pharisiens sont

1. Tim. VI, II.

durs et orgueilleux... Par où l'on voit, dit-il, l'importance de cette béatitude pour les maîtres de la jeunesse.

« Ce sont les silencieux, dit-il ailleurs, qui sont les maîtres. *Arundinem quassatam non confringet.* Il y en a, au contraire qui brisent tout. Comme les fils de Zébédé, à tout bout de champ, ils voudraient appeler la foudre sur les prévaricateurs. Nous ne sommes pas de cet esprit. Tant qu'il y a de l'espoir, il faut se dévouer, ne pas éteindre la mèche qui fume encore. Il faut, quelquefois, et ce n'est pas une des moindres peines, (c'est la plus grande) des supérieurs de maison, il y a parfois des retranchements qui, quelque douloureux qu'ils soient, deviennent nécessaires. Mais il faut y être forcé. »

M. Monier, s'il avait dû choisir une devise, aurait sûrement adopté celle de Mgr Freppel, le grand évêque d'Angers. Sous son blason, où l'on voyait une abeille, on lisait : *œgrè spicula, sponte favos* ; je pique à regret, je donne spontanément mon miel.

Pendant près d'un demi-siècle que M. Monier se dévoua au ministère si difficile de la direction de la jeunesse, il sut suivre, n'en doutons pas, le programme que nous venons d'exposer d'après ses propres écrits : la bonté, la douceur avant tout ; la force, quand la nécessité l'exigeait.

A Metz, apprenait-il qu'un de ses élèves était malade ? Sa première pensée était d'aller le visiter, suppléant parfois le médecin de la maison soit par des conseils pratiques, soit par des soins matériels auxquels, ou s'en souvient, l'avaient habitué jadis ses fonctions d'infirmier.

La même sollicitude le suivit partout.

Nous avons dit ce qu'il a fait pour l'abbé Loisy. Cette même bonté, il la manifesta à l'égard d'un autre prêtre, décédé depuis quelques années, dans les circonstances que nous allons indiquer.

M. Monier était alors à Saint-Jean. Une personne amie vint lui dire qu'un prêtre qu'il avait connu longtemps avant, mais qui malheureusement avait suivi une mauvaise voie, était dangereusement malade. — Le bon Supérieur n'hésite pas : il recommande aux prières de ses confrères le pauvre malade, et s'en va à la poursuite de la brebis égarée ; il eut le bonheur de la ramener au bercail. Peu de jours après, il portait au malade la sainte communion ; puis, la maladie se prolongeant, les visites du bon Supérieur de Saint-Jean se multiplièrent jusqu'au jour où, contre toute prévision, le prêtre revint à la santé, en même temps qu'à ses devoirs qu'il avait trop oubliés. Le bon Samaritain ne l'abandonna pas : il le fit admettre dans une maison de retraite où il vécut quelques années, et où il est mort dans des sentiments édifiants de repentir et de piété.

Si M. Monier savait être bon dans une large mesure envers ceux qui vivaient sous son autorité, hâtons-nous de le dire, ceux-ci le lui rendaient avec une touchante unanimité par leur attachement. Ces nombreuses générations de prêtres qu'il a contribué à instruire, à élever, dans le sens le plus beau de ce mot, qu'il a guidées dans le chemin de la science sacrée aussi bien que de la perfection sacerdotale, ont voué à sa mémoire un culte d'affection, de reconnaissance, nous pourrions même dire de vénération. Nous trouverions facilement des témoignages à l'appui de cette assertion.

Ordonné prêtre le 22 juin 1867, ainsi que nous l'avons dit en son temps, M. Monier, devenu Supérieur de l'Ecole des Carmes, devait célébrer, le 22 juin 1892, l'anniversaire de cet évènement mémorable. Partout, cette date jubilaire, ces « noces d'argent »,

donnent occasion à une solennité spéciale, au milieu
d'une affluence de parents et d'amis.

« SaintSulpice, nous dit un chroniqueur du temps dont
nous transcrivons le récit, [1] a peur de cet éclat, Lui qui
se prête si volontiers à fêter les années de sacerdoce des
prêtres qu'il a formés, il veut laisser passer, en quelque
sorte inaperçus, ces anniversaires mémorables. Pour un
de ses fils, c'est tout simplement l'occasion d'un nouveau
retour sur soi-même, d'une retraite tout intime, meilleure et plus fructueuse que les autres ; c'est encore une
fête intérieure, mais sans la solennité de celles dont les
Séminaristes gardent un si bon souvenir.

« J'en voulais, mais là bien sincèrement, à Saint-Sulpice
d'avoir, de par ses us et coutumes, caché sous le voile
du plus impénétrable mystère, un anniversaire auquel
tous mes confrères, j'en étais sûr, auraient été heureux
de prendre part.

« Seul, mais avec une consigne tellement sévère que
que je n'ai pas osé — malgré toutes sortes de bonnes
raisons, malgré surtout le mouvement de mon cœur — en
dire un mot à personne, seul, j'ai pu comprendre certaines allusions et prier nommément, le samedi 22 juin,
pour ce prêtre que M. Monier lui-même recommandait,
la veille au soir, aux prières de la Communauté. Il nous
a dit, après, l'émotion avec laquelle il avait fait cette
recommandation, et la crainte qu'il avait de la laisser
percer à travers ses paroles, et de trahir ainsi le secret
qu'il s'était promis de garder.

« C'est qu'en effet, les professeurs ecclésiastiques de
l'Ecole de lettres qui vivent aux Carmes sous le même
toit, à la même table, n'en ont eux-mêmes rien su, au
moins d'une manière officielle. Ils ont pu l'ignorer complètement jusqu'au soir du 22. Car la messe célébrée
par M. Monier, à 9 heures, dans la chapelle des Carmes,
en présence de plusieurs membres de sa famille, a dû

1. Lettre de M. l'abbé C..., publiée dans le Bulletin des A. E. du
Petit Séminaire d'Avignon, juillet-septembre 1892.

forcément être un peu plus solennelle que la messe habituelle, et quelque chose en a transpiré dans la communauté. Pourtant presque tout le monde l'ignorait encore, quand le samedi soir, à l'occasion de la fête du Sacerdoce célébrée le lendemain à Saint-Sulpice, M. Monier nous parlait du bonheur d'être prêtre ; quand il nous rappelait que, pour la plupart d'entre nous, le Sacerdoce nous était apparu sous les traits vénérables d'un saint prêtre, placé par la Providence sur notre chemin. Avec quel accent tout particulièrement pénétré et ému, il nous parlait ! Il avait sans doute sous les yeux cette vision du passé, évoquée dans le silence de la retraite, les jours précédents.

« Si je relève ces détails, c'est qu'ils ont été mis à profit par notre doyen, dans les quelques paroles que, le lendemain, il a adressées, en notre nom, à M. Monier.

« Ce soir là, le samedi, le mot d'ordre a bien vite circulé de cellule en cellule, au moment du grand silence. Au déjeûner de midi, on se dit, le long des tables, à quel moment précis la Communauté doit se lever, comme un seul homme, et s'approcher de la table du Supérieur. Quel mouvement insolite ! On va croire à une rebellion ! Heureusement que tout le monde est au courant, tout le monde... sauf, bien entendu, M. Monier, qui, pourtant, je le crois bien, ne s'y est pas laissé prendre et n'a pas attendu, pour tout deviner, que le plus sympathique et le plus respectable d'entre nous — le mot est de M. Monier — lui ait adressé la parole. C'est un docteur en théologie, élève de l'école des lettres, le premier par ordre de préséance ; à lui revenait l'honneur de parler. Il le fait très délicatement et d'un ton ému qui est allé tout droit au cœur de M. Monier.

« Une heureuse indiscrétion, a-t-il dit en commençant, nous a fait connaître cette fête de famille, et nous avons voulu y prendre part, car, nous aussi, M. le Supérieur, nous sommes un peu vos enfants. » Faisant allusion à la lecture spirituelle de la veille, il a ajouté qu'elle avait maintenant pour tous une signification précise, que tous garderont au fond du cœur le souvenir

de ce prêtre vénérable, placé par la Providence sur leur
chemin, si bon, qu'il est comme pétri de bonté, et que
tous aiment ici.

« M. Monier, visiblement touché, a remercié l'aimable
interprète des sentiments de tous ; il s'est excusé d'avoir
caché à tous, même aux professeurs, cet anniversaire :
ce n'est pas l'usage à Saint Sulpice....

« Comme tout le monde était d'accord pour fêter ce
bon Supérieur ! Avec quel entrain on a choqué les verres !
— car M. l'Econome s'était mis à la hauteur des circonstances, et faisait *illico* distribuer des bouteilles d'excellent vin blanc. *Ad multos annos !*

« Une superbe étole lui a été offerte en gage de nos
sentiments unanimes. M. Monier a voulu la porter le
soir même aux Vêpres, elle lui rappellera une journée
remplie de douces et fortifiantes émotions. »

Ce tableau d'une fête de famille où nous voyons se
manifester si spontanément l'affection des séminaristes envers leur Supérieur « si bon, qu'il est comme
pétri de bonté », nous dispense d'insister plus longuement sur les sentiments de la « Communauté » à
l'égard de M. Monier.

Et cette affection si vive, si touchante n'était point
une impression du moment. Malgré les années, malgré l'éloignement, elle restait vivante au fond des
cœurs. Nous avons de ceci une preuve dans une lettre que nous faisait l'honneur de nous écrire récemment
un éminent religieux de la Compagnie de Jésus,
et dont nous citons volontiers ces quelques lignes :

« On a eu bien raison de vous dire que j'ai gardé à
M. Monier un souvenir plein d'affection et de respect.
J'ai passé à l'Ecole des Carmes près d'une année, de
janvier 1882 à janvier 1883 ; plus tard, repassant par
Paris, je suis allé plus d'une fois le revoir, et ces relations se sont resserrées durant les années qui précédèrent immédiatement sa mort.

« Il était alors Supérieur du Séminaire normal, rue du Regard, et nous envoyait à l'Institut catholique [1], ses jeunes gens, dont la présence était fort appréciée à nos cours de théologie. Il avait, pour ses anciens élèves jésuites, des attentions charmantes, et se plaisait à réunir quelques-uns d'entre eux à sa table, au Séminaire normal. »

Nous résumerons tout ce que nous venons de dire des sentiments de mutuelle affection qui unissaient M. Monier avec ses anciens élèves, par ces lignes qu'écrivait au lendemain de sa mort un de ses disciples les plus distingués, M. l'abbé H. Hemmer, aujourd'hui curé de la Trinité, à Paris [2].

« Je suis certain que tous ses anciens élèves ont donné à M. Monier, leur ancien Supérieur, un souvenir attendri et une affectueuse prière. Car, si l'on estimait M. Monier pour sa vertu et sa distinction intellectuelle, pour peu qu'on l'eût connu et pénétré, on l'aimait encore davantage, avec le sentiment qu'on ne faisait que lui rendre très imparfaitement ce qu'il vous avait donné de son cœur. » [3]

1. Ce religieux était devenu, et est encore professeur de théologie à l'Institut catholique.

2. H. Hemmer : *M. Monier et l'Ecole des Carmes*, Bulletin des Anciens Elèves de S. Sulpice, 15 mai 1912.

3. Pendant qu'il dirigeait l'Ecole des Carmes, M. Monier eut les honneurs, de la part d'un auteur anonyme, mais qui était évidemment un des élèves du Séminaire, d'un portrait à la manière de La Bruyère, portrait plein d'esprit, et qui fait l'éloge de son auteur aussi bien que du personnage qu'il a voulu peindre. Nous ne croyons pas inutile d'en reproduire ici les principaux passages qui complèteront heureusement ce que nous avons déjà dit de M. Monier, et nous donneront une idée juste de ce que pensait la « jeunesse » des Carmes, de son « bon Supérieur ». L'article est intitulé : *Un Méridionnal qui aurait peur de l'être.*

« Il est bien d'Avignon, mais, chose curieuse, jamais il ne s'en vante ; cela se devine seulement quand il sourit entre les pages de *l'Armana prouvençau*, ou qu'il lit, à ses intimes, des vers de son Roumanille, les siens même quelquefois. Péchés de jeunesse, du

Ce témoignage d'un prêtre éminent pourrait être
signé, nous en avons la certitude, de tous ceux qui
ont vécu sous la douce direction de M. Monier, soit

temps où il jouait du violon, et auquel, dit-on, il n'a pas renoncé.

« Il a une excuse : il aime la poésie, hélas ! jusqu'à aimer les vers
latins ! C'est là son défaut, lui seul n'en souffre pas. Mais il lui est
beaucoup pardonné parce qu'il est beaucoup aimé.

« Jusqu'aux plus farouches « casseurs de cornues » et secs « éplu-
cheurs de logarithmes » qui se retrouvent du cœur pour lui vouer
un culte ; jusqu'aux plus momifiés déchiffreurs d'inscriptions cunéi-
formes qui se retrouvent une langue pour le lui exprimer. Mais les
privilégiés à qui le Maître commente Horace, c'est sur la douce
lyre du chantre de Tibur, c'est sur le divin galoubet de son cher
Aubanel :

Fistula cum lyra...

que ceux-là voudraient le chanter.

« N'a pas de dévotion que pour Horace : se délecte aussi pieusement dans les œuvres mystiques de M. Olier. D'une même religion,
il goûte Virgile et les Pères de l'Eglise, le *de Officiis* de Cicéron et
la *Perfection chrétienne* de Rodriguez, qu'il confond quelquefois...

« Gourmet de belles-lettres, poète et du Midi, M. Monier n'en est
pas moins l'introuvable directeur d'Ecole. Lui, qui nous parle si
bien de Mistral, dans la lande ou la forêt vierge de l'immense
jardin des Carmes ; lui, qui si bien vous enchante de la mélodie de
l' « Hymne au soleil », et vous dit, avec le ton et l'accent de là-bas :
Toi qui sèches la Durance comme un verre de vin de Crau [1], devient,
rentré chez lui, le plus habile chef d'usine à examens. Il voit tout,
gouverne tout : un père, la Providence des candidats.

« Ancien professeur de rhétorique et de dogme, il s'est gardé de
perdre son latin dans les fourrés de la Théologie ; même, il demeure d'une susceptibilité exquise à l'égard des barbarismes, des
solécismes : le moindre lui donne un coup. Mais surtout, voudrait
vous faire aimer ces délicates, ces fines nuances qui le charment
et le ravissent, des synonymes cicéroniens, et l'harmonieux cliquetis des pronoms latins : (sentez-vous ?)...

« Veille avec le même soin sur les droits sacrés de la divine langue de Platon ; ferait presque aux forts en thèmes un cas de conscience de l'emploi des plus pures formes attiques.

« De longues années de professorat à Metz fournirent l'occasion,
au compatriote de Mistral, de pénétrer tous les mystères gutturaux
du patois de Goethe. Aussi le parle-t-il comme un Herr Professor
de Heidelberg, tout en trouvant qu'il manque de la douceur du
Midi. Mais c'est une belle compensation de reconnaître, d'après la

[1].   « Tu que seques la Durènço
       Coumm' un flot de vin de Crau. » (Mistral.)

à Metz, soit à l'Ecole des Carmes, soit à la maison Saint Jean, soit au Séminaire normal. Ils sont légion, ces anciens élèves de M. Monier, répandus dans tous les diocèses de France et même à l'étranger, formant l'élite intellectuelle du clergé, ou des laïques, appelés la plupart aux situations les plus élevées, soit dans l'enseignement, soit dans la hiérarchie ecclésiastique. Parmi eux, combien en pourrions-nous citer, si la discrétion ne nous l'interdisait, qui sont, à l'heure actuelle, l'élite de l'épiscopat ? Tous, nous croyons pouvoir l'affirmer sans crainte d'être démenti, ont gardé, de leur ancien maître, un souvenir d'estime et de profonde reconnaissance.

L'atmosphère de mutuelle affection que la bonté de M. Monier avait créée entre lui et ses élèves, devait s'établir naturellement, quoique sous des formes différentes, avec toutes les personnes qui, à un titre quelconque, professeurs ecclésiastiques ou laïques, prêtres de paroisse, gens du monde, avaient

loi de Grimm, des signes d'invasion ancienne des racines aryennes jusque dans les mots allemands, et plus encore, de lire dans quelque édition savante, Quintilien... Quintilien, qui n'a eu qu'un tort, celui de n'être pas d'Avignon.

Si donc Mgr d'Hulst est le parfait Recteur, M. Monier, par toutes ces qualités réunies, est bien le parfait Directeur.

Ses prédécesseurs, Mgr Cruice, M. Thonon, laissèrent des traces, il laissera, lui, des souvenirs. Professeurs, élèves, se sentant regardés, soutenus, encouragés, vont de l'avant pour faire leur devoir, mais aussi pour faire son plaisir. Car, par dessus tous les dons, cet homme a la bonté. Le soleil du Midi lui a donné au cœur encore plus qu'à la tête. Il est bon, bon, bon, et on l'aime, on l'aime, on l'aime.

Signalement : à certains jours, les Parisiens voient un prêtre passer, grand, inquiet, sinistre, suivre la rue de Vaugirard et longer la grille du Luxembourg; ils lui font place comme à une voiture des ambulances. Y a-t-il donc quelque part des blessés à soigner ? des morts à ramasser ? C'est le Directeur de l'Ecole des Carmes, aux jours des examens de licence ou d'agrégation à la Sorbonne. Les rares victimes lui font oublier les nombreux vainqueurs.

Signes particuliers : Sulpicien, félibre et cigalier. »

M. Monier dut trouver bien amusante, de la part de sa « jeul'occasion d'entrer en relation avec lui. De tous, M. Monier, sans le rechercher le moins du monde, se faisait des amis. Son exquise urbanité, son abord simple et dénué de toute pose, sa conversation pleine de charme, qu'il savait égayer parfois par quelqu'une de ces saillies spirituelles où se révélait sa nature méridionale, sa vaste érudition, sa parfaite serviabilité, en un mot, tout cet ensemble de qualités rares lui permettait de s'attacher des amis, dans toutes les classes de la société. Tous étaient heureux, quand l'occasion s'en présentait, de s'entretenir avec lui, de lui exposer leurs difficultés, de lui demander des conseils qu'ils savaient d'avance, dictés par une sagesse, un esprit pratique qui leur inspiraient la plus entière confiance.

Le vendredi surtout, jour spécialement réservé pour ses réceptions, on voyait défiler dans son antichambre nombre de personnalités en vue, soit du monde ecclésiastique, soit de la société laïque, qu'il accueillait toujours avec sa parfaite affabilité.

De ces nombreux amis dont le commerce fut une des joies les plus douces qu'ait goûtées M. Monier pendant les années qu'il vécut à Paris, nous ne nous permettrons d'en nommer qu'un seul, celui qui, appelé d'abord à Paris, en 1880, par Mgr d'Hulst, pour professer le droit canon à l'Institut catholique, devait plus tard, connaître les honneurs de la pourpre romaine, et devenir, sous les pontificats de Benoît XV, et de Pie XI, secrétaire d'Etat du Saint-Siège ; nous avons nommé le Cardinal Gasparri [1].

nesse, » cette façon originale, spirituelle, de lui témoigner son affection, tout en lui décochant de petites malices, pas bien méchantes, du reste.

1. S. E. le Cardinal Pierre Gasparri, né à Capovallanza di Ussita, diocèse de Norcia, le 5 mai 1852. Titulaire de la chaire de droit canonique à l'Institut catholique de Paris — (1880-1898), élu archevêque de Césarée de Palestine et sacré à Paris dans l'église des Car-

Pendant près de vingt ans, le docte professeur et le Supérieur de l'Ecole eurent tout le temps de se connaître, de s'estimer mutuellement et de nouer une de ces amitiés dont la mort seule peut briser les liens. Vers la fin de l'année 1907, M. Monier, alors Supérieur de la maison Saint-Jean, donna, en l'honneur de l'ancien professeur de l'Institut catholique promu à la dignité de Prince de l'Eglise, un banquet, auquel assistaient toutes les sommités de l'Institut. Au moment des toasts, M. Monier prit la parole, et dans une improvisation d'une exquise délicatesse, fit l'éloge de l'hôte illustre qui les honorait de sa présence. Puis, en terminant, il dit : « Et maintenant, Eminence, *intende, prospere procede, et regna*. Chacun devina l'allusion, qui fut accueillie par les applaudissements de l'assistance. Et le Cardinal de répondre avec beaucoup d'à-propos : « M. le Supérieur, je vous connais bien des qualités, mais non celle de *prophète*. »

Bien souvent le Cardinal supplia son vieil ami de venir le voir à Rome. M. Monier répondait que les grands voyages lui étaient défendus. — ... Oui, répondait le Cardinal, mais de grands voyages, on peut, par des haltes, en faire de petits. »

Le cardinal Gasparri donna à son ami un dernier témoignage de son attachement, lorsque apprenant que M. Monier approchait de sa fin, il demanda et obtint pour lui, du Saint Père, la faveur si précieuse de la bénédiction apostolique, ainsi que nous le dirons en son temps.

Nous ne saurions clôre ce chapitre où nous nous sommes efforcé de mettre dans tout son jour la grande bonté de M. Monier, sans rapporter un trait

mes, le 6 mars 1898, par Mgr Richard, archevêque de Paris. Créé cardinal le 16 décembre 1907 — nommé secrétaire d'Etat par Benoît XV en 1914, et par S. S. Pie XI, en 1922.

qui nous paraît particulièrement digne d'intérêt, car il est tout à l'éloge de M. Monier et de la personne qui en fut l'objet.

Un jour, tandis que M. Monier était Supérieur aux Carmes, un monsieur jusqu'alors inconnu vint le trouver, le cœur plein d'émotion et les larmes aux yeux, le prier de vouloir bien lui donner un prêtre pour venir confesser et administrer un de ses fils dangereusement malade.

— Je n'ai pas de prêtre disponible en ce moment dans la maison, répond M. Monier, mais je vais y aller moi-même.

Il part, en effet, assiste le mourant, et revient, non sans avoir adressé à la famille éplorée quelques paroles de consolation parties du cœur. Peu de jours après le décès du cher enfant — il avait vingt-trois ans — le père revenait auprès de M. Monier pour le remercier, et lui témoigner, tant en son nom qu'au nom de sa famille, toute sa reconnaissance. On devine la réponse de M. Monier.

Mais, chose singulière, ou plutôt, providentielle, il s'établit dès lors entre ce pauvre père et le Supérieur des Carmes un sentiment de mutuelle sympathie, d'affection même, que ni le temps ni les évènements ne purent ébranler. A partir de ce jour, M. Monier fit partie de la famille, — il nous est permis de la nommer, il s'agit de la famille de M. Henry Joly [1], membre de l'Institut — prenant à tout ce qui la touchait de près, une part des plus actives.

Madame Joly, la mère du cher défunt, ne tarda

---

1. Henri Joly, né à Auxerre, en 1839. Ancien élève de l'Ecole normale, successivement professeur de philosophie à la Faculté des lettres de Dijon, dont il fut le doyen ; chargé de cours à la Faculté des lettres de Paris, professeur au Collège de France, a publié de nombreux ouvrages, entre autres, la *Psychologie des Saints* ; a entrepris et dirigé la collection de « Vies des Saints », qui a obtenu un grand succès.

pas à confier les intérêts de sa conscience à celui qui, dans leur deuil, leur avait apporté tant de réconfort. Cette ardente chrétienne put jouir jusqu'à la fin de la direction éclairée de M. Monier; elle lui survécut de huit jours seulement. M. Monier, en effet, fut inhumé le lundi-saint; elle, huit jours après, le saint jour de Pâques. Quant à M. Joly, il a gardé au fond du cœur, un souvenir impérissable du Supérieur des Carmes. Leurs esprits étaient faits pour se comprendre; aussi, après dix ans écoulés, ce bon vieillard, âgé aujourd'hui de 85 ans, avouait-il récemment à un de ses fils, qu'il n'avait pu remplacer l'ami qu'il avait perdu en perdant M. Monier.

En témoignage de sa reconnaissance et de son amitié, M. H. Joly publia dans le *Bulletin des Anciens Elèves de Saint-Sulpice*, à l'occasion de la mort de son ami, un remarquable article sur *M. Monier et les gens du monde*. Nous reproduisons ici avec bonheur cette belle page, où l'auteur de la *Psychologie des Saints* semble avoir voulu parachever son œuvre en traçant, d'une plume exercée, la physionomie d'un prêtre qui, pendant un quart de siècle, l'avait admis dans son intimité, et dont il n'hésite pas à dire qu'il était « véritablement parfait ».

« Il ne m'appartient pas, écrit M. Joly, d'apprécier ni le rôle de M. Monier dans sa belle Communauté, ni les services qu'il a rendus au clergé et à l'Eglise. C'est la tâche réservée à d'autres que moi. Je parle ici comme un homme du dehors, ou plutôt comme un ami assez privilégié pour avoir joui, durant près de vingt-cinq ans, des charmes personnels de cette âme d'élite.

« Qu'on me permette toutefois de dire ceci : il y a, je l'ai très bien vu à propos de M. Monier, deux conceptions du religieux. Quelques Supérieurs diront : « On ne doit nous distraire en rien de nos devoirs professionnels; c'est pour eux seuls que nous sommes constitués.

Dans le monde on doit nous ignorer, et par conséquent, nous devons faire nous-mêmes en sorte qu'on nous ignore. »

« D'autres penseront que, surtout quand il s'agit d'une Compagnie destinée à former des conseillers et des guides pour tous les chrétiens, un religieux ne peut pas élever une pareille barrière entre lui et le monde pour lequel il travaille ; car s'il n'exerce pas le ministère actif, il prépare, et, dans toute la force du mot, il instruit ceux qui doivent l'exercer.

« M. Monier, qui était un modèle achevé de simplicité et de discrétion, n'en était pas moins un partisan très résolu de la seconde conception. Non pas qu'il tînt à se répandre, loin de là ! Mais il aimait à très bien accueillir ceux qu'il avait encouragés à venir à lui. Quand une fois il leur avait donné sa confiance, il se laissait bien volontiers mettre par eux au courant des événements littéraires ou des incidents de la vie des corps savants. Ce n'était chez lui ni vaine curiosité, ni dilettantisme ; mais d'abord, il se plaisait beaucoup aux choses de l'esprit, en fin lettré qu'il était. Puis, il était fort désireux de s'enquérir de tout ce qui touchait aux intérêts de ses amis qui, naturellement, étaient aussi les amis de sa cause.

« Il ne leur permettait pas, en quelque sorte, de se retirer de la lutte, et d'abandonner ou de dédaigner ce qui devait — si leurs titres lui paraissaient suffisants — leur donner une force de plus. En quelques mots très fermes et très affectueux, il leur rendait, si c'était nécessaire, la confiance, le courage.

« Enfin, il aimait beaucoup sa « jeunesse », c'est-à-dire ses séminaristes et ceux d'entre eux qui s'acheminaient vers le professorat. Il exposait avec conplaisance ce qui distingue la méthode sulpicienne, à savoir les rapports constants et familiers des maîtres et des élèves, et comme il voyait ceux-ci s'ouvrir de plus en plus à tout ce qui est, non pas mondain, mais social, et se préparer à une vie agissante, érudite, renouvelant ce qui doit être renouvelé, il ne dédaignait pas ce qui pouvait l'aider à satisfaire à son tour, dans la mesure qui lui paraissait bonne, les curiosités juvéniles de son entourage.

« Ce n'est pas seulement dans son petit sanctuaire qu'il s'ouvrait ainsi à ses amis et les laissait s'ouvrir à lui. Il aimait, et il ne s'en cachait pas, les fêtes de leur intérieur, tout en s'empressant aux devoirs douloureux qui en sont si souvent la rançon. Il était prêt pour les baptêmes, pour les premières communions, et il soignait amoureusement les discours de mariage. Il acceptait sans se faire prier les invitations estivales, et il s'y reposait dans les intervalles des quatre ou cinq retraites ecclésiastiques qu'il donnait pendant ses « vacances. » Il y apportait ses habitudes toujours égales de détachement de lui-même, de familiarité, de douce gaieté, ce qui ne l'empêchait pas, à l'occasion, de donner, mais sans insistance et sans bruit, de bons et salutaires avis.

« Dans les moments d'épreuve, il excellait à trouver les consolations. Quand ses amis étaient en joie, il y était lui-même, on serait tenté de dire, comme un enfant. A tout le moins réalisait-il, avec une sincérité rare, le beau mot de Leibniz : *Amare est delectari felicitate aliena.* Il eût fallu le voir, un certain soir, venant chez un nouvel élu et lui apportant quoi ? « Quelque chose, disait-il en passant la porte, qui sera plus à sa place chez vous que chez moi. » C'était l'épée d'académicien qu'il avait voulu lui offrir lui-même et qu'il sortait de dessous sa longue soutane. Inutile de dire qu'il avait fait graver sur la lame, (quel est celui de ses confrères ou de ses élèves qui ne le reconnaîtra là ?) une jolie inscription latine faite d'un fragment de vers de Virgile légèrement remanié et adapté à la circonstance : *Errorem mucrone feri.* [1]

« Trouvera-t-on ces détails intimes un peu trop au-dessous de cette science théologique impeccable, de cette expérience consommée de la vie, de ce talent de style et de cette dignité sacerdotale qui caractérisaient l'ec-

---

1. De cette épée, frappe l'erreur. Le passage de Virgile auquel il est fait allusion se trouve au chant XII de l'Enéide, v. 511: *Hunc mucrone ferit.*

clésiastique et le directeur ? Alors qu'on veuille bien
écouter ce qui suit.

« Si ami qu'il fût de la conversation, il n'était point
prodigue de ces confidences sur les autres, où tant de
personnes semblent voir un des meilleurs agréments de
la vie. Quand il se permettait quelque jugement, c'était
sans aucune affectation ni de sévérité ni d'indulgence,
sans réticences et avec un parfait naturel. On discernait
alors aisément deux choses. La première est qu'il cherchait avec une exquise bonté à trouver et à faire connaître tout ce qui pouvait atténuer, à l'égard de tel ou
tel, la sévérité de certains jugements ; la seconde, c'est
qu'il avait dû s'employer, avec autant de charité que de
vigilance, à retenir bien des écarts ou bien des fantai-
sies dangereuses, à retarder longtemps certaines chutes.
Or, c'est là que je voulais en venir, il accomplissait ces
missions avec cette même préoccupation, innée en lui,
pour ainsi dire, (du moins on pouvait le croire), d'é-
carter doucement tout ce qui risquerait d'envenimer la
plaie, et de bien développer tout ce qui peut aider à la
guérir. Il laissait deviner ses efforts beaucoup plus qu'il
ne les racontait : s'il en disait quelques mots, c'était
pour essayer d'arrêter le scandale naissant. On pouvait
ainsi se rendre compte que tant que l'âme et l'intelligence malades venaient d'elles-mêmes à un si délicat
medecin, tout espoir n'était pas perdu Qnand on avait
entendu ces mots, dits tristement : « Je ne le vois plus »,
on pouvait être sûr que la perte était définitive. Comment ne s'en rendre pas compte, quand on avait éprouvé
soi-même le bienfait de ses avis, toujours donnés au
moment voulu, avec une précision sans sécheresse, de
manière à faire tomber tout scrupule, comme à faire
faire résolument le devoir, même coûteux ?

« Dans les dernières années de sa vie, M. Monier se
voyait invité à une vie plus sédentaire. Il s'y résignait,
mais tout juste, et quand il parlait de ceux qui lui rap-
pelaient prudemment ses quatre-vingt ans, c'était avec
un léger haussement d'épaules, accompagné d'un sourire:
« Eh bien, oui ! disait-il, c'est vrai, puisque je l'ai vu

sur le calendrier, mais quelle nécessité d'y penser ? »

« Ses amis, comme ses confrères, regrettent assurément que la Providence ne lui ait pas en cela donné mieux raison, et qu'il n'ait pu ni achever la *Vie de M. Olier*, ni écrire le *Saint Paul* qu'il avait promis de si grand cœur à la collection des Saints. Mais les uns et les autres garderont pieusement le souvenir d'un homme si aimable et si droit, si simple et si sûr, dont on pouvait résumer toutes les qualités d'un seul mot en disant, dans la plénitude du sens évangélique : « Il était véritablement parfait. »

CHAPITRE XIV

LES DERNIÈRES ANNÉES.

M. Monier se retire a Issy, dans la communauté des « Anciens. — Relations de cordiale fraternité entre ces vétérans de l'enseignememt. — Charmante poésie a l'occasion du jubilé de M. Branchereau. — Autre poésie en l'honneur de M. l'abbé Vigouroux. — Fondation du séminaire normal. — M. Monier est appelé a en prendre la direction. — Inondation de 1910 : ma vieillesse sera chez vous. — M. Monier a peu publié ; pourquoi. — Préface a l'histoire du petit séminaire de Metz-Montigny. — Deux conférences sur les « Origines du Séminaire de Saint-Sulpice ». — Vie de Jean-Jacques Olier. — Utilité et qualités remarquables de cette nouvelle vie. — Elle reste malheusement inachevée. — Éloge latin de Bossuet, pout les fêtes de Meaux. — Premiers symptômes de la maladie. — Emotion dans le monde ecclésiastique et laïque. — Il reçoit la bénédiction apostolique. — Visite du cardinal Amette, archevêque de Paris. — Sa piété pendant sa maladie. — Sa dernière signature pour l'*Imprimatur* de la vie de S. Césaire. — Sa mort. — Funérailles solennelles. — Assistance nombreuse et choisie. — Regrets unanimes exprimés dans la presse. — « La mort du bon prêtre », d'après S. Paul. — M. Monier l'a décrite et réalisée pleinement : *Ego enim jam delibor.*

Nous avons laissé M. Monier au moment où, par suite d'événements imprévus, il dut quitter sa chère maison de Saint-Jean, où il avait passé huit années, les plus heureuses de son existence, et où il croyait bien finir ses jours. Nous avons vu comment il se transporta avec ses « johannistes » au Séminaire de

Saint-Sulpice, où la communauté garda son autonomie, ayant toujours pour Supérieur M. Monier.

En ces temps incertains qui ont suivi la loi de Séparation, les Supérieurs de Congrégations étaient dans la nécessité d'agir avec prudence, d'user de tâtonnements, pour s'adapter à des situations nouvelles et parfois difficiles. C'est ainsi qu'au bout d'une année seulement, la petite communauté dirigée par M. Monier était dissoute, et son Supérieur était appelé à Issy, pour y prendre place dans la communauté dite des « Anciens ». Il y resta deux ans, de 1907 à 1909.

Cette communauté, formée depuis dix-huit mois ou deux ans à peine, était destinée à recevoir, — le nom qu'on lui avait donné l'indique suffisamment — les anciens Supérieurs de Séminaires, que leur grand âge ou leurs infirmités mettaient dans l'impossibilité de continuer leurs fonctions : c'était, en réalité, une maison de retraite.

Ces vénérables vieillards, vétérans du sacerdoce et de l'enseignement théologique dans les séminaires, formaient une communauté absolument distincte du reste du Séminaire, sous la présidence de leur doyen d'âge. Dans leur petite chapelle se faisaient en commun les exercices de piété : oraison, examen particulier, prière du soir; c'était toujours la vie du Séminaire, dans toute sa régularité, telle qu'ils l'avaient vécue au cours de leur longue existence. Les repas se prenaient également en commun.

Est-il nécessaire de dire qu'il existait entre tous ces prêtres, d'une vertu éprouvée, une parfaite union, une intimité toute fraternelle?

Tous, on peut l'affirmer, étaient également des hommes de haute valeur intellectuelle. On pourra en juger par les quelques noms que nous allons citer. C'étaient :

M. Branchereau, ancien Supérieur du grand Séminaire d'Orléans,

M. Vigouroux, ancien professeur à l'Institut catholique de Paris, Secrétaire général de la Commission biblique,

M. Goubin, ancien Supérieur du grand Séminaire d'Avignon,

M. Drouet, ancien Supérieur du grand Séminaire de Nantes,

M. Goignet, ancien Supérieur du grand Séminaire de Limoges, auteur du cantique de Lourdes, répandu aujourd'hui dans l'univers entier :

> Sur cette colline
> Marie apparut... Ave, Ave, Ave, Maria.

M. Delmas, ancien supérieur du grand Séminaire de Bordeaux,

M. Guillemon, ancien supérieur du grand Séminaire d'Avignon,

M. Laroche, ancien directeur du grand Séminaire d'Angers et à la maison Saint-Jean,

M. Fillion, ancien professeur d'Ecriture Sainte à l'Institut catholique de Paris, membre de la Commission biblique,

M. Lanier, ancien directeur au grand Séminaire de Viviers,

M. Renaud, ancien supérieur du grand Séminaire de Nîmes,

M. Sire, ancien directeur au Séminaire de Saint-Sulpice,

M. Boin, ancien directeur au grand Séminaire de Nantes,

M. Sabotier, ancien supérieur des grands Séminaires de Reims et de Toulouse.

Une certaine gaîté, du meilleur aloi, régnait

parmi tous ces messieurs. En certaines circonstances, qui se présentaient assez souvent, et que l'on accueillait avec plaisir, on faisait appel à la muse, et l'on peut imaginer que M. Monier n'était pas le dernier à répondre à cet appel, à se remémorer les années lointaines, où, jeune professeur de rhétorique, la poésie avait eu pour lui tant de charmes, et lui avait valu tant de succès.

Voici, par exemple, comment à l'occasion du 90 ᵐᵉ anniversaire de M. Branchereau — 21 décembre 1908 — savait chanter M. Monier, alors entré dans sa 78 ᵐᵉ année.

> Lorsque, carillonant au-dessus de l'église,
> Les cloches en éveil disaient aux paroissiens :
> « Bénissez le Seigneur, car l'enfant qu'on baptise
> Apporte paix et joie, et grâce à tous les siens ; »
>
> Le prêtre répondait tout bas : « A combien d'autres
> Par lui, dit-il, ces dons du ciel arriveront !
> Car l'enfant sera prêtre, un jour, et des apôtres,
> Je vois déjà briller le nimbe sur son front. »
>
> Et nul doute qu'au cours des rites du Baptême
> Le prêtre, saintement distrait, n'ait invoqué
> Cet apôtre Thomas, dont en ce jour-là même,
> Le souvenir dans son missel était marqué.
>
> Souvenir prophétique, image avant la lettre
> De toute cette vie, ainsi vouée au bien :
> Type où rien, en effet, ne manquait, sinon d'être...
> Oserai-je le dire ? un peu plus Sulpicien.
>
> Car du vrai Sulpicien la marque distinctive,
> De son état civil le signe incontesté,
> C'est de n'être jamais, jamais, quoi qu'il arrive
> En dehors, comme on dit, de la communauté.

Or, le soir du grand jour, lorsque le divin Maître,
Vint visiter soudain ses frères en émoi,
Et qu'aux yeux de chacun il se fit reconnaître,
L'Apôtre Saint Thomas n'était pas là... Pourquoi ?

Il eut une raison, sans doute, sous laquelle
Il se peut que l'absent, je l'admets, s'abritât...
Mais, quelle qu'elle soit, pour l'apôtre infidèle,
Nous savons quel malheur en fut le résultat.

Ah ! ce n'est pas à vous, cher père, je l'atteste,
Qu'un semblable malheur arrivera jamais ;
Et n'importe à quel jour, le Visiteur céleste
Est sûr de vous trouver pour vous donner la paix.

Nos lois, à cet égard, peuvent être exigeantes :
Ainsi vous les aimez, et vous ne connaissez,
Vous, l'homme simple et droit, ni détours, ni tangentes,
Pour quitter les chemins qu'elles nous ont tracés.

Sans regarder jamais la gauche ni la droite,
Cher père, vous marchez toujours par le milieu,
Vous rappelant que c'est par cette voie étroite,
L'Evangile l'a dit, que l'on arrive à Dieu.

C'est à tenir ainsi l'œil fixé vers le terme,
A regarder sans cesse en haut, le but divin
Qne votre taille a pris cette attitude ferme
Sur laquelle les ans semblent peser en vain,

Aussi, dans ces sentiers qui gardent votre trace
Qu'it fait bon, pour nous tous, vous suivre et vous y voir
Marcher vous-même, avec ce zèle et cette grâce
Qui tous deux savent rendre aimable le devoir !

Oui, cela fait aimer la vertu rectiligne :
Nous en remercions le ciel qui, malgré tout,
Malgré les ans surtout nous fait la grâce insigne
D'avoir un chef toujours jeune et toujours debout.

Ce « compliment », certes, est bien tourné, et dut plaire à celui à qui il s'adressait. La muse de M. Monier, il faut bien le reconnaître, ne se ressent pas du poids des ans. Elle est toujours aussi alerte, aussi ailée que lorsqu'elle chantait sur les bords du Rhône, sous le soleil de la Provence. C'est toujours la même correction, la même élégance, la même facilité dans la construction du vers ; toujours le même esprit d'une finesse exquise, et pourtant naturel et sans recherche aucune. Çà et là, sans doute, de discrètes allusions, que nous pouvons à peine soupçonner, mais que l'auditoire dut, au passage, souligner d'un bon rire. Enfin, on aura remarqué comment, parfois, le ton s'élève, nous rappelle une pensée de foi, et nous invite ainsi :

« A regarder sans cesse en haut, le but divin ».

Jusqu'au bout, M. Monier fut fidèle à sa muse. Nous le voyons, octogénaire, en décembre 1911, célébrer en vers les noces d'or de son confrère, M. l'abbé Vigouroux, natif de Rodez. Voici la dernière strophe de ce chant où le poète loue, chez son ami, son amour du travail:

> Et, comme un vrai fils du Rouergue,
> Si, pour ton œuvre étant au bout,
> Tu sens le besoin d'un exergue,
> Prends celui-ci: Toujours debout!

A ces quelques pièces fugitives, si nous joignons un certain nombre de cantiques à la Sainte Vierge ; Notre-Dame des Anges, Notre-Dame de Lumière, de la Merci, etc, une douzaine en tout, et quelques autres poésies de circonstance: noces d'or, profession religieuse, nous aurons mentionné à peu près

tout ce que nous possédons des œuvres poétiques
de M. Monier, en dehors de celles dont nous avons
parlé dans les années où il professait la rhétorique
à Avignon.

M. Monier ne demeura que deux ans dans la
communauté des « Anciens ». Elle devait disparaître
lentement, par extinction, les membres qui la composaient étant enlevés un à un par la mort, et n'étant
pas remplacés.

Dans l'intervalle, les évêques protecteurs de l'Institut catholique de Paris, avaient décidé la fondation, sous le nom de *Séminaire Normal*, d'une maison d'études ayant pour but de préparer les jeunes
prêtres, futurs professeurs de séminaires, à prendre
leurs grades théologiques. M. Valat, premier Supérieur de ce Séminaire, ayant été nommé Supérieur
du Séminaire de Rodez, M. Monier, malgré son âge
avancé, fut désigné pour lui succéder. C'était en
1909.

Sans un moment d'hésitation, M. Monier obéit.
Il quitta la communauté d'Issy, et vint se fixer à
Paris avec sa communauté, d'abord au boulevard
Raspail, puis, un peu plus tard, rue du Regard. A
son départ, un des « anciens » tint, dit-on, ce
propos : « M. Monier est pour la jeunesse ». En cela,
comme sur tant d'autres points, M. Monier marchait
sur les traces de M. Olier qui écrivait dans ses
Mémoires : « J'ai toujours eu de la jeunesse auprès
de moi, que j'ai tâché d'instruire à la gloire de
Dieu, sans pouvoir me dispenser de cette occupation. »

Il était au boulevard Raspail en janvier 1910, lors
des inondations. Chaque dimanche, depuis bien des
années, il disait la messe dans la chapelle privée de
l'hôtel de Broglie, rue de Solférino. Craignant pour
la santé de son vénérable chapelain, le prince de

Broglie lui envoya un valet de chambre pour le prier de ne pas braver les éléments déchaînés. Ignorant les nuances de langage, le brave homme lui dit : « Monsieur le Prince vous prie, à cause de votre vieillesse, de ne pas vous déranger. Il serait fâché que vous preniez mal ».

— « N'ayez aucune crainte, répliqua M. Monier, de bonne humeur. Dites à M. le Prince que *ma vieillesse* sera chez lui tout de même à 8 heures, comme de coutume ».

Et il s'y rendit en bateau. Il faillit même, comme sur le lac d'Amérique, faire naufrage sur le boulevard Saint-Germain.

Nous avons parlé plus haut des compositions poétiques de M. Monier, dans les dernières années de sa vie. On conçoit bien que la poésie n'était pour lui qu'un agréable passe-temps, et que ses heures de loisir étaient consacrées à des travaux plus sérieux, d'une toute autre utilité. Il nous reste à les faire connaître.

Nous constatons tout d'abord que M. Monier a peu écrit, peu publié. Et cela nous étonne. Sa rare intelligence, sa vaste érudition, son talent d'écrivain, enfin ses longues années de vie lui auraient permis, s'il l'avait voulu, de laisser derrière lui une œuvre considérable. Il n'en a rien été.

Comment expliquer ce fait assez étrange ? Uniquement, selon nous, parce que M. Monier, dans toutes les situations qu'il a occupées, s'est laissé absorber presque complètement par ses fonctions, auxquelles il s'est donné tout entier, auxquelles il a consacré tout son temps, sans chercher à en retenir pour lui-même la moindre part. A Metz d'abord, mais surtout au Séminaire universitaire, et même à Saint-Jean, il n'avait en vue que les progrès de ses élèves ; c'était là, — nous l'avons constaté lors de son voyage à Rome — sa constante, son unique préoccupation, et l'idée ne lui venait même pas que l'on pût agir autrement.

Etre utile était toute son ambition, et s'il lui arrivait de se dérober pour un temps à ses fonctions, c'était encore pour se rendre utile, et faire du bien. En somme, M. Monier ne s'appartenait pas ; il était tout à tous, et il aurait pu s'approprier la devise du grand Apôtre, qu'il a si bien étudié, et mieux encore imité : *omnibus omnia factus sum :* je me suis fait tout à tous.

Aussi, ne voyons-nous dans tout l'œuvre de M. Monier livré à la publicité, que deux ouvrages vraiment importants : sa traduction des *Extraits des Pères latins*, de l'abbé Gorini, qu'il acheva à son entrée à Saint-Sulpice, et cette belle *Vie de M. Olier*, qui fut l'œuvre de ses années de retraite, et, en toute vérité, le chant du cygne.

Dans l'intervalle entre ces deux points extrêmes, peu de chose : les livres de versions, tirées des Pères latins, pour les classes de 5e, de 4e et de rhétorique, et deux brochures, intéressantes sans doute, mais qui ne nous donnent qu'une faible idée des qualités supérieures de l'auteur.

De la traduction des Pères latins, non plus que des livres classiques, nous ne dirons rien ici, ayant eu déjà à les apprécier ailleurs.

Quant aux deux brochures que nous avons signalées, la première est une préface que M. Monier, alors supérieur de l'Ecole Saint-Jean écrivit, en 1902, pour une Histoire du Petit Séminaire de Metz-Montigny, que publiait un professeur, l'abbé Hamant, probablement un de ses anciens élèves de Metz.

Avec joie, il accepte d'écrire cette préface : il s'agit de son « cher diocèse de Metz », ce diocèse auquel il avait consacré les prémisses de son ministère, et dont le souvenir est resté vivant dans son cœur. En une dizaine de pages d'un style alerte, élégant mais sans recherche, M. Monier fait l'historique des Séminaires, et en général, de leur fondation par le Concile de Trente.

« Ce Concile, dit-il, dont l'œuvre des Séminaires est la création, ne suppose nulle part la distinction que nous y avons introduite par la fondation des Petits Séminaires. Ce gracieux diminutif du mot, si charmant déjà et si poétique, dont ses décrets ont enrichi la langue canonique, il ne paraît pas l'avoir connu ni prévu. »

Un peu plus loin, parlant des petites écoles cléricales, créées par des « perles de curés », selon l'expression de M. Olier, l'abbé Monier les recommande instamment :

« Car ces jeunes enfants, ou, si vous voulez que nous reprenions l'image gracieuse que nous suggère le langage du concile de Trente, ces jeunes plants, que vous cultivez avec tant d'amour [au Petit Séminaire], pour leur faire porter des fleurs d'abord, et plus tard, des fruits dans la maison de Dieu, ils ne sont pas nés du sol même, quelque propice qu'il soit, où vous les cultivez. C'est, selon la loi ordinaire de la Providence, dans les presbytères de campagne, dans ces modestes enclos, mieux abrités du vent et plus doucement ensoleillés, que descend d'abord la rosée céleste ; c'est là que la divine semence éclot plus sûrement et que s'accomplit dans de meilleures conditions sa première croissance. »

On ne saurait donner, en meilleurs termes, des conseils plus pratiques, pour conjurer cette crise angoissante des vocations sacerdotales dont souffre actuellement notre pays.

Le reste de la préface est consacré à l'évocation des souvenirs que ce livre rappelle :

« Les morts y sont, dit-il, et les vivants aussi. A ce double titre votre livre me sera cher. Je le conserverai comme on conserve un album de photographies où l'on rencontre des figures amies, dont les accidents de la vie nous ont séparés, mais dont on aime à retrouver le sourire. »

La seconde brochure a pour titre : *Les Origines du Séminaire de Saint-Sulpice*, [1] et contient deux conférences, données à l'Institut catholique de Paris, en décembre 1905 et janvier 1906. La première est intitulée : *A Vaugirard* ; la seconde : *de Vaugirard à Saint-Sulpice.*

Ces deux conférences, fort intéressantes d'ailleurs, et présentées avec cette simplicité, et en même temps cette élégance de langage que nous connaissons au conférencier, ne pouvaient être et ne sont en réalité que deux chapitres extraits de la Vie de M. Olier, que M. Monier préparait depuis longtemps, et dont nous aurons à parler bientôt. On y rencontre des paragraphes entiers qui en sont tirés textuellement.

Il y a pourtant, dans la seconde conférence : *de Vaugirard à Saint-Sulpice*, deux pages que l'on chercherait vainement dans l'ouvrage que nous avons signalé. Il est à présumer qu'elles auraient été utilisées dans le second volume de cette *Vie de M. Olier*, si la mort n'avait empêché l'auteur de l'écrire. Nous croyons utile de les transcrire ici [2].

M. Olier exprimait le vœu « qu'avait formé autrefois le P. de Condren d'avoir auprès de lui des docteurs animés à la fois de l'esprit scientifique et de l'esprit chrétien, deux esprits que l'on ne saurait dissocier que par un divorce contre nature, et dont

---

1. In-8°, 31 pages, imprimé à Limoges, chez Pierre Dumont, 1906.
2. *Les Origines du Séminaire de Saint-Sulpice*, p. 28 et 29.

l'influence, tout en éveillant autour d'eux, au sein même du séminaire, la sainte émulation de l'étude, pût faire parvenir son rayonnement jusque dans les hautes régions de l'enseignement sorbonique.

« Ce programme, cet admirable programme tracé par le génie du pieux fondateur, a-t-il été vraiment réalisé ?

« Et d'abord, l'enseignement qui était dejà réalisé à Vaugirard, s'est-il ressenti, une fois le Séminaire transporté à Saint-Sulpice, du voisinage de la Sorbonne ?

« A cette première question, les registres de la Faculté, qui subsistent encore, permettent de donner une réponse officielle. On peut y relever (le travail a, du reste, été fait) la mention des grades divers obtenus, dès les premiers temps, par les disciples de M. Olier.

« D'ailleurs, à ce témoignage des registres de la Sorbonne, nous pourrions joindre celui du règlement primitif, qui, dès l'origine, nous signale, pour les élèves du Séminaire, l'existence parallèle de deux enseignements, l'un, en Sorbonne, pour ceux qui aspiraient aux grades académiques, et l'autre se donnant dans la maison même, mais qu'un docteur de Sorbonne, nous dit le texte, est ordinairement chargé de faire, ce qui est la réalisation complète du vœu dont nous avons entendu tout à l'heure l'expression si confiante.

« Mais la deuxième partie du vœu s'est-elle aussi bien réalisée, et Saint-Sulpice a-t-il exercé sur la Sorbonne elle-même la religieuse influence dont son fondateur avait conçu l'espoir ? On comprend qu'à cette question il soit difficile de répondre avec autant de précision. Néanmoins, à défaut d'une constatation rigoureuse, à laquelle se dérobe une telle influence, un évènement postérieur de peu d'années à la mort du pieux fondateur nous permet de nous en rendre compte, en la prenant en quelque sorte sur le fait.

« C'est en 1663, six ans seulement après la mort de M. Olier, quand, irrité des résistances du pape Alexandre VII, le roi Louis XIV, non content de mobiliser ses troupes contre les Etats romains, voulut faire soutenir ces mouvementis militaires par une charge à fond de son Parlement et de ses docteurs de Sorbonne, contre l'autorité, même spirituelle, du Pontife. Une déclaration fut présentée à ces derniers, qui était la première esquisse de celle de 1682, et dont le vote permit de les classer selon la fermeté de leur foi religieuse.

« Ce classement existe encore, avec les notes, nous dirions aujourd'hui les fiches de chacun, dans les papiers de Colbert déposés à la Bibliothèque nationale, et nous pouvons, à leur aide, prendre sur le fait, comme nous disions, et dans un témoignage irrécusable, la situation que s'étaient faite dans l'illustre corps enseignant, les quatre docteurs de Saint-Sulpice appelés à émettre leur vote.

« De ces quatre notes, qui diffèrent peu l'une de l'autre, nous nous contenterons, (elle est suffisamment caractéristique) de reproduire celle-ci : Poussé, curé de Saint-Sulpice, gentilhomme d'une ancienne maison de Champagne : froid, et du sens; extraordinairement dévot et véritablement sans ambition; allant toujours naïvement au bien qu'il voit; *enclin à Rome* par le principe de dévotion plus que par étude ni cabale. »

« Quant à la Compagnie elle-même, elle a sa fiche aussi dans le carton du ministre. courte, mais expressive : « Saint-Sulpice, où l'on élève, à la vérité, des ecclésiastiques dans l'esprit d'une parfaite régularité; mais on assure que tout y est extrême pour l'autorité du Pape. »

« J'ai dit que c'était court et expressif; moins court pourtant et moins expressif que cet autre billet que, vingt ans après, en 1682, et dans une circonstance semblable, les docteurs de Saint-Sulpice recevaient de la part du Roi :

« Restez chez vous. » [1]

---

1. « Le lundi, 15ᵉ du mois (de mai), la Faculté s'assembla, et l'assemblée fut fort nombreuse. On remarqua qu'il n'y avait personne de Saint-Sulpice. Plusieurs, qui ne savaient pas la raison pour laquelle ils ne s'y trouvèrent pas, furent surpris, ne croyant

« Naturellement, conclut M. Monier, ces notes étaient destinées, comme les fiches d'aujourd'hui, à rester secrètes. Mais convenons que si M. Olier, du haut du ciel, a pu les découvrir de son regard, son cœur a dû tressaillir de joie et se répandre en actions de grâces vers Dieu : le vœu qu'il lui exprimait au moment de s'installer à Saint-Sulpice, ne pouvait être plus complètement exaucé. »

Ces pages offrent trop d'intérêt pour l'histoire et sont trop à l'honneur de la Compagnie de Saint-Sulpice pour que nous ayons hésité à les recueillir ici.

Nous ne pouvons passer sous silence les six conférences que fit M. Monier sur l'*Histoire religieuse de l'Angleterre*, et que nous analyserons brièvement.

Quand, par sa Lettre Apostolique du 22 août 1897, Sa Sainteté le Pape Léon XIII eut institué, dans l'église et le Séminaire de Saint-Sulpice, une « Archiconfrérie de prières et de bonnes œuvres pour le retour de la Grande-Bretagne à la foi catholique, sous le patronage de Notre-Dame de Compassion », il fut décidé qu'une série de conférences sur l'histoire religieuse de l'Angleterre serait organisée dans l'église Saint-Sulpice. M. Monier se chargea de raconter cette histoire jusqu'au moment du schisme.

Du 11 novembre 1901 au 10 décembre 1905, il donna six conférences.

Dans la première de ces instructions, consacrée

---

pas qu'ils dussent s'absenter dans une occasion de cette conséquence, où il s'agissait de soutenir les intérêts de la Faculté ; mais ceux qui étaient plus instruits du détail de l'affaire et qui savaient qu'une personne, qui avait autorité et caractère pour leur parler de la part du Roi, leur avait témoigné qu'ils feraient plaisir à Sa Majesté de ne s'y trouver pas, ne purent pas désapprouver leur conduite. » *Relation de ce qui s'est passé en Sorbonne au sujet de l'enregistrement de l'Edit du Roi sur la déclaration de MM. du clergé de France concernant la puissance ecclésiastique.* **Manuscrit de la Bibl. de l'Arsenal, 31, bis.**

aux *Origines du christianisme dans la Grande-Bretagne*, il examina et commenta le texte du *Liber Pontificalis* relatif à la démarche qui aurait été faite, en 182, par un roi breton, Lucius, auprès du Pape Eleuthère, pour lui demander des missionnaires, demande à laquelle le Pape aurait répondu par l'envoi de deux prêtres romains, Fugacius et Damien.

La seconde conférence, donnée le 13 octobre 1901, eut pour titre : *Saint Grégoire le Grand et les esclaves anglo-saxons*. On en remarqua l'émouvante péroraison : « Si la foi, trop incomplète, de l'Angleterre d'aujourd'hui ne suffit pas à fléchir votre cœur, souvenez-vous, ô mon Dieu, de sa charité, de cette charité si compatissante qu'elle exerçait il y a plus d'un siècle, qu'elle exerce encore en ce moment à l'égard de nos religieux, de ces vierges du cloître, obligés d'aller chercher sous des cieux étrangers la liberté de la prière ! »

Le 12 octobre 1902, M. Monier raconta *Le voyage des Quarante Missionnaires à travers la Gaule*. L'instruction du 10 mai 1903 fut consacrée à *L'Episcopat de Saint Augustin*.

Dans celle du 11 décembre 1904, intitulée *L'Immaculée Conception et l'Eglise d'Angleterre*, M. Monier rappelait éloquemment que « si le ciel d'Orient vit apparaître les premières lueurs de cet astre, dont les clartés grandissantes devaient, au jour marqué par les conseils de Dieu, illuminer tout le firmament de l'Eglise »... « la divine Colombe avait pu, en traversant les vastes contrées de l'Occident, laisser tomber du ciel » sur l'Angleterre les premières clartés du dogme qui glorifie la Vierge Immaculée.

Enfin, dans sa dernière conférence, prononcée le 10 décembre 1905, et qui eut pour objet : *Un moine anglo-saxon, apôtre de l'Allemagne*, l'orateur fit le récit pathétique de l'apostolat de saint Boniface,

partant de la Grande-Bretagne pour évangéliser la
Germanie, et couronnant ses héroïques travaux par
le martyre. « Mentionnons, s'écriait le prédicateur,
le geste du martyr, élevant sur sa tête le livre
d'évangiles qu'il portait avec lui, et l'épée du meurtrier traversant du même coup le volume sacré et la
tête du glorieux porte-livre : geste sublime, mettant
sous nos yeux, comme dans un émouvant symbo-
lisme, la sublime sentence de saint Cyprien :
« L'évêque, tenant en main l'Evangile de Dieu, peut
être tué, il ne peut être vaincu ». Inclinons-nous en
terminant, devant ce glorieux volume, dont l'abbaye
de Fulda garde encore aujourd'hui la relique ensan-
glantée. Dans les jours d'épreuves où nous sommes,
pour nous aussi, c'est un symbole ; mais, si Dieu
nous en fait la grâce, ce sera aussi pour nous tous
une chère et sainte espérance : *Sacerdos Dei Evan-
gelium tenens occidi potest, vinci non potest*[1].

Il nous reste enfin à faire connaître l'œuvre maîtresse de M. Monier, œuvre de longue haleine dans
laquelle il a montré le mieux ses qualités d'écrivain
et d'historien.

Dès les premiers temps de son arrivée à Saint-
Sulpice, M. Monier avait été à même de se familia-
riser avec les écrits de M. Olier. M. Gamon, Supérieur de la solitude, quand le futur Sulpicien s'y
présenta pour y faire son noviciat, s'empressa de se
l'adjoindre comme aide dans le classement et la mise
en ordre des manuscrits du pieux fondateur de
Saint-Sulpice, et c'est ainsi que le futur historien de
M. Olier se préparait à accomplir la tâche qu'il devait
entreprendre dans ses vieux jours. Dès lors, il apprit
à goûter sa doctrine, à se pénétrer de son esprit, à

---

1. On trouvera le texte de ces conférences dans *le Bulletin de
Notre-Dame de Compassion* de 1901, 1902, 1903, 1904 et 1905.

devenir le parfait disciple de celui qu'il aimait à appeler son bien aimé Père.

Aussi, lorsqu'en l'année 1897, M. Monier dut quitter la direction du Séminaire de l'Institut, sa première pensée fut-elle d'utiliser les loisirs dont il pourrait jouir pour réaliser des travaux depuis longtemps projetés, tels, une édition du Nouveau Testament, une Vie de Saint Paul, et enfin, par dessus tout, une Vie de M. Olier, fondateur du Séminaire de Saint-Sulpice. Cette Vie était l'œuvre immédiate à faire, et pour laquelle les instances se multipliaient au-dedans aussi bien qu'au-dehors de la maison.

Certes, les travaux ne manquaient pas, dans le passé, par lesquels des écrivains nombreux avaient cherché à fixer les traits de cette belle physionomie de prêtre, si remarquable parmi cette pléïade de saints personnages qui ont illustré l'Eglise de France, au cours du xviie siècle [1]. La plus importante de ces biographies, la dernière en date, est celle de M. Faillon, parue en 1841, rééditée depuis lors, et considérablement augmentée. Mais cette œuvre de l'érudit écrivain, précieuse par l'abondance des renseignements qu'elle renferme, offre, au jugement de tous les critiques, des défauts qui en rendent la lecture peu attrayante. « La marche du récit, nous dit M. l'abbé Levesque, est alourdie par des dissertations ou des citations trop longues. D'autre part, la séparation de la Vie en deux parties traitées à la suite l'une de l'autre : d'un côté le Curé de Saint-Sulpice, et la réforme de la paroisse, de l'autre, la fondation et l'organisation du Séminaire, a sans doute l'avantage d'une exposition moins compliquée

---

1. Dans la préface qu'il a placée en tête de la *Vie de Jean-Jacques Olier*, par M. Monier, M. l'abbé Levesque énumère les nombreux écrits, publiés ou restés manuscrits, depuis la mort de M. Olier jusqu'à nos jours.

et plus claire, mais elle correspond moins à la réalité. »

A cette première critique de l'œuvre de M. Faillon, M. Monier lui-même, dans la première de ses *Conférences sur les origines du Séminaire de Saint-Sulpice* en ajoute une seconde. A propos d'une citation tirée des écrits de M. Olier, il dit : « Ecoutons le pieux fondateur nous raconter comment Notre-Seigneur, dans cette retraite, daigna lui parler en vision : ce sera pour nous un spécimen du style de ces Mémoires, dont M. Faillon *a eu trop souvent le tort de corriger les prétendues incorrections, au risque de leur faire perdre le cachet de leur temps et de leur enlever en même temps quelque chose de leur saveur pénétrante.* [1] » Ailleurs, dans la même Conférence, parlant des Mémoires de M. Olier : « M. Faillon, dit-il, y recourt souvent *et y fait des emprunts d'une largeur peut-être exagérée.* » En somme, l'œuvre de M. Faillon, très estimable au point de vue des sources historiques qu'elle fournit, est avant tout l'œuvre d'un érudit, nous pourrions même dire d'un compilateur. On souhaitait donc vivement voir paraître enfin une œuvre de véritable historien, qui, par ses qualités littéraires aussi bien que par sa valeur historique, fût à la hauteur des Vies de saints personnages, parues dans la seconde moitié du siècle dernier, et dont le nombre s'accroît chaque jour.

« C'est pour remédier aux défauts de ses devanciers, tout en profitant de leurs mérites, et pour donner une œuvre en substance aussi complète, mais plus alerte, plus vivante et plus exacte, que M. Monier a entrepris d'écrire cette vie. Nul n'y était mieux préparé que lui :

1. M. Monier : *Les Origines du Séminaire de Saint-Sulpice*, Limoges, 1906, p. 11.

pendant plus de quinze années il avait lu, relu les *Mémoires* de M. Olier, ses lettres, ses ouvrages ; il avait soigneusement recueilli les témoignages de ses contemporains et tous les documents capables de l'éclairer sur le temps, le milieu, les collaborateurs de son action extraordinaire. Tout cela avait été si bien classé dans son esprit et si mûrement médité, qu'il pouvait suivre, pour ainsi dire, pas à pas, le serviteur de Dieu dans la préparation de ses deux grandes œuvres et dans leur exécution » [1].

« Il connaissait tout de son héros, écrit l'auteur de de l'article paru dans le *Bulletin des Anciens Elèves*, [2] son temps, son milieu, ses relations, ses écrits, ses lettres, son âme surtout. Ah ! que de fois nous l'avons vu penché sur son manuscrit, préoccupé de fixer par la plume jusqu'au moindre trait de cette physionomie, ou mieux encore, de l'animer devant nous et de la faire parler ! »

Enfin, nous ne croyons pas nous tromper en disant que, dans la pensée de M. Monier, ce travail qu'il allait entreprendre serait un excellent moyen de glorifier celui qu'il aimait à appeler son « vénéré Père », de le faire mieux connaître du grand public, de hâter enfin par là même l'heure ardemment désirée où serait introduite, à Rome, la cause de béatification du pieux fondateur du Séminaire de Saint-Sulpice, de ce Pasteur dont le zèle inlassable était arrivé à régénérer, en l'espace de dix ans, la paroisse de ce nom, dont le peuple, ainsi que l'écrivait M. Olier lui-même, passait pour « le plus perdu du monde. »

Ce but était on ne peut plus cher au cœur du digne fils de M. Olier, Et c'est pour hâter le jour du triom-

<hr>

1. E. L. (Lévesque) Préface de la *Vie de Jean-Jacques Olier,* par Frédéric Monier, P. S. S. p. xii.
2. *Bulletin des A. E.* août 1912, p. 395.

phe qu'il écrivait, en 1917, au mois de novembre, à l'occasion de la rentrée des Facultés catholiques, et de la présence des évêques protecteurs de l'Institut, une adresse au Saint Père, le pape **Pie X**, rédigée en cette langue latine, d'allure vraiment cérémonieuse, qu'il écrivait avec autant d'aisance que de perfection, et dans laquelle, après avoir énuméré quelques-uns des témoignages rendus aux grandes vertus de M. Olier, il exprimait son espoir de le voir enfin sortir de ce tombeau où la Providence semblait l'avoir caché jusqu'ici.

Il saluait en lui le missionnaire dont la parole avait retenti dans les monts escarpés de l'Auvergne ; le bon Pasteur qui avait purifié sa paroisse de tous les monstres de vices, enfin le fondateur de ce Séminaire que le cardinal Chigi, légat du Pape Alexandre VII couvrait de ses éloges les plus pompeux.

« C'est pourquoi, concluait-il, nous tous, Cardinaux, Archevêques et Evêques, par ces lettres, nous recourons à Votre Sainteté, la suppliant très humblement de répondre à nos vœux, et à ceux de tout le clergé et de notre peuple, en daignant introduire la cause du Serviteur de Dieu Jean-Jacques Olier, et qu'ainsi se réalise l'espoir d'avoir bientôt au ciel comme patron et avocat de tout le clergé, celui qui fut sur la terre, parmi nous, le modèle de toutes les vertus ecclésiastiques »[1].

Pour tous ces motifs que nous venons d'indiquer, M. Monier devenu, en 1897, Supérieur de la maison

---

1. « Quapropter, nos omnes Cardinales, et Archiepiscopi et Episcopi, per has Vestram Sanctitatem cordi habuimus adire litteras, quibus Eam humiliter precamur et obsecramus, ut, nostris totiusque cleri et populi nostri votis benigne obsecundans, causam Servi Dei Joannis-Jacobi Olier introducere dignetur, sicque propior spes effulgeat, ut qui quasi domesticum nobis virtutum omnium ecclesiasticarum specimen jam erat, et exemplar, totius mox cleri nostri patronus in cœlis fiat et advocatus. »

Saint-Jean, se mit, à l'œuvre, et l'on peut dire que son premier volume de la Vie de Jean-Jacques Olier, le seul malheureusement qu'il ait pu mener à bonne fin, est, dans son genre, un chef-d'œuvre. D'une plume alerte, avec une érudition étonnante qui sait utiliser abondamment toutes, les sources, les anciennès comme les plus récentes mais aussi avec une clarté limpide dans l'exposé des faits, l'écrivain nous fait parcourir sans effort les diverses phases de la vie de son héros. Le récit se déroule naturellement, sans fatigue pour le lecteur, dont l'attention est tenue constamment en éveil par les faits intéressants semés çà et là, charmé d'autre part par un style dont l'admirable pureté, le naturel, la simplicité ne se démentent jamais.

L'historien, dans ce premier volume, nous conduit de la naissance du jeune Olier jusqu'aux premières années de son installation à la cure de Saint Sulpice. (1608-1643). C'est, sans contredit, la partie la plus intéressante de la vie de M. Olier, la plus mouvementée. Avec un talent remarquable de conteur, l'écrivain nous décrit l'enfance du jeune fils de Jacques Olier et de Marie Dolu sa femme :.. « C'était un terrible enfant ; tempérament sanguin, turbulent à l'excès, ne voyant de danger nulle part, tenant tous ceux qui l'entouraient dans un effroi perpétuel, et qui ne dut qu'à un miracle perpétuel de la Providence de ne pas être à chaque instant victime de ses imprudences. On lui eût découvert, s'il eût vécu de nos jours, une vocation de sportman incomparable. » [1]

Et les tableaux se succèdent, toujours présentés avec leurs personnages bien vivants, avec la même maîtrise dans les descriptions, le même souci

-----

1. Ami du clergé, n° du 23 octobre 1919, partie bibliographique.

d'exactitude, la même richesse d'une documentation qui sait se monter discrète. Après l'enfance du jeune écolier, c'est sa jeunesse, ses années de fréquentations mondaines, l'intervention providentielle de Marie Rousseau, et enfin sa guérison miraculeuse à Lorette et sa conversion.

Ainsi en est-il des divers chapitres, des diverses phases de la vie de M. Olier, qui défilent en ordre parfait, jusqu'au moment où le Curé de Saint-Sulpice prend possession de la paroisse, et où les premiers élèves du Séminaire s'installent pauvrement dans la rue de la Guisarde.

Le talent de M. Monier, ce qui donne à son livre un vif intérêt et le place bien au-dessus des travaux de ses devanciers, c'est, croyons-nous, l'art avec lequel il sait adapter les faits, souvent extraordinaires, de la vie de son héros, avec les circonstances de temps et de lieu où il a vécu ; faisant appel à sa grande érudition, à sa connaissance approfondie du xviie siècle, pour éclairer les événements les uns par les autres, et permettre au lecteur de porter, sur les hommes aussi bien que sur les choses, un jugement équitable.

Voici, par exemple, le jeune Olier, entrant dès l'âge de onze ou douze ans dans la cléricature et recevant, avec la tonsure, le prieuré de Bazainville, au diocèse de Chartres ; plus tard, à l'âge de dix-sept ans, simple étudiant en théologie, investi coup sur coup, de trois nouveaux bénéfices.

« Cette accumulation de charges et de bénéfices, nous dit notre historien, sur une tête presque enfantine, dont nous sommes aujourd'hui justement offusqués, mais que le Saint-Siège, quoique bien à contre-cœur, légalisait par le concours de son autorité, n'était malheureusement pas une exception ; elle était, on le sait, comme passée dans les mœurs, et pouvait d'ailleurs s'autoriser d'illustres exemples... Ceux qui ont parcouru les annales de la vie de saint Vincent de Paul n'ignorent pas que le fondateur de la Mission, celui qui devait être un jour la conscience, pourrait-on dire, du conseil de conscience, se trouvait, lui aussi, à l'époque où nous sommes arrivés, en possession de trois bénéfices » [1].

Plus loin, s'agit-il de nous peindre l'état d'âme du jeune abbé, vers l'âge de vingt et un ans, s'abandonnant, en compagnie de quelques amis de sa condition, « aux vanités du siècle et aux amusements quelque peu désordonnés d'une jeunesse encore exubérante ? »

« On n'a qu'à se rappeler, nous dit-il, les débuts de Bossuet, non à l'église, mais à l'hôtel de Rambouillet ou à celui de Vendôme ; et si, comme le rapporte l'abbé Ledieu, le futur prédicateur des Oraisons funèbres crut devoir aller chercher des leçons de bon ton à la comédie, contre laquelle il devait un jour prononcer des anathèmes si sévères, les applaudissements de cet auditoire de salon ne furent pas étrangers à la pensée qui l'y conduisit. »

« Ceci, ajoute l'historien, nous peint assez bien non-seulement son état d'âme (de M. Olier), mais la mentalité à peu près générale d'une époque où l'Eglise et le monde se fréquentaient continuellement, se rapprochant souvent au point de se confondre » [2]. On ne peut disconvenir que de tels aperçus ne soient vraiment d'un historien pleinement maître de son sujet.

On sait que dans la vie de M. Olier se rencontrent parfois des faits surnaturels, miraculeux. Parmi eux,

1. *Vie de Jean-Jacques Olier*, par F. Monier, t. I, p. 30.
2. Fr. Monier *op. cit.* p. 41.

un des plus extraordinaires fut sûrement la visite
que reçut un jour l'homme de Dieu, de la vénérable
Mère Agnès de Langeac. Visite merveilleuse assurément, car, à ce moment M. Olier était en retraite
dans la maison de Saint-Lazare, à Paris, tandis que
la pieuse religieuse dominicaine était dans son
monastère de Langeac, en Auvergne. Or, M. Olier
nous raconte lui-même cette apparition : « Je vis
cette sainte âme venir à moi. Elle portait en une
main un crucifix, et un chapelet dans l'autre. Son
ange, parfaitement beau, portait d'une main le bas
de son manteau, et de l'autre un mouchoir, pour
recevoir les larmes dont elle était baignée. Et avec
un visage pénitent et affligé, elle me dit : « Je pleure
pour toi », ce qui m'alla au cœur et me remplit
d'une douce tristesse ». Dans une seconde apparition, la sainte religieuse laissa à M. Olier un témoignage sensible de sa venue, le crucifix qu'elle portait
à la main, et que M. Olier garda comme un précieux
trésor.

M. Monier, après nous avoir fait le récit de ce fait
merveilleux, nous met aussitôt sous les yeux des
faits semblables que l'on trouve dans la vie des
saints. « Ces apparitions de personnages encore
vivants, dit-il, entraînant avec elle le dédoublement
ou la bilocation de leur personne, ne sont pas inouïes
dans l'histoire des saints. La vie de saint François-
Xavier et celle de saint Alphonse de Liguori en
fournissent des exemples, et celle que nous racon-
tons a été, malgré son caractère extraordinaire,
mise hors de toute contestation dans l'enquête canonique pour l'introduction de la cause de la vénérable
Mère Agnès. » [1]

Ces qualités d'historien, que nous montrent ces

____

1. *Ibid.* p. 103 et 105.

citations nécessairement restreintes, nous les trouvons en feuilletant les pages de ce livre, dont la lecture charme à la fois et l'esprit et le cœur. Aussi, sommes-nous autorisé, après l'avoir lu, à affirmer que M. Monier, en l'écrivant, a fait une bonne et belle œuvre, dont ses confrères de Saint-Sulpice et leurs nombreux amis doivent lui être reconnaissants. [1]

La mort, hélas, survenue inopinément, n'a pas permis à l'historien de M. Olier d'achever son œuvre. C'est cette fin, digne couronnement d'une noble et sainte existence, qu'il nous reste à faire connaître.

Malgré son âge avancé, M. Monier paraissait devoir jouir encore longtemps de sa verte vieillesse. Le travail lui était aussi facile qu'aux plus belles années de sa longue carrière. Ainsi, nous le voyons, en octobre 1911, répondant à la demande de Mgr Marbeau, évêque de Meaux, écrire dans la langue de Cicéron un magnifique éloge de Bossuet. Cette belle page de latinité était digne de la science d'humaniste de l'auteur, elle était digne du grand génie qui en était l'objet. Elle était destinée à être lue aux grandes fêtes qui furent célébrées, dans la ville de Meaux, le dimanche 29 octobre 1911, à l'occasion de l'inauguration du beau monument de Bossuet, œuvre de Dubois. A ces fêtes prirent part

---

1. Le tome I de la *Vie de Jean-Jacques Olier, Curé de la paroisse et Fondateur du Séminaire de Saint-Sulpice*, par Frédéric Monier, P· S. S. a paru en mars 1914, — de Gigord, Paris, in-8°, 578 pages. « Ce premier volume, dit M. Levesque, dans la préface, paraît tel qu'il a été composé et imprimé par M. Monier. Nous n'avons fait qu'y ajouter quelques notes, les appendices, et l'illustration. Pour celle-ci, nous avons cherché, autant que possible, à reproduire des portraits, ou des estampes du temps. Les cent douze gravures de ce volume formeront, le long du récit, comme une histoire par l'image. »

le cardinal Mercier, archevêque de Malines, le cardinal archevêque de Reims, Mgr Touchet, évêque d'Orléans, M. Mézières et M. J. Lemaître, de l'Académie française, et nombre d'autres invités de marque.

Au banquet, avant de prononcer son toast, Mgr Marbeau se leva et dit : « Messieurs, c'était une coutume chère à Bossuet et que nous avons conservée, d'évoquer, à la fin d'agapes comme celles-ci, le souvenir des héros de la fête.

« Si vous le voulez bien, Messieurs, nous prierons l'un de nous de nous donner lecture d'une page latine rédigée à la louange de Bossuet, dans cette belle langue qu'il cultivait avec tant d'amour.

« Elle nous est adressée par un vénérable octogénaire, un de nos maîtres de Saint-Sulpice, qui continue si heureusement cette tradition de la culture classique dont Bossuet fut l'un des représentants les plus autorisés. »

L'auditoire attentif écouta avec respect cette belle page, que nous voudrions reproduire ici, et dans laquelle l'auteur loue, avec une grande profondeur de pensée et une parfaite élégance de forme, le grand évêque qui, en employant dans beaucoup de ses livres, et même dans sa conversation, la langue latine, a su lui garder une dignité et une grâce toujours pleine de vie [1].

Détourné un instant de sa tâche par la composi-

---

1. On trouvera dans la *Semaine Religieuse* du diocèse de Meaux, n° du samedi 4 novembre 1911, le compte-rendu des fêtes de Bossuet, avec le texte des divers discours qui y furent prononcés. A l'endroit où l'évêque de Meaux annonce l'éloge latin, envoyé par un *vénérable octogénaire*, par suite d'une de ces « coquilles » si fréquentes, on a imprimé : *véritable* octogénaire. Toujours d'humeur gaie, M. Monier, sur l'exemplaire que nous avons sous les yeux, a souligné le mot *véritable*, et, de sa fine écriture, a écrit en marge : *trop véritable ! !*

tion de l'éloge de Bossuet, M. Monier s'y remit avec une ardeur nouvelle. Mais le moment ne tarda pas de venir où ses forces trahirent sa volonté.

« Déjà, au mois de janvier (1912), lisons-nous dans la petite Chronique du Bulletin des Anciens Elèves [1], une première faiblesse, suivie de quelques jours de dépression, avait donné des craintes. Puis, le vénérable Supérieur avait paru surmonter ce premier choc. On l'avait vu reprendre sa place à la tête de sa petite communauté du Séminaire normal. Mais pour les observateurs dont l'affection inquiète l'entourait, il restait frappé. On ne le vit plus, avec cette admirable ponctualité qui trahissait chez ce vieillard de plus de quatre-vingt ans le souci toujours présent de la fidélité à son règlement, sortir de sa chambre à heure fixe pour venir réciter son bréviaire dans une promenade régulière le long des bâtiments du Séminaire.

« Dès la fin du mois de février, il était de nouveau arrêté, et bientôt se déclara la congestion pulmonaire contre laquelle son organisme, épuisé par une longue vie de travail, devait en vain lutter. Il fut condamné à garder le lit, et on dut le veiller jour et nuit. Les trois semaines qui précédèrent sa mort, n'offrirent guère que le douloureux spectacle des efforts impuissants tentés par les médecins pour enrayer un mal dont la progression fut lente, mais constante.

« La faiblesse allait sans cesse en s'accroissant. Le samedi, 16 mars, un des médecins qui le voyaient chaque jour, trouva une notable aggravation dans son état et engagea à ne pas différer l'administration du Sacrement d'Extrême-Onction. Le vénérable malade fut administré le jour même, à 10 heures et

1. N° du 12 mai 1912.

demie du matin par M. le Supérieur général, en présence de ses confrères. Il n'avait rien perdu de sa lucidité, de sa présence d'esprit, et accepta, dans de touchants sentiments de foi et d'abandon à la Providence, les secours spirituels de l'Eglise. A cause de sa grande faiblesse, prononcer quelques mots était pour lui une grande fatigue. Cependant, lorsque M. le Supérieur général, dans les encouragements qu'il lui adressait, le remercia du bon travail qu'il avait fait pour la cause de Dieu, il retrouva des forces pour protester, avec un accent de sincérité profonde : « Vous oubliez tous les mauvais exemples que j'ai donnés à mes confrères ».

Se souvenant, un jour, qu'il y avait une réunion à la rue du Regard, pour la retraite du mois, exercice auquel depuis bien des années il s'était montré assidu, et qu'il avait souvent présidé et édifié par sa parole, voulant que rien ne manquât à cet exercice, il fit rechercher dans ses manuscrits le texte d'une ancienne instruction sur la fête de l'Annonciation et la vocation sacerdotale. Il voulut que cette instruction fût lue aux retraitants, pour être auprès d'eux un suprême adieu et une recommandation à leurs prières.

Pendant les jours qui suivirent la réception des sacrements, un peu de mieux se manifesta. Aux parents qui étaient accourus de province, M. Monier répétait : « Dans la Compagnie, on n'attend pas les derniers moments pour donner l'Extrême-Onction, et Dieu peut me faire encore la grâce de me relever. » Le vénérable vieillard désirait en effet retrouver des forces pour achever l'œuvre à laquelle il avait consacré les dernières années de sa vie, cette *Vie de M. Olier*, dont le premier volume seulement était achevé. Mais, par dessus tout, il était abandonné aux mains de la Providence.

« Il n'entrait pas dans les desseins de Dieu d'accorder aux confrères et aux amis de M. Monier ce délai qu'ils demandaient avec bien plus d'ardeur que lui. Le mieux apparent ne persista pas. Huit jours après, il était évident, pour tous ceux qui approchaient du malade, qu'une solution fatale ne serait plus évitée à moins d'un miracle.

« Les témoignages d'intérêt et de vénération affluaient autour du malade. » La nouvelle de son état s'était répandue dans le monde religieux et intellectuel de la capitale. Pendant trois semaines, ce fut une succession ininterrompue de visiteurs ecclésiastiques et laïques, qui accouraient pour demander des nouvelles du cher malade. De toute part, on priait, on faisait prier. Hélas ! le dénouement que l'on aurait voulu conjurer approchait.

Mais auparavant, une dernière consolation lui était réservée. Le cardinal Gasparri, ancien professeur de l'Institut et ami intime de M. Monier, ainsi que nous l'avons vu, apprenant à Rome la maladie de l'ancien Supérieur des Carmes, avait sollicité du Saint Père, pour son ami vénéré, la bénédiction apostolique, qu'il s'était empressé de faire parvenir par télégramme. A la réception de cette feuille, qui lui annonçait la précieuse faveur, M. Monier inclina doucement et pieusement la tête. Sa pensée et son cœur, en ce moment suprême, s'étaient transportés aux pieds du Père commun des fidèles, dont il avait, toute sa vie, pratiqué et défendu les enseignements.

Le lendemain du jour où le Souverain Pontife avait envoyé au cher malade une suprême bénédiction, son Eminence le Cardinal Amette, Archevêque de Paris, qui, tous les jours, depuis le commencement de la maladie, n'avait cessé de s'informer de l'état de son cher diocésain, voulut venir en personne s'édifier auprès de lui et le bénir. —

« Vous souffrez beaucoup, M. le Supérieur ? lui dit son Eminence. — Pas beaucoup, mais je suis accablé ! Excusez-moi. Eminence. si je ne vous parle pas comme mon cœur le voudrait. Je n'en puis plus ! » Et il baisa pieusement l'anneau du vénéré cardinal. Plusieurs autres évêques, présents dans la capitale, vinrent à leur tour visiter le malade et lui témoigner leur sympathie.

Pas un instant, d'ailleurs, on ne vit M. Monier abandonner son calme, sa tranquilité d'esprit, et aussi l'admirable lucidité de son intelligence, qu'il conserva presque jusque dans ses dernières heures.

Tous les matins, il demanda à faire la sainte Communion. A certaines heures du jour, lorsque le mal le lui permettait, il exprimait le désir que l'on récitât l'office canonial au chevet de son lit, et il s'unissait ainsi d'esprit et de cœur aux prières de la sainte liturgie. Puis il demande que l'on récite à haute voix le chapelet.

Quand la faiblesse ne lui permettra plus l'audition de ces prières vocales, il aura soin, chaque matin, de demander à son infirmier quel est l'office du jour, dont le souvenir lui demeurait présent, autant que le lui permettait sa faiblesse.

Par un sentiment facilement explicable, M. le Supérieur général avait eu l'attention d'exposer sur une table, en face même de son lit, le reliquaire renfermant le cœur de M. Olier, et le crucifix miraculeux de la vénérable Mère Agnès. Cette attention fut grandement consolante pour notre cher malade. Elle lui rappela davantage encore le souvenir de ce travail qu'il avait entrepris pour la gloire du pieux Fondateur de Saint-Sulpice. Aussi, un matin, surmontant sa faiblesse, il fait appeler auprès de lui un des directeurs de la maison. — « J'ai, dit-il, une affaire très grave à lui communiquer ». Le confrère accourt. « C'est vous, lui dit doucement le malade, qui serez probablement appelé à achever mon œuvre. Mon cahier de notes est là : donnez-le moi, je vous prie ». Et d'une main tremblante, il feuillette les pages où sont consignés les précieux documents. — « Voilà, dit-il, tout est en ordre, vous n'aurez qu'à continuer. Je pourrais à l'instant vous dicter deux ou trois pages que je viens, ces jours-ci, d'écrire dans ma tête ; mais les forces me manquent, il faut en faire le sacrifice ».

Il avait récemment lu et examiné, en vue de *l'imprimatur*, la *Vie de Saint-Césaire*, évêque d'Arles, de la collection « les Saints ». [1] Comme on ne voyait aucune trace de cet examen, on lui demanda son jugement. « Rien qui ne soit parfaitement orthodoxe, dit-il, écrivez cela ». Et prenant une plume, il signa cette déclaration.

Ses neveux et nièces, prévenus de l'imminence du danger, viennent, une dernière fois entourer le cher malade. Il les bénit, disant à chacun une parole de consolation, de paternelle affection. « Je vous bénis, leur dit-il, vous et tous ceux qui sont loin. Soyez toujours bons chrétiens et priez pour moi quand je vous aurai quittés. »

Le jeudi 28 mars, l'après-midi fut mauvaise, et, vers 8 heures du soir, on ne put plus douter que la fin approchait. M. le Supérieur, entouré des directeurs, et des élèves du Séminaire normal, commença les prières des agonisants ; on récita ensuite les litanies de la Sainte Vierge. La faiblesse du malade était trop grande pour qu'il pût s'y joindre. Pendant deux heures encore la vie se prolongea, la respiration s'affaiblissant de plus en plus. Puis, vers 10 heures, le vénérable agonisant rendit le dernier

---

1. Abbé Chaillan : *Vie de St Césaire d'Arles*, 1912. Paris. Gabalda.

soupir très doucement, sans spasme, et sans avoir à aucun moment manifesté ni trouble ni angoisse. C'en était fait, le « bon M. Monier » n'était plus. Dieu avait jugé que sa couronne était suffisamment belle : il voulait la lui donner sans retard.

La dépouille mortelle du saint prêtre, revêtue des vêtements sacerdotaux, fut déposée sur un lit de parade, dans une chapelle ardente, où accourut une foule émue de visiteurs. Les funérailles solennelles fixées au lundi-saint, premier avril, furent une belle manifestation d'estime et de sympathie pour le vénéré défunt. A 10 heures M. le curé de Saint-Sulpice fit la levée du corps. Une grand'messe fut chantée dans l'église paroissiale, par M. Garriguet, Supérieur général, assisté comme diacre et sous-diacre par les deux infirmiers qui avaient soigné M. Monier pendant sa maladie.

Dans le chœur, on voyait Mgr Le Roy, alors évêque d'Alinda et Supérieur des Pères du Saint-Esprit ; Mgr Meunier, évêque d'Evreux, Messieurs les archidiacres de Paris ; Mgr Baudrillart, recteur de l'Institut catholique, avec tout son personnel de professeurs et d'élèves ; M. Delabar, vicaire général de Bourges ; Mgr Graffin, directeur de l'œuvre anti-esclavagiste, ancien professeur de langues orientales, et ami intime de M. Monier ; et enfin tout le personnel de l'Archevêché à la suite de Messieurs les vicaires généraux représentant son Eminence le Cardinal. Dans la grande nef, M. le Supérieur du grand Séminaire de Metz ; plus de 500 prêtres, parmi eux un grand nombre de chanoines, venus de toutes les paroisses et communautés de la capitale, sans compter de nombreux laïques, messieurs et dames, qui avaient tenu, par leur présence, à rendre ce suprême hommage à celui qu'ils entouraient de leur estime et de leur affection.

L'absoute fut donnée par Mgr. Le Roy. Immédia
tement après, en dépit d'une bourrasque de pluie et
de neige qui s'abattait à cette heure sur Paris, un
cortège imposant se dirigeait vers le cimetière
Montparnasse. M. le Supérieur général conduisait
lui-même le deuil, suivi des membres de la famille
et d'un grand nombre de prêtres et de civils. M. Vigourel, ancien confrère de M. Monier à la Solitude
et devenu son suppléant au séminaire normal, récita
les dernières prières, et la dépouille mortelle du cher
défunt fut déposée dans la concession des Messieurs
de Saint-Sulpice [1].

La mort de l'ancien Supérieur de l'Ecole des Carmes excita dans le monde religieux, et aussi dans
le monde laïque intellectuel, des regrets unanimes.
Les Semaines religieuses des divers diocèses de
France lui consacrèrent des articles nécrologiques
rendant hommage aux vertus et aux qualités rares
de ce prêtre pieux et savant, faisant ressortir les
éminents services qu'il avait rendus au clergé, soit
pendant ses années de professorat à Metz, soit surtout à Paris, dans les divers postes élevés qu'il y
avait occupés.

Les grands journaux de Paris eurent à cœur de
se faire les interprètes des sentiments d'universels
regrets provoqués dans l'Eglise de Paris, et, on
peut dire, dans l'Eglise de France, par la mort du
Supérieur du Séminaire normal. « J'avais eu l'honneur de rencontrer à plusieurs reprises M. Monier,
écrivait un des rédacteurs du *Figaro*, et j'éprouvais
à son égard une véritable vénération ». Dans le
même journal, un autre rédacteur terminait ainsi

1. Huit ans plus tard, le corps de M. Monier fut transporté de
Montparnasse à Issy. C'est là, dans le cimetière attenant à la chapelle de Notre-Dame de Lorette, où il aimait tant à prier, que repose maintenant le corps du vénéré Supérieur.

un article nécrologique des plus élogieux : « Le défunt fut un humaniste remarquable, un orateur plein de poésie et de conviction, un prêtre aimable, dans la meilleure acception du mot. »

La presse de province se joignit à son tour à ce concert d'éloges et de regrets.

« Il était très patriote, écrivait l'*Eclair* de Montpellier, et je me rappelle avec quel enthousiasme il récitait un jour le *Rhin Allemand*, réponse vengeresse d'Alfred de Musset au *Rhin Allemand* de M. Becker. Nous avons admiré plus d'une fois la souplesse, la liberté d'esprit, la sérénité de ce prêtre éminent, qui, inébranlable dans ses croyances et dans sa foi, sans ambition personnelle, n'avait vu, dans sa longue vie, que des devoirs à remplir, et les remplissait en bon et vrai chrétien. »

Nous pourrions citer encore le *Lorrain* de Metz, qui par la plume de M. le chanoine Colin, son rédacteur en chef, rappelait avec émotion le professorat de M. Monier dans cette ville, et rendait à ses qualités éminentes le plus chaleureux hommage.

S'il fallait ajouter quelque chose à ces éloges, s'il fallait résumer en quelques lignes la beauté de cette existence que nous avons essayé de raconter d'une façon bien imparfaite, c'est à M. Monier lui-même que nous emprunterions les éléments de notre jugement.

Dans une de ces conférences spirituelles mensuelles qu'il aimait à donner à Saint-Sulpice, parlant de la *mort du bon prêtre*, M. Monier commentait, comme il savait le faire, un texte de saint Paul, celui où l'Apôtre, dans sa seconde épitre à Timothée[1], annonce à son disciple sa mort prochaine : *Ego enim*

1. II Tim. IV. 6.

jam delibor... Le conférencier faisait observer combien ce texte était ordinairement mal compris, et en donnait la traduction suivante : « Je suis près d'achever ma libation. » — « Comme on le voit, disait-il, l'Apôtre nous représente notre âme sous l'image d'une coupe, d'un calice rempli d'une liqueur que nous répandons goutte à goutte au cours de notre vie... Saint Paul l'avait fait, il l'avait fait jusqu'au bout. Heureux nous-mêmes, ajoutait l'orateur, si, jusqu'au bout aussi, nous étions comme lui fidèles à répandre, au jour le jour, pour maintenir la foi dans le troupeau qui nous est confié, quel qu'il soit, grand ou petit, les énergies de notre zèle et le sang de notre âme ! *Suprà... obsequium fidei vestræ.* »

Quand vint pour le saint prêtre l'heure de la « libation suprême », il put, croyons-nous, se rendre le consolant témoignage qu'il avait réalisé pour lui-même « jusqu'au bout » le magnifique programme de vie sacerdotale qu'il avait jadis tracé à ses frères dans le sacerdoce.

Dans son âme, dans cette coupe mystique, Dieu avait versé abondamment cette « liqueur précieuse », nous voulons dire ces dons de l'esprit et du cœur qui devaient faire de lui un être d'élite. A chacune des étapes de son existence, M. Monier fut fidèle à verser cette liqueur, « les énergies de son zèle et le sang de son âme. » Il la répandit sans compter, dès ces années de sa jeunesse cléricale, alors que professeur de rhétorique au Petit Séminaire d'Avignon, il s'efforçait à former à l'amour du Bien et du Beau les âmes qui lui étaient confiées. Il fit cette « libation » de lui-même, au Séminaire de Metz, où il exerça son zèle, dès le début de son ministère sacerdotal, et laissa des traces si profondes qu'elles n'ont pas disparu, aujourd'hui, après un demi-siècle écoulé. Cette « libation » sainte, il la continua pendant ces vingt années de direction au Séminaire de l'Institut catholique, à cette École des Carmes, où il donna le meilleur de lui-même, pour maintenir la foi dans les âmes, la faire briller dans les esprits d'élite, et la faire rayonner par eux dans l'Eglise de France et même an-delà de ses frontières. Il acheva, enfin, glorieusement, cette « libation », lorsque, au Séminaire normal, il formait, avec son expérience, ceux qui devaient, à leur tour, former les prêtres dans les séminaires; il l'achevait, cette « libation » il en répandait les dernières gouttes, lorsque, de sa main défaillante, il écrivait les dernières lignes de cette *Vie de M. Olier*, qui aurait suffi à elle seule à établir sa réputation d'écrivain.

« M. Monier est allé rejoindre auprès du Maître, d'autres prêtres qu'avait donnés à Saint-Sulpice le diocèse d'Avignon. Ils ont reçu leur belle récompense, comme sont en droit de l'attendre les généreux serviteurs de l'Eglise et les fidèles disciples du Souverain-Prêtre, Jésus-Christ. Leur zèle, leurs travaux, leurs études, leur fécondité d'action, sous l'empire d'une foi vive et d'une charité ardente, nous permettent de recueillir de leur vie et de leur mort de précieuses leçons.

« N'est-ce pas avec de telles âmes sacerdotales que l'Eglise vit d'espérance au milieu de ses terribles épreuves? Gardons fidèlement leur mémoire, tout en redisant et en imitant leurs vertus. » [1]

---

1. G. André. *Semaine Religieuse* d'Avignon, 20 avril 1912.

APPENDICES

I

Nous croyons être agréable au lecteur en reproduisant ici, en son entier, la belle cantate *Pax in virtute* qui fut donnée à la séance académique qui eut lieu à l'occasion de la première visite de Monseigneur Dubreuil au Petit Séminaire d'Avignon. Pour l'intelligence de la pièce et des allusions qu'elle renferme, il faut se rappeler que Monseigneur Dubreuil, originaire de Toulouse, et précédemment évêque de Vannes, avait, dans ses armoiries, une croix avec une branche d'olivier, et pour devise : *Pax in virtute.* Monseigneur Debelay, son prédécesseur, avait une gerbe de blé, et pour devise : *Posui vos ut eatis et fructum afferatis.*

Enfin, il faut se souvenir, ainsi que nous l'avons dit au cours de ce livre, que le Petit Séminaire d'Avignon était, à cette époque, l'ancien palais des archevêques d'Avignon, restauré par le Pape Jules II, Julien de la Rovère, dont on voit encore les armes parlantes dans la cour d'honneur : un chêne (rouvre) sur champ d'azur.

Pax in virtute.

Cantate.

RÉCIT.

Il est une voix dans la pierre,
Et souvent, quand tout dort au sein du vieux palais,
Sous les vastes arceaux ou dans la tour guerrière,
Des chants mystérieux chantent... Ecoutez-les.

CHOEUR.

Doux accords que la nuit berce,
Quand tout dort autour de nous,
Voix à la plainte diverse,
Que chantez-vous ?

Barons à la noble mine,
Dont ces murs savent le nom,
Prélats à la blanche hermine,
Au fier blason.

Dans la gothique demeure,
Est-ce vous que les donjons
Entendent gémir à l'heure
Où nous songeons ?

RÉCIT.

Et sous le porche obscur, là-bas, où la Rovère
Etend sur le granit ses immortels rameaux,
Tour à tour et plaintive et sévère,
J'entendis une voix qui soupirait ces mots :

UNE VOIX CHANTE.

Des vents que l'hiver déchaîne
Lorsque le règne finit,
Au feuillage du vieux chêne,
L'oiseau vient pendre son nid

Dans le séjour du tonnerre
Berçant les doux nourrissons,
Comme un aïeul débonnaire,
L'arbre écoute leurs chansons.

Doux accents, joyeux langage,
Murmure-t-il. Mais où sont
Les fiers refrains de l'orage
Qui jadis battaient mon front ?

RÉCIT.

Mais au frémissement de l'épaisse ramure,
Quelle timide voix succède ? Doux murmure,
Simple refrain d'adolescent,
Que, sous les voûtes féodales,
Le vent du soir, en gémissant,
Nous apporte par intervalles ?

UNE VOIX D'ENFANT.

C'était hier jour de bonheur,
En chantant dans l'aire superbe,
Sur les traces du moissonneur,
Nous allions, recueillant la gerbe.

Le soleil, sur les blonds épis,
Dardait sa flamme, et dans la plaine,
Les tièdes zéphirs assoupis,
Semblaient retenir leur haleine.

Mais, soudain, l'orage a soufflé,
L'éclair a lui... Dieu tutélaire,
Où sont ces beaux épis de blé
Que nous allions glanant sur l'aire ?

RÉCIT.

L'hymne nocturne avait cessé
Et je pleurais... Quand je crus voir, nouvel augure,

Un ange lumineux qui dans l'ombre a glissé,
Enlaçant aux vieux murs, relique du passé,
    Un rameau de pâle verdure.

TROIS VOIX.

Sur ces murs que le deuil couvre,
Fraîche tige, toi qui viens
Consoler l'antique rouvre
Et la gerbe aux doux liens,

Comme l'arbre héréditaire,
Du temps bravant les efforts,
Comme l'épi sur la terre,
Versant à flots des trésors,

Sur quelle rive lointaine
Fraîche tige, à quels côteaux,
Le vent du ciel qui t'amène
A-t-il cueilli tes rameaux ?

CHŒUR FINAL.

O rivages d'Armorique,
Au sol natal vous deviez
Cette tige pacifique,
Fille de nos oliviers.

Pour elle, brises d'automne,
Réservez tous vos parfums,
Ecartez de sa couronne,
Tous les vents inopportuns.

Et comme à la rude écorce
L'épi suspendait son or,
Vert rameau, longtemps encor,
Unis la paix et la force.

II

De caractère naturellement gai et primesautier, M. Monier aimait, à l'occasion, recourir à la Muse, même pour les sujets les plus simples, les moins capables d'exciter la verve poétique.

On on aura un exemple dans cette lettre qu'il écrivait de Tours, quelques mois seulement avant sa mort, à son confrère l'Econome d'Issy, pour le prier de garder sa correspondance, puisqu'il allait rentrer.

Lettre à M. l'Econome du Séminaire d'Issy.

Sur la terre qui se lézarde,
Et sur les hommes aux abois,
Tandis que le blond Phébus darde
Les traits brûlants de son carquois.

Econome, qui que tu sois,
Toi, qu'une dure tâche attarde
A faire, en plein été, la garde
De notre cave jusqu'au toit,

Permets que par ton entremise
Si quelque lettre était d'avis
De me suivre au loin, je lui dise :

« Non, reste à m'attendre au logis.
« Il fait trop chaud, blanche missive,
« Pour courir après moi : J'arrive ! »

Sainte-Radegonde, près Tours, 31 juillet 1911.

III

Au temps de sa jeunesse, tandis qu'il était professeur de rhétorique au Petit Séminaire d'Avignon, M. Monier ne dédaignait pas de taquiner parfois la muse provençale.

Nous nous plaisons à reproduire ici une de ces pièces, qui, on le verra, ne manque pas d'esprit. Nos félibres de Provence la liront avec plaisir et constateront que l'auteur était digne de prendre rang parmi eux.

C'était en août 1865. La ville d'Orange, sur l'initiative d'une famille influente de l'endroit, venait d'inaugurer en grande pompe, sur le cours Saint-Martin, une statue en bronze au comte A. de Gasparin, de religion protestante, sorte d'agronome en chambre, auteur de divers ouvrages, de valeur assez contestable, assurait-on, sur l'agriculture.

C'est à cette occasion que M. Monier se fit l'écho de l'opinion publique, en écrivant la poésie que voici, dont les Provençaux goûteront la mordante et spirituelle critique.

Pèrque l'aven fa'n brounze.

Dins lou tèms que si prat, pecaire,
Se roumingavon de la set,
E que lou grame, de tout caire,
Fielavo dins sis esparset ;
Pèr nous ensegna nosti causo,
Èu, sus sa cadiero asseta,
Nous fielavo, sèns ges de pauso,
Forço bèu libre a - n'acheta !
Ah ! dessouto aquelo cadiero
Quant n'a' speli ! Regarda au sòu !
Vièi, nòu, n' i' a de touto manièro,

Surtout de vièi que semblon nòu !
Mai, aussi, tant i' é demouravo,
Lou paure ome, sèns boulega,
Que lou sèr, quand se n'aubouravo,
Aviè lou quiéu amaluga.
E vaqui perque, (anas querre !)
Nautre, que sian pas d'uganaud,
l'aven fa faire un quiéu de ferre
Coum' aco, i' é fara plus mau !

TABLE ALPHABÉTIQUE
DES NOMS PROPRES CONTENUS DANS CE VOLUME

A

Affre (Mgr), 142, 143.
Aigrain René, 226.
Alcuin, 89.
Agnès (Vénér. Mère), 276, 282.
Alès (R. P. A. d'), 221.
Alexandre VII, 264, 272.
Alphonse de Ligori (St), 276.
Ambroise (St), 89.
Amette (cardinal), 253, 281.
Ampère (J.-J.), 87.
André (G.), 289.
Angelico (Fra), 180.
Anne (Ste), 97,
Anselme de Cantorbéry (St), 89.
Apollinaire (St), 89.
Aristote, 191, 236.
Ardennes, 106.
Armand, 12.
Aubanel, 243.
Augustin (St), 89, 267.

B

Baudrillart (Mgr A.). 6, 142, 154, 210, 212, 213, 235, 284.
Bazaine, 132.
Becker, 13.
Belzit, 206.
Bembo (cardinal), 181.
Benoît XII, 16.

Benoît XIV, 33.
Benoît IX, 92.
Benoît XV, 245.
Béraud, 66.
Bernard (St), 89.
Bernard (chanoine E.), 45.
Berthet (Mgr), 196,
Bérulle (card. de), 189.
Beurlier, 151.
Boin, 255.
Bonamour, 12.
Boniface VIII, 92.
Boniface (St), 267.
Bonnet (R. P.), 26, 33, 34, 133.
Bouffier (R. P.), 27, 110.
Bonnet (chan. Jules), 98.
Bourbaki, 154.
Bourgues Camille, 39.
Bossuet, 209, 253, 275, 277, 278.
Bousset (W.), 219.
Branchereau, 224, 253, 255, 256.
Bremond (H.), 224, 225.
Bridayne; 189.
Broglie (Prince de), 260.
Brun (R. P. Joseph), 197.
Brunel (chanoine), 200.
Bucer, 29.
Buer, 27, 107.

C

Camille de Lellis (St), 181.

Capoci, 185.
Captier (T. H. P.), 159, 160, 171, 183, 198, 206.
Carrière, 119.
Causans (Marquis de), 110.
Causans (Emmanuel de), 110.
Caval, 25, 26, 27, 29, 33, 100, 101, 105, 106, 111, 116, 118, 119.
Catilina, 173.
Césaire (St), 253, 283.
Chabert, 35. 105.
Chabran, 35, 42.
Chaillan, 283.
Chambon, 42.
Chandron, 104.
Charasse (E.), 26, 203, 204.
Cheminais, 29.
Chigi (cardinal), 272.
Chrysostôme (St Jean), 106, 192.
Cicéron, 191.
Clément, 20, 111. 112.
Clytemnestre, 97.
Colbert, 265.
Colin (Henri), 128, 241, 246.
Colomban (St), 154, 89.
Condé, 209.
Condren (de), 189, 263.
Corriol, 26, 35.
Couderc, 23.
Coulié (cardinal), 163.
Crestarosa, 174.
Cruice (Mgr), 142, 244.
Cyprien (St), 89, 268.

D

Damien, 267.
Dante, 92.
Darras, 220.
David (chan.), 66.
David-Sauvageot, 151.
Debelay (Mgr), 33, 38, 61, 66, 80, 82, 88, 90, 91, 98, 109, 110, 111, 112, 121, 123, 128, 129, 140, 195.
Delabar, 283.
Delabroye, 151.
Delmas, 255.

Delphine (Ste), 116.
Denza (R. P.), 175.
Dolu (Marie), 273.
Dominique (St), 173.
Dubois, 257.
Dubreuil (Mgr), 81, 91, 93, 98, 290.
Duchesne (Mgr), 164, 177, 204, 213, 218, 220, 221, 222, 223.
Dupanloup (Mgr), 171.
Durand, 151.

E

Edouard, 158.
Egger, 154.
Eleuthère, 267.

F

Faillon, 269, 270.
Farjon Louise, 10, 11.
Farges, 161.
Faury (chanoine), 26, 35, 42, 148.
Fénelon, 120.
Fleck, 121.
Foulon (cardinal), 143.
Fourvière (P. Xavier de), 45.
François d'Assise (St), 108, 191.
François de Sales (St), 18, 189, 192.
François Xavier (St), 276.
Franque, 25.
Freppel (Mgr), 220, 237.
Frizet, 131.
Fugacius, 267.

G

Gamon, 106, 268.
Garriguet (H.), 143, 154, 210, 284.
Gasparin (A. de), 295.
Gasparri (cardinal). 185, 227, 249, 246, 281.
Gilles, 12.
Giotto, 92.
Giraud, 79, 98.

Gonnet, 26, 43.
Gorini, 82, 87, 101, 261.
Guibert, 207.
Goubin, 255.
Graffin, 284.
Grandmaison (P. Léonce de), 7, 205, 217.
Grandvaux, 101.
Grégoire le Grand (S.), 89.
Grégoire de Tours, 89.
Grégoire VII (S.), 89.
Grégoire XIII, 176.
Grimm, 243.
Guibert, 207.
Guilhem (de), 25.
Guillemon, 255.
Gunkel, 219.
Guizot, 87.

H

Hamant, 261.
Heiler (Fred.), 219.
Hélène (Ste), 179.
Hemmer, 227, 242.
Hertzog, 183.
Hilaire de Poitiers (St), 89.
Hilaire d'Arles (St), 89.
Hohenlohe (Cardin.), 182.
Holtzman (H.-J.), 219.
Homère, 141.
Horace, 243.
Hulst (d'), 6, 142, 144, 153, 155, 156, 158, 171, 204, 210, 213, 218, 219, 220, 235, 244, 245.
Hyacinthe (R.-P.), 133.

I

Icard (T. H. P.), 101, 139, 143, 144, 145, 159, 160, 203, 204, 221.
Ignace d'Antioche (St), 166.
Imbert (G.-F.), 41, 45, 47, 56, 71, 79.
Iülicher (A.), 219.

J

Jacopone di Todi, 92.
Jeanne d'Arc, 163, 171, 172.
Joannis (chanoine), 97.
Joly (Henri), 227, 247, 248.
Jugurtha, 173.
Jules II, 164, 290.
Julhe, 100, 116, 121, 131, 132, 134, 139.
Julien l'Apostat, 164.
Justamond, 16.
Justin (St), 177.

K

Klein Félix, 6.
Kuenen Abraham, 218.

L

La Bruyère, 96, 242.
Lacordaire, 28, 142, 174.
Lafuye, 206.
Lallemand, 154.
Laï (Cardin. de), 222.
Laïs, 175.
Lambertin, 25.
Lammenais, 133.
Lanier, 255.
Lapparent (de), 207.
Laroche, 206, 255.
Laurans (Aug.), 39.
Lavigerie (Cardin.), 143.
Lebas, 101, 102.
Le Camus, 35, 59, 170.
Lecesne, 121.
Lechassier, 211.
Lechâtelier, 171.
Leclercq, 39.
Ledein, 156.
Ledieu, 273.
Lejay, 180.
Lemaître, 278.
Léon-le-Grand, 89.
Léon XIII, 153, 181, 206.
Levesque, 209, 277.

Loisy, 204, 209, 213 et suiv., 227, 237.
Le Roy (Mgr), 284.
Lucius, 267.

M

Malvoisin, 154.
Marbeau (Mgr), 277, 278.
Marruchi, 168, 169.
Martigny, 165.
Martin, 11.
Martin (J.-B.), 71, 88, 90.
Martin (Paulin), 218.
Masson, 119.
Ménassieu, 42.
Mercier (Cardin.), 278.
Méritan, 19, 154, 160.
Mermillod (Cardin.), 129.
Meunier (Mgr), 284.
Mezières, 278.
Michel-Ange, 164, 182.
Misset, 154.
Mistral, 243.
Monier (M. Mme), 229, 230.
Monier (Amélie), 14.
Monier-Vinard (Mme), 11.
Mons (Mgr de), 16.
Monsabri (R.-P.), 131, 137, 138.
Montagne (chan.), 20.
Mourret, 8.
Moutonnet, 93, 94.
Moyne, 45.
Musset (A. de), 13.

N

Nau, 175.

O

Octavia, 168.
Olier (Jacques), 273.
Olier (Jean-Jacques), 106, 107, 119, 189, 190, 192, 194, 198, 202, 210, 243, 252, 253, 259, 261 et suiv., 268, 269, 270, 272, 273, 274, 275, 276, 280, 282.

P

Parrochi (Cardin.), 171.
Péchenard (Mgr), 154, 204, 207, 208.
Pérouse (de la), 24.
Philippe de Néri (S^t), 178.
Pie V (S^t), 180.
Pie IX, 38, 39, 90, 163.
Pie X, 272.
Pie XI, 245.
Pierre le Vénérable, 89.
Platon, 243.
Polette (Chan.), 11.
Pontbriand (Cte de), 10.
Poussé, 255.
Prilly (Mgr de), 15, 16.

R

Ragon, 154.
Raphaël, 181.
Raymond (Chan. H.), 24.
Redon, 26.
Reitzenstein (R.), 219.
Renan, 218, 219.
Renaud, 255.
Reuss (Ed.), 218, 219.
Reynaud (Osmond), 7, 11, 46, 100, 106, 115, 144, 206, 235.
Reynaud (Mme), 13, 83, 84, 112, 113, 114, 155.
Reynaud (M.-H.), 111, 112.
Richard Pascal, 12.
Richard (Cardin.), 245.
Rodriguez, 243.
Robertson Smith, 218.
Rossi, 168.
Roumanille, 242.
Rousseau (Marie), 274.
Roux (A.-T.), 17.

S

Sabatier, 255.
Saboly, 58.
Sabran (St Elz. de), 116.
Schmitt, 121.

Scipion, 159, 168.
Sébastianelli, 185.
Segond, 151.
Ségur (Mgr de), 153.
Sermand, 16, 17, 33.
Serriot (Paul), 39.
Sidoine (Apollinaire), 89.
Sire, 255.
Sophocle, 96, 169, 191.
Sparre (Ctesse de), 11.
Strabon Wilfrid, 89.
Sueur (Mgr), 85, 196.
Sylvain, 26, 35.

T

Tasse (Le), 173.
Tassin, 158.
Terris (P. de), 82, 85, 187, 190, 191, 192, 193.
Terris (Mgr), 85.
Tertullien, 89.
Thenon, 244.
Theodulfe d'Orléans, 89.
Thiel, 121, 128.
Thierry (Amédée), 87.
Thomas, 102, 103.
Timothée, 193.
Tite, 193.

Touchet (Mgr), 278.

V

Varenne, 25.
Varie (Fr. de), 23, 24.
Vasset, 121.
Vassoult, 122.
Vaysse, 104.
Védrilhe (Mme de), 11.
Vercingétorix, 173.
Veuillot (Louis), 81, 86, 87.
Via (Armand de), 16.
Vianney (St J.-B.), 83, 84.
Victor (Emmanuel), 181.
Vigne (Mgr), 126, 203.
Vigourel, 285.
Vigouroux, 159, 161, 169, 170, 218, 252, 255, 258.
Virgile, 180, 191.
Volpe (Della), 224.
Votan (M.-Louise), 12.

W

Wellhausen (J.), 218.
Weiss (Joh.), 219.
Winckler (H.), 219.

TABLE DES MATIÈRES

Introduction.   XIII

CHAPITRE PREMIER
Années d'enfance et de jeunesse. 1831-1847.

Le pays natal. — La famille. — Les études élémentaires au
collège d'Orange. — Son entrée au petit séminaire d'Avignon.
— Le Petit Palais. — L'académie florimontane. — Merveilleux succès   9

CHAPITRE II
Du séminaire à la chaire de rhétorique. 1847-1855.

Le grand séminaire Saint-Charles. — Sa fondation. — Entrée
de M. Monier. — Son noviciat chez les Jésuites. — Le premier sermon. — Il est nommé infirmier. — Guérison d'un
malade imaginaire. — Il est nommé professeur au Petit Séminaire de S. Pierre de Luxembourg. — Il enseigne d'abord
la classe de cinquième, puis celle de rhétorique. — Sa méthode d'enseignement. — Le mois de mai. — Première séance
académique. — L'orphéon noir.   23

CHAPITRE III
Les pastorales. 1855-1856.

Bethléem : Les Bergers. — Les Mages   44

CHAPITRE IV
Les distributions de prix. 1856-1864.

Exercices littéraires : I. Rome au Ier siècle. — Néron. —
Conjuration de Pison. — Le poète Lucain. — Le sénateur Pudens. — Quo vadis. — II. Rome au IVe siècle : Constantin-le-
Grand, le rhéteur Eumène, les jeux troyens. Lactance. — David, opéra biblique   60

CHAPITRE V
Sa vocation à Saint-Sulpice.

M. Monier professeur. — Son ardeur au travail. — Sa profonde piété. — Il se rend à Ars : guérison extraordinaire du jeune P. de Terris. — Son admiration pour Louis Veuillot. — Il traduit les Mélanges littéraires, extraits des Pères latins. — Arrivée de Mgr Dubreuil, à Avignon. — Cantate de Boniface VIII et Benoit IX. — Douloureux incident. — M. Monier part pour Saint-Sulpice.   81

CHAPITRE VI
Il reçoit les Saints Ordres.

M. Monier au Séminaire Saint-Sulpice. — Première année de Solitude. — Longues hésitations à recevoir les Saints Ordres. — Une visite à Causans. — Visite pastorale de l'archevêque d'Avignon à Mornas. — Un discours fort remarqué. — Instances de l'archevêque. — M. Monier reçoit la tonsure et les Ordres mineurs. — A la fin de la seconde année de noviciat, à Paris, il est ordonné sous-diacre, diacre et prêtre. — Première messe à Issy. — Une messe à Orange. — Il est envoyé au Grand Séminaire de Metz pour y enseigner la philosophie.   99

CHAPITRE VII
M. Monier au Grand Séminaire de Metz. 1867-1876.

Démarches de Mgr Dupont des Loges pour confier à la compagnie de Saint-Sulpice la direction de son Séminaire. — Il réussit auprès de M. Caval, Supérieur général; il annonce à son clergé l'arrivée des nouveaux directeurs. — Importance de cette maison. — M. Monier y arrive pour y enseigner la philosophie. — Appréciations élogieuses de son enseignement. — Ses « homélies ». — Il enseigne l'Ecriture Sainte, puis la théologie dogmatique. — Ses succès dans la direction des âmes. — Ses rapports avec l'autorité diocésaine. — Grandes fêtes à l'occasion des noces d'or de l'évêque de Metz   118

CHAPITRE IX
M. Monier supérieur de l'Ecole des Carmes. 1876-1895.

La maison des Carmes. — Son histoire. — Fondation du Séminaire de l'Institut catholique de Paris. — Difficultés de la direction. — But de l'école des Carmes. — Adoption d'un nouveau règlement. — M. Monier en maintien l'observation avec douceur et fermeté. — Son ascendant sur les élèves, sa sollicitude pour leurs travaux; son zèle pour leur avancement dans la piété. — Lectures spirituelles, prédications, mois de

Marie. — Il s'intéresse même aux questions matérielles. —
Ses rapports d'amitié avec Mgr d'Hulst.   142

CHAPITRE X
Voyage et séjour à Rome. 1893.

Le T.-H. P. Cartier emmène M. Monier à Rome. — Lettres
très intéressantes du Supérieur de l'Ecole des Carmes. — Visite à là basilique vaticane de S. Pierre. — La communauté
sulpicienne à la Procure. — Pèlerinage à divers sanctuaires,
à S. Paul et S. Jean. — Messe du jubilé pontifical de Léon
XIII. — Les *columbaria* des Scipion. — Le musée chrétien
de S. Jean de Latran. — Départ de M. Vigouroux et de Mgr
Le Camus pour la Terre Sainte. — Fête en l'honneur de la
B. Jeanne d'Arc. — Messe dans la prison Mamertine· — Visite à diverses catacombes. — La *Scala Santa*. — L'observatoire du Vatican. — Le cimetière ostrien. — Fêtes du couronnement de Léon XIII. — Audience pontificale. — Retour à
Paris. — Succès remarquables aux examens   159

CHAPITRE XI
M. Monier prédicateur.

M. Monier accepte de prêcher des retraites pastorales. —
Qualités requises pour ce genre d'apostolat. — Il les possède
éminemment. — Appréciation qu'en fait l'abbé P. de Terris,
curé archiprêtre d'Apt. — Il tire le plus souvent ses sujets
des écrits de S. Paul. — Son attachement à l'enseignement de
Rome. — Il débute par le diocèse de Metz, et, pendant plus
de trente ans, prêche dans beaucoup de diocèses de France,
en Afrique et même en Amérique, au Canada, où il se rend
en qualité de délégué du Supérieur général. — Sa santé
l'oblige à renoncer aux prédications au dehors, mais il continue à prêcher à Paris. — Pourquoi M. Monier ne porta jamais
le camail de chanoine   187

CHAPITRE XII
M. Monier et les erreurs modernes.

M. Monier quitte le Séminaire de l'Institut catholique. —
Il est nommé Supérieur de l'Ecole Saint-Jean. — La question
Loisy. — Psychologie des novateurs. — L'abbé A. Loisy élève,
puis professeur à l'Institut catholique. — Conduite de M.
Monier envers lui. — Note importante du P. Léonce de
Grandmaison sur la psychologie de M. Loisy. — Mgr Duchesne. — Ses premiers ouvrages donnent lieu à des critiques. — Son *Histoire ancienne de l'Eglise* est déférée à la
Congrégation de l'Index. — M. Monier lui écrit à deux reprises pour lui donner de sages conseils. — Mgr Duchesne
se soumet « l'Eglise est toujours une Mère. » — Vrais sentiments de ce prélat : il fut un prêtre croyant et pieux. . .   205

CHAPITRE XIII
M. Monier intime.

Bonté de M. Monier. — Son affection pour ses parents. — Il accourt de Metz auprès de sa mère malade. — Lettre touchante adressée à son père. — Il assiste celui-ci à ses derniers moments. — Devoirs des ecclésiastiques envers leurs père et mère. — Son dévouement envers les autres membres de sa famille. — Sa douceur envers les inférieurs, d'après Saint Paul. — Il vient au secours d'un malheureux prêtre. — Reconnaissance et attachement des élèves envers leur maître. — Ses « noces d'argent. » — Fête improvisée. — Témoignages d'un religieux de la Compagnie de Jésus, et de M. l'abbé Hemmer. — Portrait humoristique : *Un méridional qui aurait peur de l'être.* — Ses relations d'amitié avec le cardinal Gasparri. — Belle page de M. H. Joly sur *M. Monier et les gens du monde.* — « Il fut un prêtre parfait » . .   225

CHAPITRE XIV
Les dernières années.

M. Monier se retire à Issy, dans la communauté des « Anciens. » — Relations de cordiale fraternité entre ces vétérans de l'enseignement. — Charmante poésie à l'occasion du jubilé de M. Branchereau. — Autre poésie en l'honneur de M. l'abbé Vigouroux. — Fondation du Séminaire normal. — M. Monier est appelé à en prendre la direction. — Inondation de 1910 : ma viellesse sera chez vous. — M. Monier a peu publié; pourquoi. — Préface à l'histoire du Petit Séminaire de Metz-Montigny. — Deux conférences sur les « Origines du Séminaire de Saint-Sulpice ». — Vie de Jean-Jacques Olier. — Utilité et qualités remarquables de cette nouvelle vie. — Elle reste malheureusement inachevée. — Eloge latin de Bossuet, pour les fêtes de Meaux. — Premiers symptômes de la maladie. — Emotion dans le monde ecclésiastique et laïque. — Il reçoit la bénédiction apostolique. — Visite du cardinal Amette, archevêque de Paris. — Sa piété pendant sa maladie. — Sa dernière signature pour l'*Imprimatur* de la vie de S. Césaire. — Sa mort. — Funérailles solennelles. — Assistance nombreuse et choisie. — Regrets unanimes exprimés dans la presse. — « La mort d'un bon prêtre », d'après S. Paul. — M. Monier l'a décrite et réalisée pleinement : *Ego enim jam delibor.*   253

APPENDICES.   290

INDEX DES NOMS PROPRES CONTENUS DANS LE VOLUME   296

TABLE DES MATIÈRES   301

Imprimerie Générale de Châtillon-sur-Seine. — ÉDOUARD-PICHAT.